責任原理と過失犯論

［増補版］

甲斐克則

成文堂

増補版へのはしがき

本書『責任原理と過失犯論』が二〇〇五年に刊行されてから、一三年が過ぎた。この間に、本書は、責任原理を基調とした過失犯の基礎理論を扱う内容にもかかわらず、予想以上に多く読まれた。少数説である私見に対する賛否は分かれるにせよ、一定の刑法研究者が本書をじっくり読んでくださったほか、安全工学やヒューマン・エラーがご専門の小松原哲教授（早稲田大学理工学術院）のように、刑法の専門家ではないにもかかわらず、本書を熱心に読んでその趣旨に深く賛同してくださる方もいて、本書の意義を多少とも噛みしめることができた。また、本書は、中国からの留学生で、早稲田大学大学院法学研究科において私の指導の下、学位（法学）を取得して帰国後に重慶市の西南西法大学の刑法担当の副教授として活躍している謝佳君氏により、二〇一六年に中国語に翻訳されて中国政法大学出版社から出版され、中国でも広く読まれるようになった。これは、実に喜ばしいことである。

しかし、本書の初版は残部が少なくなり、また、誤植も散見されたことから、今後も責任原理・責任主義に関心を抱く若手刑法研究者や法実務家に本書が読み継がれることを念じて、この度、初版の第1章から第8章までは誤植を訂正し、あるいは若干の字句表現を訂正するにとどめ、第9章に「再論：『認識ある過失』と『認識なき過失』の区別」（『刑事法学の未来』長井圓先生古稀記念（二〇一七年、信山社）所収）を若干加筆修正して加え、『増補版』として刊行することにした。人間存在の本質に根差した責任原理・責任主義を根底に据える刑法研究の灯を伝えることにより、刑法学が「パズル解き」のような手法に陥らないように願うばかりである。また、本書に第9章を加えたさらなる理由は、初版で展開した理論のうち、「認識なき過失」の不可罰性を説く私見に対して、本文で示されているように、故・西田典之教授が丁寧に批判をしていただき、その回答を示す必要を感じていたからである。第9章では、この問題について、日本の裁判官も具体的な危険性の認識に固執しつつ過失の判断をしていることを確認し、加えてイギリス刑法の歴史的分析の知見を取り入れ、自説の再論を試みた。故・西田教授は、日中刑事法学術交流でいつもご配慮いただき（現在、そのご遺志を受け継ぎ、私が日中刑事法研究会の日本側代表を務めているのも奇縁である。）、また、第二東京弁護士会の懲戒委員会で懲戒委員として一か月に二度顔を合わせ、席も隣であったことから、様々な話をする機会があった。過失をめぐる問題についても、議論をさせていただいた。私の見解とは異なるご意見であったが、本書初版の第二章「行政刑法における過失犯処罰と明文の要否」については高く評価していただいたことを鮮明に覚えている。改めて故・西田教授のご冥福をお祈りしたい。

もうひとつ、本書を増補版として刊行する理由がある。それは、初版の「はしがき」に登場した当時ご存命であった先生方のうち、この間に、前述の西田典之先生のほか、恩師の井上祐司先生をはじめ、真鍋毅先生、大國仁先生、三島淑臣先生、松尾浩也先生、米田泰邦先生ら、学恩のある先生方が逝去されたことである。この場をお借りして、心より各先生のご冥福をお祈り申し上げたい。同時に、本書の初版が献呈された西原春夫先生が、昨年、卒寿を迎えられ、今なおご健在でますますご活躍されていることに対し、再度本書を西原先生にご献呈申し上げ、先生のさらなるご健勝を心よりお祈り申し上げたい。

最後に、本書を増補版として刊行するにあたり、いつもながら、成文堂の阿部成一社長にお世話になったほか、編集部の篠﨑雄彦氏には、細部にわたりご支援いただいたことに対して、厚く御礼申し上げたい。本書が、責任原理・責任主義に根本から関心を抱く刑法研究者および法実務家に粘り強く読まれ続けることを念じるばかりである。

二〇一九年一月

甲　斐　克　則

はしがき

本書は、責任原理と過失犯論に関する私のこれまでの公表論文に若干の手を入れて、各章の表現の整合性を図り、その後の研究を多少補足しつつまとめた論文集である。本書の真意と概略を読者に理解していただくため、前著までの私の慣行に倣い、各論文の骨子およびエピソードを順次描写しておくが、その前に、本書全体の問題意識と執筆動機を簡単に述べておきたい。

「責任なければ刑罰なし（nulla poena sine culpa）」という標語で語られる責任原理・責任主義は、私の長年の研究テーマである。とりわけ刑法および法哲学の碩学であられたドイツの故アルトゥール・カウフマン博士の古典的名著 Das Schuldprinzip. Eine strafrechtlich-rechtsphilosophische Untersuchung. 2. Aufl. 1976 の翻訳の仕事を『責任原理――刑法的・法哲学的研究――』（二〇〇〇年、九州大学出版会）という訳書として一七年の歳月をかけて完成させることができたことは、本書においても重要な意味を有する。人間の犯罪行為を刑事裁判として裁き、刑罰を科すことのできる根拠を探る必要性を感じ、その前提としての刑事責任の本質に関心を持ち始めていた大学院生の頃、この原書に出会い、法哲学者の水波朗先生の勧めで翻訳に取り組んだわけであるが（その苦闘については、前出訳書の「訳者あとがき」参照）、そこから得られた人間の本質存在に目を向けた存在論的基盤と問題提起には、大きな示唆を受けることになった。一方、その具体的内容として、過失犯論の研究にも学生時代から深い関心があった。特に九州大学では過失犯の研究が盛んであり、それは、不破武夫先生に始まり（不破武夫『刑事責任論』（初版は一九四八年、再刊は一九六八年、清水弘文堂））、井上正治先生によって確固たる学問分野とされ（井上正治『過失犯の構造』（一九五八年、有斐閣）等）、さらに恩師の井上祐司先生によって発展せられていた（井上祐司『行為無価値と過失犯論』（一九七三年、成文堂）等）。九州大学法学部の四年生のとき（一九七六年度）、井上祐司先生の刑法ゼミに所属していた私は、すでに研究者になる決意をしていたが、その年度のゼミのテーマ「過失犯論」（それは過失犯の問題を多角的に検討する内容のものであった）に深い関心を持ち、当時の大学院の入試でも、提出論文のテーマに「交通事故と過失犯論」に関する内容のものを選んだほどであった。しかし、大学院に進学して、過失犯論をすぐに当面の研究テーマとはしなかった。というのも、当時、井上祐司先生が最もこの研究にエネルギーを傾注されていた頃であり、自分なりに独自の視点から過失犯の研究ができるか不安もあったからである。師匠と同じ研究テーマに同時期に取り組むのは勇気のいることであり、当時、そのような自信はなかった。ただ、新過失論に立脚される井上正治先生の問題提起に惹かれながらも、私自身、責任原理へのこだわりから、新過失論に批判的な井上祐司先生の基本的立場（いわゆる旧過失犯論）に共感を覚えていた。また当時、私自身、法益論と医事刑法（特に安楽死・尊厳死）への関心の方が高く、研究としてはそちらを優先し（拙著『安楽死と刑法〔医事刑法研究第1巻〕』（二〇〇三年、成文堂）および『尊厳死と刑法〔医事刑法研究第2巻〕』（二〇〇四年、成文堂）参照）、過失犯の研究はいずれ本格的に取り組む計画を立てたのであった。具体的には、海上保安大学校に赴任して、前記の訳書『責任原理』の仕事と並行して、海上交通事故を素材とした過失犯の研究を開始することにした。そして、それは、理論と実務の双方に真摯にぶつかりながら研究せざるをえない姿勢を培う意味でも、実に有益なものとなった（拙著『海上交通犯罪の研究〔海事刑法研究第一巻〕』（二〇〇一年、成文堂）参照）。また、別途まとめる予定の『火災事故と刑事過失――管理・監督過失を中心に――』（仮題）および医事刑法研究シリーズの『医療事故と刑法』、さらには今後進める予定の企業犯罪の研究を含め、それらで具体的に展開される考えの基本的枠組みは、本質を探究しつつも事実を直視する中で理論を構築するという基本姿勢で貫かれており、それは、実は本書『責任原理と過失犯論』にある程度集約されていると言ってよい。むしろ本書をもっと早く公刊する必要性を以前から感じていたが、諸般の事情でこの時期になってしまった。その意味で、本書は、理論的には私の過失犯の研究の「序章」に当たる。敢えて本書自体に「序章」と「終章」を加えなかったのは、このような理由による。本書を契機として、今後、さらに過失犯理論を展開していきたいと思う。以上の点を踏まえて、各章毎にコメントを付しておこう。

第1章　「責任原理の基礎づけと意義――アルトゥール・カウフマン『責任原理』を中心として――」は、『市民社会と刑事法の交錯――横山晃一郎先生追悼論文集――』（一九九七年、成文堂）に寄稿したものであり、副題が示すとおり、前記のアルトゥール・カウフマン『責任原理』を中心素材として、人間存在の本質に遡って責任原理の基礎づけと意義について論じたものである。本章は、過失犯の問題だけを射程に入れたものではなく、私の刑法研究の礎となるものであるが、本章を本書の冒頭に配列することで、本書の問題意識の根底を理解していただけるものと思われる。責任原理の本質理解が日本でもさらに広がることを念じるばかりである。本論文が捧げられた故横山晃一郎先生には、大学院生時代に、歴史認識の重要性と人権感覚の重要性、そして刑事法の本質に遡って問題を考えることの重要性を教えられた。また、水波朗先生には、三島淑臣先生共々大学院生時代から前記訳書『責任原理』完成に至るまで存在論的観点から法哲学のご教示を賜ったが、その水波先生が二〇〇三年七月に亡くなられたことは、残念でならない（追悼文として、山田秀「水波朗先生の想い出――学問と人柄――」創文四六六号二一頁以下参照）。さらに、『責任原理』の翻訳完成を長年暖かく見守っていただいた原著者アルトゥール・カウフマン先生も、二〇〇一年四月に亡くなられている（追悼文として、宮澤浩一＝上田健二「アルトゥール・カウフマン教授の逝去を悼む」ジュリスト一二〇三号一一二以下参照)。この訳書完成を心より喜んでいただいていただけに、これまた残念でならない。学恩あるこの三人の先生のご冥福をここで改めてお祈り申し上げたい。

第2章「行政刑法における過失犯処罰と明文の要否——法益保護と行為主義・罪刑法定主義・責任主義の衝突から調和へ——」は、井上祐司先生退官記念論集『現代における刑事法学の課題』(一九八九年、櫂歌書房)に寄稿したものである。この記念論集は、刊行後まもなく出版社が倒産したこともあり、なかなか現物を見ることができない「幻の書」とも言われている。本章の論文も、米田桊邦先生による「刑事法学の動き」における丁重な書評(法律時報六三巻三号九五—九六頁)があり、「何とか読みたいが、入手さえ困難なので、何とかして欲しい」との声も聞かれた。本章は、行政刑法において過失犯を処罰するにあたり明文規定が必要か否かという問題を、法益保護と行為主義・罪刑法定主義・責任主義の衝突から調和へという視点から考察したものである。この問題においては、単に明文規定が必要か否かという問題設定だけでなく、法益保護を強調しすぎると、行為主義・罪刑法定主義・責任主義という基本原理を掘り崩す懸念があること、また、罪刑法定主義と責任主義・責任原理とは密接な関係にあること、したがって、論理必然的に過失犯を処罰するにあたり明文規定が必要であるということを論証した。本章は、法益論の研究の一環としても書かれたものであるが、責任主義・責任原理を多分に意識したものであり、前述のような「読みたい」という学徒の要望に応える意味でも、本書に収めることにした。

第3章「過失犯の基礎理論」は、二〇〇一年九月に北京で開催された二一世紀第一回日中刑事法学術討論会(通算第八回)において報告したものであり、西原春夫編『日中比較過失論』(二〇〇一年、成文堂)に収録されている。そして、この論文は、簡潔ながら私の過失犯論の全体像を論じたものである。この刑事法学術討論会は、私にとって実に印象深いものであった。「過失犯」をテーマに、三日間、日本側と中国側の双方から報告とコメントが寄せられ、白熱した議論が交わされた（詳細は、西原編・前出『日中比較過失論』参照）。私は、第一日目に趙秉志教授（中国人民大学）と共に「過失犯の基礎理論」を担当したが、私の報告は、責任原理にウエイトを置きつつも、日本の議論状況を整理しつつ自分なりに過失犯論の基本的枠組みを呈示したものであった。とりわけ責任原理の意義および「認識ある過失」と「認識なき過失」の区別の意義について、劉明祥教授（武漢大学）等の賛同を得たり、他の方々からも深い関心を持っていただいたことには、大きな感動を覚えた。また、西田典之教授の的確なコメントにも大きな啓発を受けた。さらに、中国の刑法理論の最近のレベルの高さや立法の工夫を目の前にして、この学術交流会の意義を体感した。報告の機会を与えていただいた西原春夫先生と大谷實先生に、この場をお借りして謝意を表すると共に、様々な配慮をしていただいた松尾浩也先生、田口守一教授、西田典之教授、成文堂の本郷三好氏、通訳に尽力していただいた金光旭教授、さらには約一週間ほど行動を共にして有益な意見交換をしていただいた山口厚教授、伊東研祐教授、大塚裕史教授、北川佳世子教授にも謝意を表したい。皆とエクスカーションで行った万里の長城や故宮（紫禁城）等も、懐かしい思い出である。

第4章　「過失『責任』の意味および本質――責任原理を視座として――」は、日本刑法学会関西部会の共同研究「過失犯理論の総合的研究――二〇世紀刑法理論検証の一側面――」の一環として書かれたものである（刑法雑誌三八巻一号〈特集・過失犯理論の総合的研究――二〇世紀刑法理論検証の一側面――〉（一九九八年））。この共同研究は、二〇世紀の刑法理論が過失犯論の理論の変遷から多大な影響を受けつつ変遷した点に着眼し、過失犯理論を再検討することによって二〇世紀の刑法理論を検証しようとの観点からオーガナイザーとして企画したものである。私は、責任原理を視座として、過失「責任」の意味および本質について検討した。とりわけ旧過失論に立脚する以上、この問題は避けて通れないと思ったからである。この問題意識は、本書全体のモチーフにもなっている。なお、当時、おりしも文部省科学研究費の助成（基盤研究（c）（2）研究課題番号09620055：課題名は「刑事過失論の総合的研究——責任原理を視座として——」）を受けていたことは、大いに助けになった。共同研究に参加していただいた方々に改めて謝意を表したい。

第5章　「『認識ある過失』と『認識なき過失』——アルトゥール・カウフマンの問題提起を受けて——」は、『西原春夫先生古稀祝賀論文集　第二巻』（一九九八年、成文堂）に寄稿したものである。責任原理を掘り下げて研究すればするほど、「認識ある過失」と「認識なき過失」の区別にこだわらざるをえず、アルトゥール・カウフマン博士の問題提起を真摯に受け止めざるをえない。そうすると、「認識なき過失」の責任性は疑わしい。日本では、このような考えはきわめて少数であるが、関心を持っている研究者や実務家は一定程度存在する。理論的にはなお詰めなければならない部分もあるが、本論文が、過失犯処罰の過剰な拡大傾向にある現状に対して、何らかの問題提起となれば幸いである。なお、本章の論文も、第4章の論文同様、前記科学研究費助成を受けた研究成果の一部である。

第6章　「事故型過失と構造型過失」は、真鍋毅教授（当時佐賀大学）を中心とした日本刑法学会九州部会での共同研究「水俣病刑事事件の総合的研究」の一環として書かれたものである（刑法雑誌三一巻二号〈特集・水俣病刑事事件の総合的研究〉（一九九〇年））。これは、チッソ水俣病刑事事件を素材にして、特に第二審判決に現れた「事故型過失と構造型過失」という論理に着眼して、社長と工場長の過失責任について旧過失論の立場から具体的な危険の予兆を手がかりとして具体的予見可能性判断にウエイトを置いて検討を加えたものである。本件は、胎児性致死傷という問題を別とすれば、私のような立場からも、企業トップの具体的予見可能性を十分に肯定できる事案であったと思われる。今後、企業の刑事責任（過失責任）の研究を進める際も、同様な視点から検討していきたいと考えている（なお、この特集の書評として、米田泰邦・法律時報六四巻一号一〇二—一〇三頁参照）。

第7章　「過失犯の共同正犯」は、『刑事実体法と裁判手続――法学博士井上正治先生追悼論集――』（二〇〇三年、九州大学出版会）に寄稿したものである。本論文は、限縮的正犯概念、行為共同説、修正惹起説という共犯論の基本的立場に立脚しつつ、過失犯の共同正犯の問題を責任原理の観点から論じたものである。過失犯の研究に多大な貢献をされた井上博士のお顔は学生時代から存じ上げていたが、直接お話をする機会があったのは、大学院生になってからであり、また、海上保安大学校から広島大学に移籍する際に、墨筆の丁重なお手紙をいただいたことなども懐かしく思い出される。しかし、何と言っても忘れ難いのは、井上博士が何かの弁護のお仕事で広島市に来られた際、大國仁先生（海上保安大学校名誉教授、現・岡山商科大学教授）のお世話で、井上博士を囲んで私を含め三人で、広島市の「半兵衛」という料亭において七時間余りも酒を酌み交わしつつ談笑したことである。話は多方面に及んだが、とりわけ大学卒業後から海軍を経て命からがら終戦を迎えられたときの様々なエピソードや刑法の研究を始められたころの様々なエピソード（不破武夫先生のこと、平野龍一先生や平場安治先生らとの交流のこと等々）を中心に、若いころのお話をじっくりとお聞きすることができた。当然、過失犯にも話は及んだ。私は、このとき、過失犯の研究を今後継続する旨を井上博士にお話ししたように記憶している。気がつけば外は暗くなり、昼食会のはずが、夕食もご一緒することになった。井上博士からこのようなお話を伺うことができるとは思ってもいなかったので、大変感激したことを昨日のことのように思い出す。そのときの記念写真は、貴重なものとなった。井上博士が亡くなられて後、一九九八年五月に大阪市立大学で開催された日本刑法学会の際に井上正治先生を偲ぶ会が催された。そこには、井上博士と友人であられた平場安治先生と平野龍一先生も出席され、日本刑法学会創設のころ、若手研究者として共に苦労したお話などをされていたが、その両先生も、そして同じくその会に出席されていた田宮裕先生も、すでに他界された。寂しさと同時に、時の流れの速さを感じざるをえない。各先生方のご冥福を心よりお祈りしたい。

第8章「放火罪と公共危険発生の認識の要否――実質的責任原理の観点からみた故意と過失の区別――」は、京都産業大学教授であられた墨谷葵先生追悼論集（産大法学三二巻二・三号（一九九八年））に前記の科学研究費助成の研究成果の一部として寄稿したものである。このテーマは、従来、いわば刑法各論の重要論点として位置づけられてきたが、私は、これが放火罪における公共危険の認識の必要性の有無という問題だけにとどまらず、実質的責任原理の観点からは、故意と過失の区別に関わる重要論点として過失犯論からも無視できない問題として位置づけたので、敢えて本書に収めることにした。そして、刑事責任の問題に長年取り組まれた故墨谷葵先生のご冥福も改めてお祈りしたい。

さて、以上のような内容の本書を全体としてみると、タイトルが示すように、とりわけ第1章と、第3章、第4章および第5章に力点がある。まず、第1章との関係では、前述のような次第で、故人となられた横山晃一郎先生、アルトゥール・カウフマン先生、水波朗先生のご霊前に本書を捧げたいと思う。また、第3章、第4章および第5章との関係では、カウフマン先生は当然ここにも入るが、とりわけ第3章と第5章はいずれも西原春夫先生に関わるものである。西原先生には、一九八九年六月に開催された日本刑法学会第六七回大会（於北大）における個別報告「海上交通事故と過失犯論」（前出『海上交通犯罪の研究』第1章所収）の際に貴重な質問をしていただいたのをはじめ、広島大学在職中にはご多忙な中、「広島大学法学部創設二〇周年記念シンポジウム」で基調講演をしていただいたり、さらには、前述の北京での日中刑事法学術討論会で大変なお世話になったりした。筆者の理論的立場とは異なるが、いつも寛大な学問的精神で接して下さるそのご姿勢には、頭が下がる思いである。加えて、西原先生の過失犯のご研究（『交通事故と信頼の原則』（一九六九年、成文堂）ほか本書での引用文献参照）や刑法の本質論のご研究（特に『刑法の根底にあるもの』（初版は一九七五年，一粒社、増補版は二〇〇三年、成文堂））、さらには学問を通じての真の国際交流のご姿勢は、今でも私の問題意識をかきたて続けている。二〇〇四年四月から私が広島大学から早稲田大学に移籍したのも，何かの奇縁かもしれない（ちなみに、早稲田大学のシンボルの大隈重信像は、私と同郷（大分県朝地町）の大先輩の彫刻家朝倉文夫作である点も奇縁である）、と勝手に思ったりもする。このような次第で、不十分なものではあるが、今後のさらなる研鑽を約し、ますますご壮健であられることを祈念しつつ、本書を謹んで西原春夫先生に捧げたいと思う。

なお、本書が完成するにあたっては、広島大学大学院生の上原大祐君に旧原稿の一部をパソコン入力していただいたほか、海上保安大学校専任講師の日山恵美さんには今回も多忙にもかかわらず校正を手伝っていただいたことに対して謝意を表したい。また、本書の刊行について早稲田大学から学術出版補助費の援助を受けたことを特記しておきたい。

最後に、今回の出版についても、成文堂の阿部耕一社長と本郷三好編集部次長には様々なご配慮を賜った。この場をお借りして厚く御礼申し上げたい。

二〇〇四年一二月

活気溢れる師走の早稲田の杜にて

甲　斐　克　則

目　次

【初出一覧】

第1章　「責任原理の基礎づけと意義――アルトゥール・カウフマン『責任原理』を中心として――」内田博文＝鯰越溢弘編『市民社会と刑事法の交錯――横山晃一郎先生追悼論文集――』（一九九七年、成文堂）

第2章　「行政刑法における過失犯処罰と明文の要否――法益保護と行為主義・罪刑法定主義・責任主義の衝突から調和へ――」横山晃一郎＝土井政和編『現代における刑事法学の課題――井上祐司先生退官記念論集――』（一九八九年、櫂歌書房）

第3章　「過失犯の基礎理論」西原春夫編『日中比較過失論』（二〇〇一年、成文堂）

第4章　「過失『責任』の意味および本質――責任原理を視座として――」刑法雑誌三八巻一号〈特集・過失犯理論の総合的研究――二〇世紀刑法理論検証の一側面――〉（一九九八年）……一部加筆

第5章　「『認識ある過失』と『認識なき過失』――アルトゥール・カウフマンの問題提起を受けて――」岡野光雄＝曽根威彦＝西田典之＝野村稔編『西原春夫先生古稀祝賀論文集　第二巻』（一九九八年、成文堂）

第6章　「事故型過失と構造型過失」刑法雑誌三一巻二号〈特集・水俣病刑事事件の総合的研究〉（一九九〇年）

第7章　「過失犯の共同正犯」法学博士井上正治先生追悼論集編集委員会編『刑事実体法と裁判手続――法学博士井上正治先生追悼論集――』（二〇〇三年、九州大学出版会）

第8章　「放火罪と公共危険発生の認識の要否――実質的責任原理の観点からみた故意と過失の区別――」産大法学三二巻二・三号（一九九八年、京都産業大学法学会）……副題改題

第9章　「再論：『認識ある過失』と『認識なき過失』の区別」高橋則夫＝只木誠＝田中利幸＝寺崎嘉博編『刑事法学の未来』長井圓先生古稀記念（二〇一七年、信山社）

第1章　責任原理の基礎づけと意義

――アルトゥール・カウフマン『責任原理』を中心として――

一　序

一　責任原理ないし責任主義（Schuldprinzip）は、「責任なければ刑罰なし（nulla poena sine culpa）」という標語に示されているように、罪刑法定主義や行為主義とならんで国民の権利および自由を保障する近代刑法の基本原理のひとつである、といえる。しかし、罪刑法定主義と比較すると、その内容および基礎づけはいまだ不明確な部分がある、といえるし、その地位もなお不安定な要因が多い(1)。

一般的定義によれば、「責任主義とは、行為者の行為について、責任能力および故意または過失を要件として行為者を非難できる場合にのみ、その行為者に責任を認めるとする原則をいう（狭義の責任主義）(2)。これによって、責任は刑罰の基礎となる（刑罰創設機能）。あるいは、「刑罰は責任の量に比例すべし」という原則も責任主義の内容だとされる（刑罰量定機能）。両者を合わせて広義の責任主義という。しかし、何故に「行為者を非難できる場合」にしか責任を認めることができないのか、責任の量だけで刑罰の重さを量れるのか、その根拠を十分に示しておかないと、他の要因で責任を認めることに途を開くことになりかねない。現に、ドイツの最近の議論の影響を受けて、日本でも、

「予防」という観点を責任内容に取り入れようとする有力な見解もある。[3] あるいは、判例は、周知のように、結果的加重犯における重い結果の処罰について、過失さえも不要であるとの立場に立っているし（例えば、最判昭和三二・二・二六刑集一一巻二号九〇六頁）、建造物等以外放火罪（刑法一一〇条一項）においても、具体的危険犯であるにもかかわらず、公共危険発生の認識を不要と解している（最判昭和六〇・三・二八刑集三九巻二号七五頁）。また、学説の中にも、「責任主義が決してオールマイティでない事実を、あらためて認識しなおす必要がある」[4] との有力説がある。さらには、自動車運転者が知らない間に後部荷台に同乗していた二名を信号柱への衝突事故で死亡せしめた事件で死亡結果について過失責任を肯定した最高裁判例が登場したり（最決平成一・三・一四刑集四三巻三号二六二頁）、最近の大規模火災事件の処理における監督過失論でも、責任主義を貫徹する立場から見ると疑問に思える傾向が、一連の最高裁判例の中に顕著に表れている。[5] もし、責任原理が罪刑法定主義や行為主義（これもいまのところその基礎づけおよび地位はなお不安定である。）とならび国民の人権保障に資する近代刑法の基本原理でなければならないとすれば、「いまなお生成の過程にある」[6] この原理の意義および基礎づけを、いまこそ明確にしなければならない状況にある、といえる。そもそも、罪刑法定主義、行為主義、そして責任主義は、それぞれが密接不可分の関係にあることも忘れてはならない。[7]

二　日本でも、これまで、責任原理ないし責任主義についての研究はなされており、そしてそれぞれの問題の所在が的確に指摘されている。[8] しかし、責任原理の基礎づけについては、必ずしも十分でないように思われる。他方、責任原理の母国ともいうべきドイツでは、その基礎づけに多大な貢献をしたアルトゥール・カウフマンの研究[9]をはじめ、相当数の研究が出されているし、[10] また、連邦通常裁判所も連邦憲法裁判所も、責任原理の意義を正面から認めている。[11] しかし、アルトゥール・カウフマンをして「責任刑法は危機に陥っている」[12]、と言わしめているように、責任原理自体、諸種の批判を受け、あるいは修正を迫られている状況にある。その理論から学ぶべきものはなお多いとはいえ、責任原理に基づく責任刑法を堅持するためには、日本でも、その基礎づけおよびその内容に関する自覚的議論をもっと喚起する必要がある。

三　以上の問題意識から、本章では、刑事法の基本原理や歴史の重要性を力説してわれわれを指導された故横山晃一郎教授のご霊前に捧げるべく、とりわけアルトゥール・カウフマンの大著『責任原理』（初版一九六一年、第二版一九七六年）[13]に学びつつ責任原理の基礎づけとその意義に焦点を当てた考察を試みることにする。紙数の関係上、責任原理に関連する具体的諸問題については必要な範囲に止め、詳細については別途考察せざるをえない。以下、叙述の順序としては、まず、カウフマンの『責任原理』の基礎づけに関する見解の骨子を辿り、その意義および位置を確認し、つぎに、同書に表れている具体的諸問題を必要な範囲で抽出して責任原理の基礎づけとの関連を探りつつ責任原理の現代的意義について考察することにする。

（1）　この点について、宮澤浩一「責任主義」中山研一＝西原春夫＝藤木英雄＝宮澤浩一編『現代刑法講座第二巻・違法と責任』（一九七九・成文堂）一六九頁以下参照。

（2）　大谷實『刑法講義総論（第四版補訂版）』（一九九六・成文堂）三一五頁［同『新版刑法講義総論〔追補版〕』（二〇〇四・成文堂）三二五－三二六頁］。なお、堀内捷三「責任論の課題」芝原邦爾＝堀内捷三＝町野朔＝西田典之編『刑法理論の現代的展開――総論Ⅰ』（一九八七・日本評論社）一九四―一九五頁参照。

（3）　例えば、堀内捷三「責任主義の現代的意義」警察研究六一巻一〇号（一九九〇）三頁以下。これと関連して、小野坂弘「『責任と予防』について」法学四七巻五号（一九八四）一〇一頁以下参照。また、不定期刑の言渡について、改正刑法草案五九条参照。

（4）　香川達夫「放・失火罪と公共の危険」学習院大学法学部研究年報13（一九七八）九頁、同「公共の危険と延焼罪」警察研究

四九巻一二号（一九七八）三頁以下（いずれも同著『刑法解釈学の諸問題』（一九八一・第一法規）所収）。その批判的検討として、甲斐克則「建造物等以外放火罪と公共危険の認識」ジュリスト昭和六〇年度重要判例解説（一九八六）一五七頁以下〔および同「放火罪と公共危険発生の認識の要否――実質的責任原理の観点から――」産大法学三二巻二＝三号（一九九八）九一頁以下〔本書第8章所収〕〕参照。

（5）例えば、最決平成二・一一・一刑集四四巻八号七四四頁、最決平成二・一一・二九刑集四四巻八号八七一頁、最決平成五・一一・二五刑集四七巻九号二四二頁。このような傾向については、別途、批判的に検討中である。甲斐克則「火災死傷事故と過失犯論――管理・監督者の過失を中心として――(一)～(七)」広島法学一六巻四号（一九九三）一三一頁以下、一七巻四号（一九九四）一一五頁以下、一八巻三号（一九九五）一頁以下、一九巻二号六一頁以下、一九巻四号（一九九六）一二九頁以下、二〇巻三号（一九九七）四九頁以下、二一巻一号二七頁以下（未完）参照。

（6）内藤謙「刑事責任」岩波講座『基本法学5――責任』（一九八四・岩波書店）三〇三頁、同『刑法講義総論（下）I』（一九九一・有斐閣）七三八―七三九頁参照。

（7）この点については、甲斐克則「行政刑法における過失犯処罰と明文の要否――法益保護と行為主義・罪刑法定主義・責任主義の衝突から調和へ――」『現代における刑事法学の課題――井上祐司先生退官記念論集――』（一九八九・櫂歌書房）一〇五頁以下、特に一六六頁以下〔本書第2章所収〕参照。

（8）例えば、木村亀二「責任主義の意義と問題」法律論叢三九巻一＝二＝三合併号（一九六五）三九九頁以下、福田平「責任主義の展開」同著『刑法解釈学の基本問題』（一九七五・有斐閣）九四頁以下、真鍋毅「第二次大戦後における責任原則の帰趨」同著『現代刑事責任論序説』（一九八三・法律文化社）九〇頁以下、堀内・前出注（3）、宮澤・前出注（1）、浅田和茂「責任と予防」阿部純二＝板倉宏＝内田文昭＝香川達夫＝川端博＝曽根威彦『刑法基本講座第三巻――違法論・責任論』（一九九四・法学書院）二一九頁以下参照。

（9）*Arthur Kaufmann*, Das Schuldprinzip. Eine strafrechtlich-rechtsphilosophische Untersuchung, 1. Aufl. 1961, 2 Aufl. 1976. なお、本書では2. Aufl. を使用する。邦訳として、アルトゥール・カウフマン（甲斐克則訳）『責任原理――刑法的・法哲学的研究――』（二〇〇〇・九州大学出版会）がある。なお、同書初版の紹介として、宮澤浩一・法哲学年報一九六三（上）一六七頁以下がある。

（10）Vgl. z. B. *Claus Roxin*, Kriminalpolitische Überlegungen zum Schuldprinzip, in Monkrim 1973, S. 316ff.（邦訳として、C・ロクシン（宮澤浩一監訳）『刑法における責任と予防』（一九八四・成文堂）四九頁以下（井田良訳）がある。）：*Hans Achenbach*,

Historische und dogmatische Grundlagen der strafrechtssystematischen Schuldlehre, 1974 ; *Günther Stratenwerth*, Die Zukunft des strafrechtlichen Schuldprinzips, 1977（紹介として、大山弘・関大大学院法学ジャーナル二三号（一九七八）八七頁以下がある。）; *Helmut Frister*, Schuldprinzip, Verbot der Verdachtsstrafe und Unschuldsvermutung als materielle Grundprinzipien des Strafrechts, 1988 ; *Günther Jakobs*, Das Schuldprinzip, 1993（邦訳として、松宮孝明・立命館法学二三〇号（一九九三）一五九頁以下がある。）; *Hans Joachim Hirsch*, Das Shuldprinzip und seine Funktion im Strafrecht, ZStW 106 (1994), S. 746ff.（邦訳として、吉田敏雄・北海学園大学法学研究三二巻三号（一九九六）七五頁以下がある。）

（11）Vgl. BGH St. 10, 259. ; BVerfGE 20, 323.

（12）Vgl. *Arthur Kaufmann*, Unzeitgemäße Betrachtungen zum Schuldgrundsatz im Strafrecht, Jura 1986, S. 225ff.（邦訳として、アルトゥール・カウフマン（上田健二監訳）『転換期の刑法哲学』（一九九三・成文堂）一四四頁以下［第2版・一九〇頁以下］（浅田和茂訳）がある。）

（13）*Kaufmann*, a.a.O.（Anm. 9）. 前出注（9）・甲斐訳参照。

二　アルトゥール・カウフマンの責任原理の基礎づけ

一　責任原理について最も根本的な考察を加えたのは、ドイツのアルトゥール・カウフマンである。カウフマンは、責任原理を表す「責任なければ刑罰なし」という命題自体は「いかなる積極的責任内容が法的刑罰の前提なのか」、という問題に対して直接的には何も提供してくれないとの基本認識に立脚し、「責任原理は、本質存在上、規制的ないし消極的機能を有するにすぎない[14]」、と説く。もちろん、それも意味があり、それによって「決して責任とは呼べないものが、最初から責任帰属の領域から排除される[15]」ことになる。この出発点自体、妥当である。日本でも、責任主義という場合、一般にこのような消極的責任主義が念頭に置かれており、決して「責任あれば刑罰あり」

（積極的責任主義）ということを意味するものではないからである。[16] 興味深いのは、カウフマンが、さらに、「責任原理の機能はこの『消極的なもの』において完全に論じ尽くされているのか、あるいはそれ以上の意味が責任原理にはもはや内在していないのか」[17]、と問うている点である。カウフマンは、ヴェルツェルらの事物論理構造論を批判的に検討し、[18] また法存在論の正当性を入念に基礎づけ、[19] さらに法の歴史性を論証し[20]――それらの詳細はここでは割愛する[21]――、それに基づいて責任原理の絶対性を説くのである。[22] そこには、すさまじいほどの迫力に満ちた論証が見られ、責任原理を考察するうえで避けて通れないものが多く含まれている。しかし、日本の刑法学においては、カウフマンのこの研究は、十分に紹介されていないし、[23] 十分理解されてもいない。したがって、まずここで、その骨子を紹介しつつ、その意義および位置を確認しておきたい。

二　カウフマンによれば、「一方で、責任原理は、刑法の本来的にして最も深遠な正当化として、絶対的性質のものであり、その妥当性は、空間的および時間的諸制約に左右されず、したがって、責任原理は、刑罰が科せられるべきところではどこでも妥当し、それゆえ、立法および判決を単に相対的に拘束するにとどまらない。他方、しかし、この原理からの具体的な諸々の演繹、したがって、『事物論理的な』諸々の推論は、時間と状況に制約され、『二次的自然法』としてはなるほどア・プリオリなものであり、それゆえに客観的に妥当するけれども、しかし永遠にして普遍的な法とはいえず、むしろ歴史的法である」[24]。

では、「責任原理の絶対性」とは何であろうか。そこに、責任原理の基礎づけの論理的基盤があるように思われる。カウフマンは、何よりも人間の人格的性質に着目して議論を展開する。カウフマンによれば、責任原理は「黄金律（Goldene Legel）」だとか「各人に各人のものを（suum cuique）」といった原理のような平等命題と同じく、「共通原理」に属し、したがって、「倫理的世界の本性法則として、人間の本質存在からのみ理解され、基礎づけられうるものである」。「刑罰を受けることができるのは、自己の行為に対して責任を負うことができ、かつ刑罰の意味を有責な悪業に対する当然の罪悪苦（Übelleiden）として精神的に理解することのできる本質存在だけである。かかる本質存在を有するのは、人間だけである」。かくして、「責任と刑罰は、人間存在それ自体においてのみ基礎づけることができるのであり、それらは、人間一般をはじめて人間たらしめるものの中に自己の根拠を有しなければならず、したがって、人間の不変の本性、つまり人間に、そして人間だけに固有の存在態様に関係づけられる」。「人間が、したがって責任能力ある被造物が存在するかぎり、責任原理も妥当する。有責なものしか処罰してはならないという原則は、したがって、その意味で絶対的である」[25]。

このように、責任原理を人間存在それ自体から導き、それによってその普遍的かつ超時間的妥当性を説くところに、カウフマンの見解の第一の特徴がある。そして、ここで想定されている人間像は、自己決定（Selbstbestimmung）と自己完成（Selbstvervollkommung）とを具備した自己所有（Selbstbesitz）としての人格である[26]。この同一平面には、当然ながら、人格の尊厳も含まれる。このような人間像ないし人格観念は、カントの見解から強い影響を受けたものである[27]。しかし、カウフマンは、カントが倫理を人間の内的心情につなぎとめている点を評価しつつも、その自律（Autonomie）論とは一線を画する。すなわち、カントによれば、倫理的に善なる人間の意思は、道徳的法則に結び付けられているだけでなく、人間は道徳的法則の主体（自ら法則に与えるもの）でさえあるとされるが、カウフマンは、これを危険な主観主義を目指すものとして警戒する[28]。もっとも、カウフマンも、カントが「人格の自律」を論じるとき、「現象的人間（homo phaenomenon）」（肉体的な感覚存在者）を想定しているのではなく、普遍的な理性の主体である「本体的人間（homo noumenon）」（道徳的人格性）を想定しているので、この点を誤解すべきでないとし、「人格の自律は、人間性の倫理的秩序に関する個人の共同責任である。さればこそ、カントが自由意思について、自由意思は

『その普遍的法則に従って必然的に、自らが服従すべきところのものと同時に一致することができなければならない』と言うとき、それは理解可能となる」、とも述べているのである。[29] にもかかわらず、カントの倫理学が「その確信において主観主義的であることについて、欺かれてはならない[30]」、と説く。カウフマンは、その理由を次のように述べている。

「なるほど、個々の人間にとっては、倫理的法則は、ひとつの客観的法則であるが、しかし人間性一般にとってはそうではない。普遍的な理性人格を道徳的法則の主体にまで持ち上げることが倫理的秩序の現実在的客観性を保障しうるのは、この超越した主体によって神が信じられるときだけであろう。もっとも、カントがこのような考えをしているとはまったくいえない。この点を措くとしても、カントの倫理学には、総じて、こうした客観性が属しうる実質的内容がない。有名な定言的命令によれば、一般に、あらゆる内容は、人がそれを『汝の意思の格率が、つねに同時に普遍的立法の原理として妥当しうるように行為せよ』、とする普遍的法則として認めるという結末を恐れさえしないかぎりで、義務にまで高められうる。なるほど、カントの意図は、実はあらゆる客観的な倫理諸拘束から人間を解放し、人間を結果の法則だけに服従させようとするものである、とするのは、ひどい誤解であろう。カントは、このように内容空虚なものとして定言的命令を考えてはいなかったし、またしばらくの間はそのようには理解されてもいなかった。さもなくば、カントの倫理学は、しばらくの間それがまさしく疑いなかったほどに実り豊かには影響を及ぼしえなかったであろう。しかし、定言的命令が、カントがその中に盛り込もうと考えていたものを実際に提供しているかどうかは、問題である[31]」。

かくして、カウフマンは、カントの自律論（「道徳法則の主体」性、自己立法論）に疑問を呈し、人間は被造物であって創造物（神）ではない以上、存在論的区別として他律（Heteronomie）を要求する。つまり、「人間の自由は、道徳上、創造者によって――したがって人間によってではない――与えられた存在の秩序に結び付けられる[32]」、と説くのでである。そして、「人間が被造物であるという本性を、そしてそれとともに人間が被造物として――盲目的に服従してではなく、自覚的に洞見して――服従させられる法則を尊重しないならば、人間の尊厳を維持することはできない[33]」と。このような立場からすれば、自己自身以外の立法者を認めないサルトルのような考えも、否定されることになる[34]。ここにカウフマンの見解の第二の特徴がある。

また、カウフマンによれば、人間の倫理的自律論は、人間の責任の本質についても好都合とはいえない[35]。なぜなら、ヴェルツェルが指摘するように、倫理的に自律した良心は、善悪に関してそもそも間違うことがなく、いわゆる良心の錯誤は、もっぱら、行為の道徳的価値には触れない悟性の誤り（Verstandesfehler）とみなされるからである。かくして、カウフマンは、カントの倫理学に対して、「客観的に正当な倫理的決定に対する責任を根本的にあまりに軽んじており、それは、『答責倫理（Verantwortungsethik）』ではなく、まったくの『心情倫理（Gesinnungsethik）』であり、したがって人間の答責は結局のところ客観的な倫理法則の上に基礎づけられず、「極端な表現をすれば、自己の行為を『支配的文化観および価値観』と一致させ、したがってその行為の普遍性が期待し望むところのものを為す者は、つねに責任から免れる」ことになる、と批判するのである。確かに、「本当に自律的な人間にとっては、彼自身が責任をとるべき、そして責任を問われうる、客観的な倫理法則（道徳律）は、何ら存在しない[36]」、といえよう。したがって、カウフマンが「正しく理解された自律は、他律の中での相対的自律でしかありえない[37]」、と説くのは、正鵠を射ているように思われる。このことは、最近様々な問題において強調されている「自己決定権」の意味を考えるうえでも、重要な示唆を与えているように思われる。

三　さて、それではカウフマンの以上の基本的理解は、責任原理の具体的内容および基礎づけに、どのように影響しているであろうか。カウフマンによれば、「倫理法則（道徳律）の客観性から義務の概念が結果として生まれ、そしてこの義務の概念は、答責（Verantwortung）と責任（Schuld）の基礎となる。義務というものは、つねに、客観的に与えられた倫理的価値によってのみ基礎づけられうるのであり、決してひとりの人間もしくは数多くの人間の主観的意欲によって、ましてや単なる強制によって基礎づけられるものではない。良心を拘束する諸義務は、それゆえ、倫理的諸義務としてしか存在しえないし、倫理的諸義務だけが、強制的命令（erzwungenes Müssen）のみならず、内的当為（inneres Sollen）を生み出すのである」。かくして、エムゲとともに、「法義務も、倫理的義務としてのみ存在し、したがって法的責任は、倫理的責任としてのみ存在する。したがって、『法および倫理における責任原理の内実』もまた、『基本的に同じ』である」[38]、ということになる。

このような責任理解は、基本的に妥当と思われるが、批判も多い。かつて日本の議論では、情緒的意味合いの「道義的責任」として議論されたため、本来の「倫理的責任」の意義が十分に理解されないまま、戦前のイデオロギー的性格が批判されているし[39]、ドイツでも、すでにメッガーが、「刑法上の責任は、倫理的意味においてではなく、法的意味においての責任である。刑法上の責任は、したがって、いわゆる自由意思をめぐる論争とは無関係であ」り、刑法上の責任は、「良心の責任ではなく、単に行為をその張本人（Urheber）としての特定の人格に帰属させることにすぎない」[40]として、カウフマンのような考えを批判している。これに対して、カウフマンは、メッガーのような考えには、「人間の倫理的威厳に対する『責任』のあらゆる関係が放棄されている」し、「責任が形式的意味においてしか論じられえ」ず、「責任原理があらゆる意義を失わざるをえない」[41]、と反論する。カウフマンにおいては、「刑法上の責任の内容に関するすべての論争において、責任が実質的に理解されるときにのみ責任原理が意味と意義を有する」のであり、「実質上、責任は倫理的責任としてしか、すなわち、周知の倫理的義務に対する自由な、自己答責的意思決定としてしか存在しない」[42]。そして、かの連邦通常裁判所刑事部大法廷判決（BGH St. 2, 194ff.）の次の言葉が、その実践的論拠として引用されている。

「刑罰は責任を前提とする……。責任の無価値判断によって、行為者に対して、彼は適法にふるまっていない、すなわち、彼は適法にふるまうことができ、法を採る決定を為しえたにもかかわらず、不法を採る決定を下した、という非難が下される。責任非難の内的根拠は、人間は自由な、答責的、倫理的自己決定を目ざしており、それゆえ、彼が倫理的に成熟するやいなや、そして、自由な倫理的自己決定への性向が……一時的にも麻痺させられたり永遠に破壊されたりしないかぎり、自ら法には賛成し、不法には反対する決定を下し、自己の態度を法的当為の諸規範に適合させ、法的に禁止されたものを回避する能力がある、という点にある。人間が自由な答責的、倫理的自己決定の中で、法に賛成し、不法に反対する決定を下すための条件は、法と不法の認識である。自分が自由に決定するところのものが不法であることを知っている者は、彼がそれにもかかわらずその不法を行うとき、有責に行為するのである」。

この判決を踏まえたうえで、カウフマンが、「すべての責任は倫理的責任であるという命題は、魚はえらによって呼吸する存在にすぎないという命題と同様、確固たる正当なものである。これに対して、自由でない行為も有責たりうるという主張をする者は、鯨は肺によって呼吸しているのに鯨をもまた魚と呼ぶ者と同じである」[43]、と述べているのは、実に興味深い。私自身、違法性段階では法と倫理を峻別し（いわゆる結果無価値論）、倫理的要素を排除すべきだが、責任段階では倫理的要因を考慮せざるをえない、と考えている。人間の本質理解から導かれたカウフマンの責任原理についての見解は、その意味でいまなお重要な問題提起と思われるのである。問題は、どのような方法で刑法上の責任が倫理的責任として根拠づけられるか、である。ここでカウフマンは、いくつかの具体的問題を素材として考察している。そこでつぎに、必要な範囲でそれをみておこう。

(14) *Kaufmann*, a.a.O. (Anm. 9), SS. 15-20. 甲斐訳・一—九頁。

(15) *Kaufmann*, a.a.O. (Anm. 9), S. 20. 甲斐訳・八頁。

(16) 日本でこのように責任主義を積極的責任主義と消極的責任主義に分けて議論を展開したのは、平野龍一『刑法総論Ⅰ』（一九七二・有斐閣）五二—五三頁であり、この区別は大方の承認を得ているが、大谷・前出注（2）三二六頁〔『新版〔追補版〕』三二七頁〕のように、「責任は刑罰を根拠づけるとともに限定づける機能を有すると解すべきであるから、このように二つに分けて考えるのは妥当ではない」、とする見解もある。

(17) *Kaufmann*, a.a.O. (Anm. 9), S. 20. 甲斐訳・八—九頁。

(18) *Kaufmann*, a.a.O. (Anm. 9), SS. 20-40. 甲斐訳・九—三四頁。

(19) *Kaufmann*, a.a.O. (Anm. 9), SS. 41-85. 甲斐訳・四五—一〇〇頁。

(20) *Kaufmann*, a.a.O. (Anm. 9), SS. 86-114. 甲斐訳・一二三—一五七頁。

(21) なお、カウフマンの見解の基礎にある法存在論および法の歴史性については、アルトゥール・カウフマン（宮澤浩一＝渋谷勝久＝原秀男編訳）『現代法哲学の諸問題——法存在論的研究』（一九八六・慶応通信）、田中成明「アルトゥール・カウフマンの法存在論（一）（二）（三・完）」法学論叢七九巻五号（一九六六）九三頁以下、六号四〇頁以下、八〇巻一号六三頁以下、三島淑臣「自然法と法の歴史性の問題——現代ドイツ自然法論の一考察——」法政研究三三巻三＝六号（一九六七）三六七頁以下、同「法の倫理性をめぐる諸問題——A・カウフマン『法と倫理』をめぐって——」法政研究三三号一号（一九六六）一三一頁以下、上田健二「アルトゥール・カウフマン『法の歴史性の解釈学的考察』」法学論叢九一巻二号（一九七二）九九頁以下、永尾孝雄「自然法の歴史と問題——アルトゥール・カウフマンの抵抗権論をめぐって——」水波朗教授退官記念『法と国家の基礎に在るもの』（一九八九・創文社）二四三頁以下、同「アルトゥール・カウフマン法哲学の成立と構造」法哲学年報一九九一（一九九二）一一五頁以下等参照。また、カウフマンの最近の論文を収録した邦訳として、アルトゥール・カウフマン（上田健二＝竹下賢＝永尾孝雄＝西野基継編訳）『法・人格・正義』（一九九六・昭和堂）があるほか、アルトゥール・カウフマン（上田健二訳）『法概念と法思考——附・法獲得手続きの一合理的分析』（二〇〇一・昭和堂）、上田健二（訳）・「アルトゥール・カウフマンの死後刊行二論文とカウフマンへの追悼文」同志社法学五五巻六号（二〇〇四）一八三頁以下、アルトゥール・カウフマン（上田健二訳）「法哲学第二版（第1回～第13回・完）」同志社法学五一巻二号（一九九七）一九五頁以下～五三巻四号（二〇〇一）二一八頁以下等がある。その他、関連文献についてはカウフマン・前出注（12）『転換期の刑法哲学』三八四頁以下〔第2版・三九六頁以下〕参照。

(22) *Kaufmann*, a.a.O (Anm. 9), S. 115ff. 甲斐訳・一七三頁以下。
(23) 宮沢・前出注（9）は、その意味で貴重である。
(24) *Kaufmann*, a.a.O. (Anm. 9), S. 115. 甲斐訳・一七三―一七四頁。
(25) *Kaufmann*, a.a.O. (Anm. 9), S. 116. 甲斐訳・一七四―一七五頁。
(26) *Kaufmann*, a.a.O. (Anm. 9), S. 102 u. S. 117. 甲斐訳・一四二頁および一七六頁。
(27) *Kaufmann*, a.a.O. (Anm. 9), S. 56ff. u. S. 118ff. 甲斐訳・六五頁以下および一一八頁以下。カントの見解については、とりわけカント（野田又夫訳）『人倫の形而上学の基礎づけ』および同（加藤新平＝三島淑臣訳）『人倫の形而上学』中公『世界の名著32・カント』（中央公論社）二二三頁以下および三一三頁以下等参照。
(28) *Kaufmann*, a.a.O. (Anm. 9), S. 119. 甲斐訳・一七九頁。
(29) *Kaufmann*, a.a.O. (Anm. 9), S. 119f. 甲斐訳・一八〇頁。
(30) *Kaufmann*, a.a.O. (Anm. 9), S. 120. 甲斐訳・一八〇頁。
(31) *Kaufmann*, a.a.O. (Anm. 9), S. 120f. 甲斐訳・一八一頁。
(32) *Kaufmann*, a.a.O. (Anm. 9), S. 122. 甲斐訳・一八三頁。
(33) *Kaufmann*, a.a.O. (Anm. 9), S. 124. 甲斐訳・一八五頁。
(34) *Kaufmann*, a.a.O. (Anm. 9), S. 125. u. S. 127. 甲斐訳・一八七頁および一八九―一九〇頁。
(35) *Kaufmann*, a.a.O. (Anm. 9), S. 124. 甲斐訳・一八五頁。
(36) *Kaufmann*, a.a.O. (Anm. 9), S. 126. 甲斐訳・一八七頁。
(37) *Kaufmann*, a.a.O. (Anm. 9,) S. 126. 甲斐訳・一八七頁。
(38) *Kaufmann*, a.a.O. (Anm. 9,) S. 128. 甲斐訳・一九〇頁。
(39) 例えば、平野・前出注（16）六〇頁は、「道義的責任論は、まさに人間の良心、人間の『主体性』を刑罰の対象とし、これを国家権力の管理のもとにおこうとするのである」、と断定する。このような批判に対する反論として、真鍋毅「戦後刑事責任論の軌跡」同・前出注（8）『現代刑事責任論序説』一頁以下、特に八頁および一三―一四頁参照。
(40) *Edmund Mezger*, Strafrecht : Ein Lehrbuch. 3. Aufl. 1949, S. 251.
(41) *Kaufmann*, a.a.O. (Anm. 9), S. 128f. 甲斐訳・一九一頁。
(42) *Kaufmann*, a.a.O. (Anm. 9), S. 129. 甲斐訳・一九一頁。

(43)　*Kaufmann*, a.a.O. (Anm. 9), S. 129. 甲斐訳・一九二頁。

三　責任原理の具体的顕現

一　第一に、刑事刑法と秩序刑法における倫理的責任について、不法の意識の問題を中心とした考察が行われる。これは、今日でも重要問題である。カウフマンによれば、「刑事責任の倫理的性格が最も容易に判明するのは、いずれにせよ故意犯が問題となるかぎりでは、本来的な刑事不法の領域、すなわち刑法典の古典的犯罪それ自体の領域において、である。なぜなら、謀殺、窃盗、詐欺、放火、姦通は、一般に、その態度およびその態度によって惹起された結果の社会倫理的価値違反を内容として含む構成要件であり、その結果、このような作為を差し控える義務を基礎づける刑法上の禁止は、前もって必要ではないからである。したがって、意識的にこのような作為を為す者は、疑いなく倫理的責任を背負い込むのである」[44]。これは、（姦通を除けば）大方の理解を得られるものといえよう。もっとも、どのような場合に行為者が不法の意識を持ったといえるか（禁止の錯誤）、については、故意説と責任説の争いがあるが、ここでは割愛する。

むしろ、問題は、秩序刑法ないし特別刑法の場合である。カウフマンは、「この場合も、重要なのは、倫理的諸義務および倫理的責任である」[45]、と明言する。しかし、これはどういう意味であろうか。例えば、駐車違反について考えてみよう。この場合、社会倫理的価値違反はないようにも思われる。しかし、カウフマンは、「ここでも、実質的、社会倫理的基盤は存在する」、と言う。「なぜなら、外見上倫理的色彩のない特別の命令および禁止すらも、倫理的諸善益の保護と実現に役立つからである。人間の生命と健康を保護すべく規定されている道路交通法の場合、そのことはまったく明らかであるが、経済刑法、食品刑法の場合も、事情は変わらない。国家は、これらの題目の法的規制によって倫理的秩序の任務を遂行し、それゆえにこの目的のために公布される諸規定に応じることも、倫理的義務となる」[46]。しかし、この種の犯罪は、政策的側面が強い場合もあり、無条件にこれを追認すべきではないように思われる。

二　第二に、確信犯人の問題について。これについては、すでにラートブルフが、この場合には刑罰は行為者に対して倫理的優越性をもって対抗しえないので、刑罰は純粋な法的規範でなければならない、と指摘しているが、カウフマンは、これに対して、「まさに、純粋な強制措置としてしか理解しえないこのような刑罰が『確信犯人』の倫理的人格の蔑視を意味しないかどうかを問題にしなければならない」[47]、と問題提起をする。そして、「『確信犯人』は完全にきまって倫理的責任から免れているわけではないし、例外的に倫理的責任から免れている場合には決して処罰できない」、と解答している。すなわち、「通常の場合は、『確信犯人』がある法律に違反し、彼がその効力を知っており、あるいは良心の緊張があれば知っておかねばならない」わけであるが、この場合には、シュミットホイザーとともに、刑罰は「まさしく法秩序それ自体に従うべき行為者の基本的倫理義務にも」関係づけられる[48]、とする。これに対して、「『確信犯人』が超法規的・自然法的理由からして無効である法律に違反するとき、つまり法律上の不法に抵抗するとき」、「彼は、倫理的観点においてのみならず、法的観点においても、申し分のない行為をしており、何ら犯罪を行っているのではない」[49]、とする。このような区別は、カウフマンの法存在論からすれば、一貫したものといえる。とりわけ後半部分の主張の背景には、ナチスに対する抵抗運動の戦士達への共感とその法的擁護があることを看過してはならない。

三　第三に、より重要なのが、過失責任についてである。カウフマンは、責任原理と過失責任の問題に相当なスペースを割いている。ここでその全貌を示すことは困難であり、それは別稿に譲らざるをえない［本書第５章参照］。ここでは、ポイントだけを示すに止める。

そもそも過失は「責任」と言えるか。カウフマンは、この問いを発しつつ責任の本質に関する諸見解を考察する。その根底には、次のような基本観念がある。「規範的責任論の勝利以来、責任とは、有責者に対する非難を基礎づけるものである、ということが自明になっている。しかし、その行為のみならず行為者に人格的に加えられるこの非難、すなわち、汝はその代わりに何かが可能であった！という非難は、倫理的非難たりうるにすぎない。人がある人間に対して非難を為しうるのは、彼が倫理的に責任があったということについてだけである」[50]。しかし、この考えを採る以上、意思責任（Willensschuld）を採らざるをえない、とカウフマンは言う。これによれば、故意責任が原則ということになる。これに対して、悟性責任（Verstandesschuld）は、愚鈍さを問題にするが、愚鈍さは何ら責任を基礎づけないので妥当でないし、感情責任（Gefühlsschuld）は、感情が本能と同様、Es（非我）に由来するものであって Ich（自我）に由来するものでないがゆえに、一般に責任非難の対象たりえない点で妥当でない。性格責任（Charakterschuld）は、性格が素質と環境によって決定的に形成され、そしてそのかぎりで人間はあるがままの自分であることに対してどうすることもできないがゆえに、刑法上の責任判断を基礎づけることはできない。さらに、心情責任（Gesinnungsschuld）は、倫理的責任原理と合致するようにも思われるが、「心情」とは何かを確定するのがきわめて難しいという難点がある。以上の分析からカウフマンは、「実質的意味における責任を、（最広義の）許されざる結果の確実なあるいは可能な惹起の表象において自らに告知する禁止に対する認識ある意思決定」（傍点部分は原文では隔字体）だとするのである[51]。

では、カウフマンは、過失責任についてどのように考えるのであろうか。ここで、カウフマンは、「認識ある過失」

と「認識なき過失」に分けて考察する。まず、「認識ある過失」については、コールラウシュの見解、すなわち、それは純粋な責任であり本来的には故意の一形式（危殆化の故意あるいは故意の危険犯）であるとする見解に賛同し、「結果が発生するか発生しないかは、まさしく偶然だけに左右されるのであり、それゆえに責任にとっては重要ではない」[52]、と説く。カウフマンにとって「認識ある過失は、行為者が、ある不法な（社会倫理的に非難すべき）危殆化を意識して行為する場合にしか存在しない」ことになり、「具体的危険性を知らない場合には、決して認識ある過失は存在せず、つねに認識なき過失が存在するにすぎない」[53]。では、「未必の故意」との関係はどうなるのであろうか。この点についてカウフマンは、次のように述べている。

「行為者が抽象的な危険性の認識しか有しない――自動車運転はそれ自体危険であることを自動車運転者は知ってはいるが、私が今そのように運転しても人間的判断からして何も起こりえないと彼が言う――とき、認識ある過失にとって特徴的な危殆化の意思が欠けるのである。他方、具体的危険性を知っている場合、それだけでただちに未必の故意が存在するわけではない。つまり、行為者が結果を認容していなければ、未必の故意は存在しないのである。危険の必然性の表象から結果実現の認容を推論することは、誤りである。……基本的には、具体的危険の認識と抽象的危険の認識を区別することは、ナンセンスである。危険というのは、必然的なものとしてのみ表象されうるものであり、可能なものとしてのみ表象されうるものではない。なぜなら、ある結果発生の可能性の表象というのは、何かそれ自体で矛盾しているからである。自己の行為を『抽象的危険』としてしか思っていない者は、まさしくそれをそもそも危険なものとは思っておらず、それゆえに認識ある過失は、問題とはならないのである」[54]（傍点筆者）。

かくして、カウフマンにとって、「認識ある過失は純然たる倫理的責任（意思責任）であり、それゆえにその処罰は責任原理には違背しない」[55]ことになるのである。確かに、意思責任という立場からすれば、「認識ある過失」のこうした理解は、論理一貫しているといえよう。しかし、これによって、「認識なき過失」の可罰性を維持することは困難にならざるをえない。そこで、つぎに、「認識なき過失」について見てみよう。

四　カウフマンによれば、「認識なき過失」の場合にも「自然的意味における故意」は存在する（例えば、「不注意からある人間を轢く自動車運転手は、『故意に』自動車を運転している。致命的作用のあるモルヒネの注射を何も知らずに打つ看護婦は、『故意に』注射をしている」）。「しかし、この故意は、刑法においては当然に関心を抱かせるものではない」。ここで重要なのは、「悪しき故意」が存在するかどうか、であるが、「認識なき過失」の場合、認識がないまま結果が発生するので、危殆化の意思もなく、「法益の危殆化は、認識の領域にはまったく現れておらず、それゆえ、意思によっても包摂されえない」[56]。現存しない表象は、そもそも動機になりえないし反対動機にもなりえないので、認識なき意思は、まったく責任に帰属されないことになる[57]。このような視点からカウフマンは、「認識なき過失」においても意思責任を証明しようとする所説を批判的に検討し、「特定の構成要件該当結果に対する責任関係が結果発生以前の時点に存する若干の事案（原因において自由な行為のようなもの）を除いて、認識なき過失は、実質的意味において責任ではない」[58]、と明言する。その際、実務上も、「認識なき過失」の場合、責任に応じた処罰ではなく、結果に応じた処罰が行われているとの指摘がなされている点を看過してはならない。もっとも、実務でこのような運用を自覚したうえで、カウフマンは、それを無効とは言わずに「非法（Nicht-Recht）」としている[59]。また、目的的行為論の見解とも一線を画している点も注目に値する[60]。

このように、「認識なき過失」は純粋な責任形式ではないとする見解を採る者としては、他にコールラウシュ、バウムガルテン、ガリナー、ブッシュ、ゲルマン、ラートブルフが挙げられているが、カウフマンは、このような見解が共通理解となるには長い時間がかかるであろうと予言しており、[60]その状況はいまでも変わらない。そして、カウフマンは、このような改造（刑事制裁に代わる警察的制裁による対応）は軽率になされてはならない、と警告する。責任原理を実現するには諸困難も伴い、何より「任意に作ることのできない歴史的諸条件に拘束される」こと（法の歴史の重要性）をカウフマンは強調するのである。[62]しかし、このような問題意識を鮮明にしておくこと自体、可能なかぎり責任原理を実現するという意味で現行法の解釈においても重要な意義を有する、と言わねばならない。

五　では、カウフマンにおいては、責任と刑罰との関係、あるいは刑罰論は、どのように理解されているのであろうか。第四に、この点について簡単にみておこう。

その際に留意すべきことは、カウフマンが人格責任論、とりわけメッガーの行状責任（Lebensführungsschuld）論やボッケルマンの生活決定責任（lebensentscheidungsschuld）論と一線を画し、あくまで行為責任（Tatschuld）論を堅持している点である。[63]その根底には、刑法は行為刑法でなければならず、行為者刑法であってはならない、という基本観念がある。[64]そのかぎりでは、カウフマンも法と倫理の区別を承認しており、何より、実際上刑事裁判官の責任判断は人間を全体として考えることができず、つねに彼のこの具体的な行為の行為者としてしか考えることができないがゆえに、必然的に行為責任に止まらざるをえない、ということになる。[65]確かに、人格責任論は、裁判官に過大な要求をすることになる。その結果、恣意的な判断を許容することにもなりかねない。行為責任は、その歯止めにもなる。その場合でもなお、カウフマンは、裁判官の代理的良心判断（stellvertretender Gewissensurteil des Richters）に期待してその判断の枠を設けようとするのである。[66]

前述のような責任の観念は、当然ながら刑罰論にも波及する。カウフマンによれば、「刑罰を通して、有責者は、自己の責任から解放され、再び人格的尊厳を完全に所有する」[67]のであって、ヘーゲルが言うように、「その点で刑罰は犯罪者自身の権利を含むものとみなされ、この点で犯罪者は理性的なものとして尊敬される」[68]ことになる。すなわち、「国家共同体のみならず、犯罪者自身もまた、刑罰権を有するのである。なぜなら、『責任を背負い込んだ者は、自己の自律的人格を代償としてのみ、責任を自己から取り除くことができるにすぎない』（ニコライ・ハルトマン）からである」[69]。したがって、カウフマンの見解によれば、責任原理には二面性がある。第一に、刑罰は責任に相応すべきこと、第二に、責任は刑罰を必然たらしめること、である[70]。第一の点は、責任刑の基礎であり、これは堅持すべきことである。これを放棄すれば特別予防を認めることになり、さらには「治療的刑罰（pena medicinails）」ないし保安処分を肯定することに帰着しうる[71]。こうなれば、責任の量を超えた量刑がなされ、責任原理は崩壊してしまう。カウフマンも、それらの予防目的あるいは純粋な教育処分・再社会化処分は、刑罰の本質をなすべきものではない、と厳しく批判する[72]。カウフマンにとっての刑罰は、あくまで責任に対する贖罪（Sühne für Schuld）である[73]。この考えは、基本的に妥当といえる。しかも、このような責任観念は、行刑を考えるうえでも大きな意義を有し、「再社会化」を目指した行刑に向かうことになる。贖罪と再社会化は、相矛盾するものではなく、「同一過程の二つの側面にすぎない」のである[74]。以上のことから、死刑廃止の論理的根拠も生まれてくる[75]。責任原理からすれば、死刑は廃止されるべきである。また、この立場からは、死刑の代替刑を考える場合でも、仮釈放のまったくない絶対的終身刑も、責任を償う人間の能力に限界があるがゆえに、問題がある[76]。これに対して、第二の点は、責任があれば処罰すべきだということ（積極的責任主義）であれば、不当である。ここは、誤解されやすいところである。しかし、カウフマンも、刑罰は有責者が罪を清めるための手段である、とは言うが、他方で、刑罰の補充性・断片的性質を考慮して、例えば、手続の打切りがあるように、「責任は、必ずしもつねに汲み尽くされる必要はない」[77]、とも述べている点を看過してはならない。また、刑罰は法益保護の必要性だけでは正当化されないとし、さらに、責任に対する贖罪は国家が科す刑罰以外の方法によってもなしうるがゆえに、刑罰は責任によってのみ是認されるというのも許されないとして、刑罰執行により行為者の再社会化が目指されている場合にのみ責任を理由とした刑罰が正当化される、[78]と説いているところに、カウフマンの責任原理に対する考えの真髄を見るべきであろう。

六　その他、カウフマンは、結果的加重犯や客観的処罰条件等の問題にも言及しているが、[78]ここでは割愛する。いずれにせよ、カウフマンの個別的な解釈論および立法論、あるいは刑罰論や行刑論においては、責任原理の意義がいかんなく浸透しており、このことに大きな現代的意義をなお認めることができる、といえよう。

(44) *Kaufmann*, a.a.O.（Anm. 9）, S. 130. 甲斐訳・一九三頁。
(45) *Kaufmann*, a.a.O.（Anm. 9）, S. 136. 甲斐訳・一九八頁。
(46) *Kaufmann*, a.a.O.（Anm. 9）, S. 136f. 甲斐訳・一九九頁。
(47) *Kaufmann*, a.a.O.（Anm. 9）, S. 138. 甲斐訳・二〇〇頁。Vgl. auch *Gustav Radburch*, Rechtsphilosophie. 5. Aufl. 1956, S. 182f.
(48) *Kaufmann*, a.a.O.（Anm. 9）, S. 138. 甲斐訳・二〇〇頁。
(49) *Kaufmann*, a.a.O.（Anm. 9）, S. 138f. 甲斐訳・二〇一頁。
(50) *Kaufmann*, a.a.O.（Anm. 9）, S. 149. 甲斐訳・二一四頁。
(51) *Kaufmann*, a.a.O.（Anm. 9）, SS. 149-153. 甲斐訳・二一四—二一九頁。
(52) *Kaufmann*, a.a.O.（Anm. 9）, S. 154. 甲斐訳・二二〇頁。
(53) *Kaufmann*, a.a.O.（Anm. 9）, S. 155. 甲斐訳・二二一頁。
(54) *Kaufmann*, a.a.O.（Anm. 9）, S. 155. 甲斐訳・二二一—二二二頁。
(55) *Kaufmann*, a.a.O.（Anm. 9）, S. 155. 甲斐訳・二二二頁。
(56) *Kaufmann*, a.a.O.（Anm. 9）, S. 156. 甲斐訳・二二二—二二三頁。
(57) *Kaufmann*, a.a.O.（Anm. 9）, S. 158f. 甲斐訳・二二六頁。

(58) *Kaufmann*, a.a.O. (Anm. 9), S. 162. 甲斐訳・二三〇頁。
(59) *Kaufmann*, a.a.O. (Anm. 9), S. 210. 甲斐訳・二八九頁。
(60) *Kaufmann*, a.a.O. (Anm. 9), SS. 165-174. 甲斐訳・二三四―二四五頁。
(61) *Kaufmann*, a.a.O. (Anm. 9), S. 163. 甲斐訳・二三一―二三二頁。
(62) *Kaufmann*, a.a.O. (Anm. 9), S. 164 u. S. 223ff. 甲斐訳・二三二頁および三五一頁以下。
(63) *Kaufmann*, a.a.O. (Anm. 9), S. 187ff., bes. S. 189ff. u. S. 193. 甲斐訳・二六一頁以下、特に二六三頁以下および二六七―二六八頁。
(64) *Kaufmann*, a.a.O. (Anm. 9), S. 188f. 甲斐訳・二六二―二六三頁。
(65) *Kaufmann*, a.a.O. (Anm. 9), S. 187f. 甲斐訳・二六一―二六二頁。
(66) *Kaufmann*, a.a.O. (Anm. 9), S. 197ff. 甲斐訳・二七三頁以下。
(67) *Kaufmann*, a.a.O. (Anm. 9), S. 201. 甲斐訳・二七九頁。
(68) *Hegel*, Grundlinien der Philosophie des Rechts, § 100 (Sämtliche Werke [Glockner], Bd. Ⅶ, S. 156). ヘーゲル（藤野渉＝赤澤正敏訳）「法の哲学」中公『世界の名著35・ヘーゲル』（中央公論社）三〇一頁参照。
(69) *Kaufmann*, a.a.O. (Anm. 9), S. 201. 甲斐訳・二七九頁。
(70) *Kaufmann*, a.a.O. (Anm. 9), S. 202. u. S. 208. 甲斐訳・二七九頁および二八六頁。
(71) *Kaufmann*, a.a.O. (Anm. 9), S. 204ff. 甲斐訳・二八二頁以下。
(72) *Kaufmann*, a.a.O. (Anm. 9), S. 203. 甲斐訳・二八一―二八二頁。
(73) *Kaufmann*, a.a.O. (Anm. 9), S. 203. u. S. 208. 甲斐訳・二八二頁および二八七頁。
(74) *Kaufmann*, a.a.O. (Anm. 9), S. 275f. 甲斐訳・四三四―四三五頁。なお、アルトゥール・カウフマン「刑法における責任思想の理論的および刑事政策的側面」ユルゲン・バウマン編著（佐伯千仭編訳）『新しい刑法典のためのプログラム――西ドイツ対案起草者の意見』（一九七二・有信堂）・八七頁以下（加藤久雄＝生田勝義＝大谷実訳）参照。
(75) カウフマンの死刑廃止論については、*Arthur Kaufmann*, Um die Todesstrafe. Ruperto Carola: Mitteilung der Vereinigung der Freude des Studentenschaft der Universität Heidelberg e. V., 9. Jahrg. Bd. 21, 1957, S. 44ff., in *Arthur Kaufmann*, Schuld und Strafe. Studien zur Strafrechtsdogmatik, 2. Aufl. 1983, S. 1ff. および邦訳としてカウフマン・前出注（12）『転換期の刑法哲学』二四四頁以下［第2版・二九四頁以下］（上田健二訳）参照。［なお、死刑の問題性について存在論的観点から論じたものとして、宗

岡嗣郎『法と実存――〈反死刑〉の論理』（一九九六・成文堂）二二一頁以下および甲斐克則「刑事法と人権」ジュリスト一二四四号（二〇〇三）一五五頁以下参照〕。
(76) この点については、カウフマン・前出注(12)『転換期の刑法哲学』二五七頁以下（上田健二訳）参照。なお、加藤久雄「死刑の代替刑について」現代刑事法三巻五号（二〇〇一）四八頁以下参照。
(77) *Kaufmann*, a.a.O. (Anm. 9), S. 205. 甲斐訳・二八三頁。
(78) *Kaufmann*, a.a.O. (Anm. 9), S. 276. 甲斐訳・四三五頁。
(79) *Kaufmann*, a.a.O. (Anm. 9), S. 240ff. u. S. 247ff. 甲斐訳・三七三頁以下および三八一頁以下。なお、日本で責任原理を意識してこれらの問題に本格的に取り組んだ研究として、丸山雅夫『結果的加重犯論』（一九九〇・成文堂）および松原芳博『犯罪概念と可罰性』（一九九七・成文堂）がある。

四　結　語

以上、責任原理に関するカウフマンの見解を中心に見てきたが、冒頭で述べたように、事態は楽観を許さない状況にある。責任原理が動揺している背景には、カウフマンが指摘するように、「現代人からは、広範囲に責任に対する感覚が失われてしまった」点、あるいは、「現代人には、もはや『責任』という現象が手に負えなくなっている」点があることを否定できないであろう。[80] そして、ドイツでも、カウフマン自身が総括しているように、責任原理に対して様々な批判が出されている。その主なものは、第一に、人間の自由、他行為可能性は科学的に検証できない、第二に、責任原理に替えて比例性の原則を取り入れ、それによって刑罰から非難的性格を払拭すべきである（ハッセマー等）、第三に、責任思想は堅持すべきだが、責任は刑罰を基礎づけるのではなく限界づけるにすぎない（ロクシン）、第四に、責任それ自体は制裁の種類と程度を規定するのにあまり有効でなく、むしろ積極的一般予防という観点から刑罰目的を考えるべきである（ヤコブス）、というものである。[81] 詳細をここで論じる余裕はないが、それぞれ本格的な批判だけに傾聴する部分は多い。

それにもかかわらず、カウフマンがこれらの批判に丁重に反論しつつ、[82] 今日まで責任原理を死守している姿勢にロクシンとともに共鳴せざるをえない。[83] 責任原理の貫徹・実現は、カウフマン自身が自覚しているように、簡単なことではなく、[84] 時間を要するであろうが、粘り強くその方向を目指していくべきであろう。故横山晃一郎教授の「ウイ・シャル・オーバーカム」[85] という晩年の言葉は、その意味で、われわれにとって力強い支えとなることを改めて自覚し、その方向に向けた研究を継続することを約し、本章を閉じることにする。

（80）　Vgl. *Kaufmann*, a.a.O. (Anm. 12), S. 225ff. なお、カウフマン・前出注（12）『転換期の刑法哲学』一四四頁以下［第2版・一九〇頁以下］（浅田訳）およびハインツ・ミューラー＝ディーツ（甲斐克則訳）「刑法解釈学と刑事政策の新展開における責任思想」広島法学一六巻三号（一九九三）二三四頁以下参照。また、佐藤直樹『〈責任〉のゆくえ——システムに刑法は追いつくか——』（一九九五・青弓社）は、「高度資本主義＝高度消費社会システム」とわが国の「歴史的・伝統的システム」の間の錯綜した構造の中で、近代的な「責任ある主体」を前提とする刑法が大きく揺らいでいることを指摘する。興味深い指摘であるが、責任の問題をシステムの問題にすべて還元することはできないように思われる。［なお、本書では検討する余裕はないが、近時、責任の本質論に関して次のような興味深い研究が公表されている。佐藤雅美「〈刑事責任〉の臨界」『刑事実体法と裁判手続——法学博士井上正治先生追悼論集——』（二〇〇三・九州大学出版会）二八三頁以下、瀧川裕英『責任の意味と制度——負担から応答へ——』（二〇〇三・勁草書房）、成田和信『責任と自由』（二〇〇四・勁草書房）、松原芳博「刑事責任の意義と限界」法律時報七六巻八号（二〇〇四）六頁以下、宗岡嗣郎「刑事責任の本質（一）（二）——法存在論からのスケッチとして——」久留米大学法学四九号（二〇〇四）三九頁以下、五〇号一頁以下］。

（81）　Vgl. *Kaufmann*, a.a.O. (Anm. 12), S. 225ff. なお、カウフマン・前出注（12）『転換期の刑法哲学』一四八頁以下［第2版・一九四頁以下］（浅田訳）参照。

（82） Vgl. *Kaufmann*, a.a.O.（Anm. 12）S. 225ff.

（83） Vgl. *Claus Roxin*, Das Schuldprinzip im Wandel, in Festschr. f. Arthur Kaufmann zum 70. Geburtstag, 1993, S. 519ff.

（84） *Kaufmann*, a.a.O.（Anm. 12）, S. 212ff.

（85） 横山晃一郎「ウイ・シャル・オーバーカム」ジュリスト九三〇号（一九八九）一四九―一五〇頁。

第2章　行政刑法における過失犯処罰と明文の要否

――法益保護と行為主義・罪刑法定主義・責任主義の衝突から調和へ――

一　序――問題設定

一　過失犯を処罰するには、法律に特別の規定がなければならない（刑法三八条一項但書）。ところが、行政刑法においては、過失犯処罰の明文規定がないにもかかわらず、その処罰が行われたり、その可能性を内包するものがかなりあり、古くより運用上混乱を招いている。[1] 中には立法で明文規定を設けて解決したものもあるが（例えば、道路交通法や海洋汚染防止法［現・海洋汚染及び海上災害の防止に関する法律］）、実務の混乱をよそに、法文が放置されたままのものがなお多い。また、最高裁自身からして、後述のように、明文規定がなくとも「その取り締まる事柄の本質に鑑み」たり、立法趣旨や条約を考慮して過失犯処罰を肯定している。[2] しかし、適用基準が曖昧であるため、下級審では肯定例と否定例が拮抗しており、国民および良心的な実務関係者は、いらざる不安を抱かざるをえない状況にある。行政刑罰法規といえど刑法にほかならず、はたしてこのような状況がいつまで続いてよいのか、大いに疑問である。行政刑法や特別刑法の洪水現象の中で、今や例外が原則化しようとしている現状をもはや黙認することはできないはずである。それを放置すれば、行為主義・罪刑法定主義・責任主義という刑法の基本原理が空洞化されることになるであろう。それでなくとも行政刑罰法規は、複雑な構造をとっているのである。

二　そこで、本章では、行政刑法における過失犯処罰と明文の要否の問題を、単に立法・解釈技術論の問題にとどめることなく、行為主義・罪刑法定主義・責任主義という刑法の基本原理と照らし合わせつつ、そこに行政刑法再編成のための端緒を見いだすべく、根本的に考察することにしたい。その視角として、一方で当該刑罰法規の保護法益を確認し、他方でその保護のために行為主義・罪刑法定主義・責任主義が犠牲にされてはいないか、という点に着目し、両者の衝突がある場合には大きな問題が生じることを指摘することにする。そして、両者の適度な緊張関係の中での調和により、はじめて行政刑法再編成のための適切な端緒が開かれることを論証しようと思う。

先に考察した「法益論の基本的視座」[3]から本題を考察すると、後述の判例分析が示すように、保護法益が不明確なものほど刑法の基本原理に抵触する危険性があり、逆に保護法益が明確かつ重大であってもそれだけではなお罪刑法定主義や責任主義に抵触する危険性がある、ともいえる。法益保護は刑法の重要な任務のひとつであるが、それは刑法の基本原理と調和してこそ意義がある。さもなくば、例えば、英米刑法のように public welfare offence について絶対責任を承認する結果になりかねない[4]。

三　以上のような問題意識から、本章では、まず、実証的に戦前・戦後の判例（五六件）の潮流および学説の対応を分析・検討し、つぎに、それに基づいて法益保護と行為主義・罪刑法定主義・責任主義の衝突から調和への展望を模索することにする[5]。

（1）　詳細については、棚町祥吉『行政刑法』（一九七四・立花書房）四八頁以下参照。同書五八頁以下の表によれば、明文規定はないが過失犯処罰の必要性があると考えられているものは四六〇余りあるという。

(2) 前者に依拠するものとして、最決昭和二八年三月五日(刑集七巻三号五〇六頁)、最判昭和三七年五月四日(刑集一六巻五号五一〇頁)、後者に依拠するものとして、最決昭和五七年四月二日(刑集三六巻四号五〇三頁)がある。いずれも後述するが、最後の判例については、すでに詳細な検討を試みた。甲斐克則「過失犯処罰の明文のない旧海水汚濁防止法五条一項・三六条につき、過失犯を処罰する趣旨であるとされた事例(明原丸事件)」海保大研究報告三三巻二号(一九八八)三一頁以下参照。本章は、この判例研究を契機としてさらに考察を加え、これを敷衍したものである。

(3) 甲斐克則「法益論の基本的視座」伊藤寧先生退職記念論集『海事法の諸問題』(一九八五・中央法規出版)三九頁以下、特に九五頁参照［刑事立法と法益論の近時の動向については、甲斐克則「刑事立法と法益概念の機能」法律時報七五巻二号(二〇〇三)七頁以下参照］。

(4) この点の詳細については、井上祐司「英米制定法犯罪における絶対責任と過失」斉藤金作博士還暦祝賀『現代の共犯理論』(一九六四・有斐閣)六一五頁以下(同著『行為無価値と過失犯論』(一九七三・成文堂)三四三頁以下所収)参照。なお、同「改正刑法準備草案における故意・過失の批判——現行刑法三八条但書・草案一八条但書に関する行政犯の問題に限って——」法律のひろば一三巻七号(一九六〇)二七頁以下［同著『刑事判例の研究 その一』(二〇〇三・九州大学出版会)二五頁以下所収］は、本題に関するわが国の判例をフォローしている。

(5) この問題についての最近の興味深い論稿として、荘子邦雄「特別刑法犯と責任」伊藤栄樹＝小野慶二＝荘子邦雄編『注釈特別刑法第一巻：総集編』(一九八五・立花書房)三七九頁以下、および内藤謙「故意と過失の限界」法学教室九四号(一九八八)二七頁以下、特に三三頁以下［同著『刑法講義総論下Ⅰ』(一九九一・有斐閣)一〇八三頁以下］参照。

二 判例・学説の潮流とその分析

一 (一)大審院時代の判例・学説の潮流とその分析 ①大正デモクラシー期

大審院時代の判例は、本題を考察するうえで、実に興味深い変遷をしている。特に罪刑法定主義に対する態度に着目してみると、大きく、大正デモクラシー期と帝国主義期に分けて考察するのが有益なように思われる。なぜなら、その政治的推移の中に、罪刑法定主義堅持の姿勢から、言論・思想統制を中心とする国家による各種統制に伴う罪刑法定主義空洞化への変遷が看取できるからである。

まず最初に、この問題に一石を投じ、明文なき過失犯処罰を肯定したリーディング・ケースは、飲食物用器具取締規則違反に関する大判大正二年一一月五日（刑録一九輯一一二一頁：判例①——以下番号のみ略記）であった。本件では、缶詰を鑞著する合金中に規定を超過する鉛分を包含させた行為が、当時の飲食物用器具取締罰則八条、一一条一項に違反するかが争われたが、大審院は、「刑法三八条第一項但書ニ所謂特別ノ規定アル場合トハ必スシモ明文ヲ以テ犯意ノ有無ニ拘ハラス処罰スル旨ヲ規定シタル場合ノミヲ謂フニアラス苟クモ法令ノ規定ニシテ其趣旨ヲ窺フニ足ル以上ハ特別ノ規定アル場合タルニ外ナラサルモノトス」として、当該規則については明文はないものの「公衆衛生ニ対スル危害ヲ予防スル目的ニ出タルモノニシテ該規則ニ触ルル行為ハ犯意ナキ場合ト雖モ之ヲ処罰スルニアラサレハ其目的ヲ達スルコトヲ得サルヲ以テ犯意ノ有無ハ之ヲ問ハサル法意ナリ」、と判示した。

本件では、「公衆衛生」という法益の保護が重視され、その反面、罪刑法定主義がないがしろにされている。また絶対責任肯定のニュアンスさえも看取される。ところが、以後の判例は、過失犯処罰について明文あるいは条文上故意を要しない趣旨が明瞭であることを要するとの立場を相次いで表明した。

その先鞭をつけたのは、鹿児島県漁業取締規則違反に関する大判大正三年一二月二四日（刑録二〇輯二六一五頁：②）である。網類による捕魚を禁止された川内川流域内で地引網を使用して鮒シブチ等三〇～四〇尾を漁獲した事実が右規則一六条に違反するかが争われたが、大審院は、刑法三八条一項の趣旨を警察罰則ないし取締規則にも例外なく活用すべきだとの立場から、「必ス特別規定ノ存スルモノニ限リ同条第一項本文ノ除外例トナルニ過キス」、と論じ、本件では特別の規定もないし故意も認定できないとの理由で、上告を棄却した。

ほぼ一年で大審院の立場が逆転したことは、実に興味深い。これは、本件における「漁業権」ないし「漁業資源」という保護法益が、判例①の「公衆衛生」という保護法益よりも軽いからだ、と解すべきではない。むしろ、罪刑法定主義感覚の転換である。この流れは、大正五年の四つの判例に継受される。

第一に、肥料取締法違反に関する大判大正五年六月八日（刑録二二輯九一九頁：③）では、被告人（肥料製造販売営業者）が製造した菜種油粕粉末肥料が含有全量百分中、窒素は四、四八もしくは四、五三に充たないのに五、〇〇であるとの虚偽の保証票を添付したことが、当時の肥料取締法九条四号、一二条、一三条に違反するか、が争われた（本題との関係では九条四号違反）。大審院は、「行政上ノ取締ヲ主眼トスル罰則ト雖モ明文ヲ以テ特ニ其犯罪ノ成立ニ付キ犯意ヲ必要トセサル旨ヲ一般的ニ規定スルカ若クハ各犯罪ニ対スル規定上其成立ニ犯意ヲ要セサルコト明確ナル場合ニ非サル限リハ一般刑法ノ原則ニ遵ヒ犯意ナキ行為ハ之ヲ処罰セサル趣旨ナリト解スルヲ相当トス」、として、同法九条各号の規定には犯意を必要としない趣旨が窺えない、と判示した。いかにも行政刑法的な「肥料の適正さ」という法益保護のためではあれ、罪刑法定主義感覚は堅持されているが、厳格な判例②と比較すると、明文規定がない場合でも「各犯罪ニ対スル規定上其成立ニ犯意ヲ要セサルコト明確ナル場合」に処罰の余地を残している点で、幅を持たせている、といえる。

第二に、「公衆の衛生」が保護法益と解される飲食物防腐剤取締規則違反に関する大判大正五年六月一五日（刑録二二輯九七七頁：④）でも、同様の論理が見られる。酒類販売業者が防腐剤（フォルムアルデヒト）を使用した清酒一合壜詰三六個を販売の目的で店頭に陳列した行為が右規則二条、六条違反に問われたのであるが、同条は「犯意ヲ要スルモノト謂ハサルヘカラス」として過失犯処罰が否定された。判例①の場合と同じ保護法益でありながら、結論が異なったことは重要である。

第三に、同日下された度量衡法違反に関する大判大正五年六月一五日（刑録二二輯九九二頁：⑤）も、同旨である。勅令の定める公差以上の差狂が生じた分銅を調剤の計量に使用したという事実が同法八条、一三条一号に違反したか、が争われたが、同様の論理で否定された。「度量衡器の適正さ」という保護法益は、当時経済統制の関係上重要なものと考えられていたであろうが（ちなみに、法定刑は一年以下の懲役または五百円以下の罰金）、それでも罪刑法定主義を優先しているのである。

第四に、毒物劇物営業取締規則違反に関する大判大正五年一〇月一三日（刑録二二輯一五七七頁：⑥）が挙げられる。被告人は、毒物劇薬営業の免許を有しないのに、小間物商から医療外劇物である白毛染（二種類合計一六個）を購入して自分の小間物店頭に陳列販売したという事実について、大審院は、「苟クモ特別ニ明文ノ存セサル場合ニ類推解釈等ニ依リ擅ニ之ヲ律スルカ如キハ刑罰法ノ解釈トシテハ正ニ許スヘカラサル事項ニ属ス」との立場から、右規則一六条違反罪の成立には故意が必要である、と判示した（但し、被告人は医薬用外劇薬製剤であることを認識していたとされ、上告が棄却された）。本判決の論理は、判例③④⑤よりも罪刑法定主義感覚に溢れており、②の論理に近い。本件も保護法益が「公衆の衛生・健康」と解されるだけに興味深い。いずれにせよ、同じ年にこうした判決が相次いで下されたことは、大審院の基本的態度が確固たるものになった、と考えてよかろう。この潮流は、勢いを得てなお続く。

二　「公衆の衛生・健康」が保護法益と解される伝染病予防法違反に関する大判大正六年四月二一日（刑録二三輯四〇四頁：⑦）では、医師である被告人が甲種疑似虎列刺症に罹った夫婦を診察・確認したにもかかわらず法定時間内に届出をしなかった事実に対し、同法三〇条の届出義務違反の有無が争われた。大審院は、同条には刑法三八条一項本文の適用を除外する特別の明文規定がないので犯意がなければ本罪は成立しない、と明言している（但し、同法二条により地方長官の命令に基づいて同法が適用されたので結論的には有罪となっている）。

この論旨は、判例①と同様の飲食物用器具取締規則違反に関する大判大正七年五月一七日（刑録二四輯五九三頁：⑧）において鮮明に出ている。煮沸により鉛を溶出する磁気皿を販売の目的で店頭に陳列した事実が、同規則二条ないし七条に違反するかどうか、が争われたが、大審院は、「同規則ニ条ニ依リテ処罰スル犯罪ノ成立ニ付キ故意ヲ必要トセサル旨ノ明文存在セサルハ勿論其趣旨ヲ確認スルニ足ルヘキ規定ヲ発見セサルヲ以テ同規則違反ノ罪ヲ論スル場合ニ於テモ亦故意ノ有無ヲ以テ犯罪ノ成否ヲ決定セサルヘカラス」と論じ、故意を確認すべき証拠が不十分として検察側の上告を棄却した。しかも、本件と同様のケースである判例①が「後ノ判例ニ依リテ自ラ変更ヲ受ケタルモノト解スルヲ相当トス」と明言している点は、重要である。「公衆の衛生」という保護法益の重要性を認識しつつも、罪刑法定主義・責任主義を優先しているものと解される。但し、論理としては、明文がなくても処罰できる場合のあることを示唆する構成を採っていることに注意を要する。[6] この点と関連して、この時期、この問題に着目して本判決を評釈された牧野英一博士が、「第三八条第一項但書の趣旨は文理から直接に現はれる必要はない」との立場から、この問題を形式的に捉えるべきではなく、「実質上の問題として、裁判所が、社会思潮の赴く所、社会事情の実相とする所を案じて定めねばなら」ず、「此の意味において、裁判所は此の点に付き自由裁量の権を有する」[7]、と論じている点を看過してはならない。せっかく固まりつつあった判例の健全な潮流を、影響力ある学者がせき止めようとしている観がある。

だが、判例の主流の立場は、同じく「公衆の衛生」に関する大判大正九年五月四日（刑録二六輯三二九頁：⑨）でも継受された。被告人が製造販売したサイダー百箱中一本の中に昆虫が入っていたという事実に対し、当時の清涼飲料水営業取締規則には、違反行為について三八条一項本文の適用を除外し、犯意の有無を問わずこれを処罰すべき旨の明文がなく、その趣旨を認むべき規定もないので、「同規則違反行為ト雖モ犯意ノ有無ニ依リ犯罪ノ成否ヲ決スヘキモノトス」、と判示し、原判決を破棄差戻しにした。

三　このように、論理に幅があるとはいえ、この時期に罪刑法定主義を堅持しようとする解釈が相次いだことは、今日からみても敬服に値する。大正デモクラシーの息吹が判決の中に感じられる、といっても過言ではない。「戦後に至るまでわが国においては、罪刑法定主義の原則は、真の意味において確立したことはなかった」[8]との評価もあるが、部分的修正の余地もあろう。

しかし、右にみたほとんどの判例が、過失犯処罰について、「故意を要しない旨の明文規定があるか、もしくは条文上故意を要しない趣旨が明瞭である」ことを要件としている点については、改めて注意を要する。大半の判例が後者をきわめて厳格に解釈していた点は評価できるが、牧野博士のような主張を突き詰めて考えると、時代の推移、特に政治・経済状況の変遷とそれに伴う罪刑法定主義感覚の鈍磨により、取締目的が過度に強調されて強引に処罰の趣旨が明瞭であるとして過失犯処罰の幅が広がる危険性、最悪の場合には絶対責任の肯定もしくはそれと紙一重の結果になりかねない。少なくともその可能性が論理的に内在している。そして実際、その萌芽は右の一連の判例の合間を縫って垣間見られるのである。

例えば、鉄道営業法違反に関する大判大正七年六月一一日(刑録二四輯八三八頁：⑩)では、鉄道係員が忠実に職務に従事していると確信して業務遂行中、不注意で偶然発生した事柄について、同法二五条の適用の有無が争われたが、大審院は、次のように判示した。「右営業法ハ一ノ特別法ナルヲ以テ刑法ト之カ文字ノ用例ヲ同クセサル所アルモ同条ノ法意ハ故意ニ基ク場合ハ勿論過失ニ出テタルトキト雖モ苟モ職務上ノ義務ニ違背シ若クハ職務ヲ怠リ叙上ノ如キ旅客又ハ公衆ニ危害ヲ醸ス虞アル所為アリタルトキハ該条文ニ依リ処罰スルニ在ルコト該法規定ノ精神ニ徴シ明瞭ニ之ヲ会得シ得ヘキヲ以テ原審カ判示被告等ノ所為ニ対シ該条文ヲ適用シ判示ノ如ク処分シタリシハ相当ナリ」。本条は、「鉄道係員職務上ノ義務ニ違反シ又ハ職務ヲ怠リ旅客若ハ公衆ニ危害ヲ醸スノ虞アリタルトキニハ三月以下ノ懲役又ハ五百円以下ノ罰金ニ処ス」、と規定していたので、判決文が言うように、いかにも文言からは過失犯も含むと解する余地を与えそうであるが、逆にみると、それだけに罪刑法定主義の精神が問われる場面である、ともいえるのである。

また、新聞紙法違反関係の判例が三つある。第一に、刑法八条但書の「特別の規定」の解釈に関する大判大正六年一二月一二日（刑録二三輯一三五七頁：⑪）では、被告人が連載中のある小説の中での男女の性交描写部分が同法四一条違反に問われ、大審院は、同法四四条（併合罪規定排除）と刑法五五条（連続犯）との関係を論じる中で、「刑法ノ総則規定ハ第八条ニ依リ他ノ法令ニ特別ノ規定ナキ限リ之ヲ適用スヘキモノナリト雖モ所謂特別ノ規定アル場合トハ明文ヲ以テ其適用ヲ除外スル場合ハ勿論縦令然ラサルモ所謂他ノ法令ノ規定ノ性質上其適用ヲ除外スルコトカ其規定ノ目的ヲ達スルニ必要ナル場合ヲモ包含スルハ論ヲ竢タサル所」であるとして、刑法五五条も本来一罪に関する規定なのでその性質上新聞紙法により適用を除外されるべきものではない、と判示した。本判決は、三八条一項但書の「特別ノ規定」に関する以降の判例に影響を与えている、とみてよかろう。

第二に、編集人が予審の内容を新聞に掲載したことが同法一九条、三六条違反に問われた大判大正六年一二月一四日（刑録二三輯一五一〇頁：⑫）では、「新聞紙上ニ掲載シタル事実カ予審ノ内容ニ属スル以上当該編輯人等ニ於テ其ノ事実ヲ認識シタルト否トヲ問ハス新聞紙法第一九条ノ制裁ヲ免ル可キニ非ス」、と論じられた。但し、本件では、記事自体が予審の内容に属さなかったため、結論的には無罪であった。

このような伏流は、第三の大判大正七年七月一五日（刑録二四輯九九七頁：⑬）に明確に現れている。事案も本題との関係上興味深い。被告人が発行兼編集する岐阜夕刊新聞紙上に「烏港陸戦上陸」と題し、同港碇泊中の日米英三軍艦は陸戦隊を上陸せしめ居留民および領事館の保護にあたりつつある、という記事を掲載・発行した点が、同法二七条、四〇条違反に問われたのである。二七条には、「陸軍大臣、海軍大臣及外務大臣ハ新聞紙ニ対シ命令ヲ以テ軍事若ハ外交ニ関スル事項ノ掲載ヲ禁止シ又ハ制限スルコトヲ得」、と規定し、四〇条は、「第二十七条ニ依ル禁止又ハ制限ノ命令ニ違反シタルトキハ発行人、編輯人ヲ二年以下ノ禁錮又ハ三百円以下ノ罰金ニ処ス」、と規定していた。また、大正三年海軍省令八号は、海軍大臣の許可なく艦隊艦船軍隊の進退に関する事項を新聞紙上に掲載することを禁止していた。そこで、右事実が軍事、すなわち軍旗軍略に関する事項の掲載なのか、非軍事的事項の掲載なのか、が争われ、弁護人は後者を主張した。これに対して、大審院は、次のように判示した。「新聞紙法第二十七条ニハ広ク軍事……ニ関スル事項トアリテ之ニ艦隊艦船軍隊ノ進退ニ関スル事項ヲ包含スルヤ論ヲ竢タス」、「被告カ海軍大臣ノ許可ナキコトヲ認識シタリシコトハ原判文上自ラ明ナルノミナラス苟クモ海軍大臣ノ許可ヲ得スシテ新聞紙ニ艦隊艦船軍隊ノ進退ニ関スル事項ヲ掲載シタルトキハ新聞紙法第四十条ニ照シ発行人編輯人ヲ処罰スヘキモノニシテ発行人編輯人カ実際海軍大臣ノ許可ナカリシコトヲ認識シタルト否トハ犯罪ノ成立ニ消長ナキモノナレハ原判中此点ニ付キ何等ノ説明ナシトスルモ不法ナリト云フヲ得ス」。

このように、言論・表現の自由に関する分野で絶対責任に近い形が認められつつあることに、この問題の真の所在がある、といえよう。それは、帝国主義へと向かう社会的背景の変化と対応しているように思われる。この時期の学説の対応も釈然としない。例えば、牧野博士は、判例⑬の論評に際して、一方で、「新聞紙法上の制裁は、畢竟、客観的なものと解せられることになる……。新聞紙法上の責任に付ては、何人かの行為に依って、違反の事実が為されたことの説明が立てば足りるので、署名発行人編輯人の犯意の問題は全く起こらぬものと解すべきことになる」(9)、と論じ、他方で、しかしこれは「実に甚だしい擬制である」として、結局、「問題となるのは、新聞紙のやうな重要な社会機関に付て、此の如き客観主義を採ることが、刑法上の鎮圧の趣旨を全うする所以と謂へるのかの点である。余輩は切に疑なきを得ない」[10]、と論じているのである。

四　②帝国主義期　さて、右にみた判例の傍流は、帝国主義期に入ると主流に変わる。大正九年の森戸事件[11]に代表されるように、言論統制は強化され、いわゆる「治安維持法準備期」[12]を経て、一九二五年（大正一四年）五月に治安維持法が施行されるに及び、自由法運動とも相俟って、以後、言論・表現の自由、そして罪刑法定主義は、壊滅状態になる。[13]

判例の転機も、これに呼応している。新聞紙への禁止事項をめぐって争われた大判大正一一年六月二四日（刑集一巻六号三五四頁：⑭）では、「新聞紙法カ同法第一条所定ノ新聞紙ニ付発行人編輯人ヲ設クルコトヲ要求スルハ此等ノ者ヲシテ情ヲ知ルト否トニ拘ラス絶対的ニ新聞紙ノ記事ニ対スル責任ヲ負担セシメ以テ取締ノ目的ヲ貫徹スルノ趣旨ニ出ツルモノナルコト明白」だとして、同法四二条（「皇室ノ尊厳ヲ冒シ政体ヲ改変シ又ハ朝憲ヲ紊乱セムトスルノ事項ヲ新聞紙ニ掲載シタルトキハ発行人編輯人印刷人ヲ二年以下ノ禁錮及三百円以下ノ罰金ニ処ス」）による処罰を肯定した。これは、いわば絶対責任の肯定である。当時、特に同法四一条ないし四二条をめぐっては草野豹一郎判事の研究も含め、議論が沸騰していただけに、[14]本判決の言論統制への影響は甚大であったことが推測される。少なくとも本判決を正面から批判する議論はみられない。[15]いずれにせよ、これは、「治安維持」それ自体が保護法益に高められていることと無関係ではあるまい。行為主義さえ危機に瀕している。

また、同年の大判大正一一年一一月二八日（刑集一巻一一号七〇九頁：⑮）でも、当該場所が銃猟禁止区域であることを知らずに猟銃で鴨二羽を捕獲したという事実について、危険防止、公益上の必要性という側面が強調され、「狩猟法第二二条第三号ノ罪ハ銃猟区域ニ於テ銃猟ヲ為スコトニ因リ直ニ成立シ銃猟ヲ為シタル場所カ銃猟禁止区域ニ該当スルコトノ認識アリタルヤ否ハ本罪ノ成立ニ影響ヲ有セス」、と判示され、やはり絶対責任に近いものが肯定されている。

この傾向は、昭和に入って、清涼飲料水営業取締規則違反の故意をめぐる二つの判例に波及している。ひとつは、大判昭和九年二月一三日（刑集一三巻一号八一四頁：⑯）である。清涼飲料水の製造販売業者が刷毛の切毛一個を混入したラムネ一本を販売したという事実について、同規則には犯意の有無を問わず違反行為を処罰すべき旨の明文がなく、その趣旨を認むべき規定もないが、「其ノ犯意タルヤ確定ノ故意タルコトヲ要セス所謂未必ノ故意モ亦故意タルヲ妨ケス」として、未必の故意を認定している。もうひとつは、大判昭和一一年七月九日（刑集一五巻一四号九八〇頁：⑰）であり、やはり清涼飲料水の製造販売業者が刷毛の毛の混入したラムネ二本を販売したという事実について、未必の故意が認定されている。

このような犯意の推定については、草野判事の支持もあったが[16]、同種の判例⑨から後退することはもちろん、行政刑法の運用に質的転換をもたらしたように思われる。しかし、京都区判昭和九年一月二六日（法律新聞三七九号一六頁：⑱）が言うように、「多数ノラムネヲ一時ニ製造販売スル製造業者ニアリテハ検査ノ際夾雑物ヲ見逃スコトアルハ当然ニシテ之アルヲ以テ所謂未必ノ故意アリトナスハ相当ナラス」、と解すべきではなかろうか。もう少し慎重な認定を要するというべきである。しかし、その期待も空しく、昭和一二年に「日中戦争」が勃発してからは、経済・思想・言論統制がますます強化され、司法判断にもその影響が濃厚に出てくる[17]。

五　その象徴ともいうべきものが、要塞地帯法違反事件に関する大判昭和一二年三月三一日（刑集一六巻七号四四七頁：⑲）である。被告人が舞鶴要塞地帯で要塞司令官の許可なく写真機で要塞地帯水陸の形状をフィルム三枚に撮影したという事実について、大審院は、国防および軍事保護の必要性を強調し、次のような論理で原判決を破棄し、事実審理をすべきだとの決定を下した。

「要塞地帯法第二十二条第七条ノ罪ハ、要塞司令官ノ許可ナクシテ其ノ規定スル要塞地帯ノ内外ニ於テ其ノ水陸ノ形状ヲ測量、撮影、録取シ又ハ航空スルコトニ因リテ成立スルモノニシテ、必スシモ犯人ニ於テ其ノ地域ガ右禁止区域ニ該当スルコトノ認識アルヲ必要トセザルガ故ニ其ノ認識ナカリシノ故ヲ以テ直ニ其ノ罪責ナシト論ズルヲ得ズ。蓋シ、要塞地帯法ハ、国防ノ為建造シタル諸般ノ防禦営造物ノ周囲一定ノ地域ヲ要塞地帯ト定メテ之ヲ告示シ、国防並ニ軍機保護ノ必要上、所定区域内ニ於テ之ガ妨トナルベキ一定ノ行為ヲ制限又ハ禁止シ之ガ違反者ヲ処罰シテ以テ国防ヲ厳ニシ軍機ヲ保護セントスルモノナレバ、其ノ励行ヲ期スル為ニハ、違反者ガ禁止区域ナルコトヲ認識シテ故ラニ右行為ニ出タル場合ナルト、不注意ニ因リテ該禁止区域ナルコトニ気付カズ右行為ニ及ビタル場合ナルトヲ問ハズ均シク其ノ取締ヲ要スルモノト謂フベク、従ッテ、同法ノ趣旨ハ行為者ニ対シ其ノ地域ガ要塞地帯法ニ依リ定メラレタル禁止区域ナリヤ否ヲ確認シタル上撮影其ノ他ノ行為ニ出ズベキ責務ヲ課シ、若シ禁止区域ナリヤ否ヤヲ確認スベキ責務ヲ懈リ不注意ニ撮影等ノ行為ヲ為シタル者ニ対シテハ恰モ禁止区域ナルコトヲ認識シ故意ニ其ノ行為ニ及ビタル者ト同シク要塞地帯法第七条ニ違反スルモノトシテ同法第二十二条ニ依リ処罰スルノ法意ナリト解スベキモノトス。同法第二十三条ガ未遂ヲ罰スルハ故意犯ニ対シテ之ヲ罰スルノ趣旨ニ他ナラズ之ヲ以テ故意犯ノミヲ罰スル趣旨ト解スベカラザルノミナラズ同条ガ科料ノ刑ヲモ規定スル点ニ見ルトキハ寧ロ過失犯ヲモ処罰スルノ意ナルコトヲ窺フニ足ル」。

本決定は、判例⑯⑰よりも絶対責任肯定の色彩が濃い。それだけに、学説上も議論を醸成した。まず、竹田直平博士は、「法令が過失犯を処罰する明文を設けていない場合には、出来る限りその処罰を節約するべきである」との立場から、「本決定の事案の如く帝国の防禦力に関する場合に於ては、本決定の結論を正当なものと賛し得るが、一派の学説の如く刑法第三十八条三項を同条但書に該るものと解し、違法性不知の過失を一般的に故意ある場合と同一に処罰せんとする主張には同意し難い……従って、大審院が本決定の結論を濫りに一般化しないことを希望する[18]」、と論じられた。これに対して、瀧川幸辰博士は、第一に、「国防並びに軍機保護の必要上特に――明文なきにも拘わらず――過失犯を認むべきであるということは、法律論ではなく常識論である。国防並に軍機保護は清涼飲料水に関する保健上の理由に比し重大であるといひえるとしても、これを法律解釈の準拠とすることは正当ではない。問題の大小は問題の性質を左右するものではないことを牢記すべきである」として、竹田博士の見解を「要するに一個の俗論に過ぎない」、と批判し、第二に、「要塞地帯法二十二条に科料を規定して居ることを捉へて過失犯を認める趣旨であるという点は一個の法律論であるが、あまりに漠然として居る。他の刑罰と共に科料を科する取締規則は他にも少くないが、この論法が許されるならば、過失犯を認める明文なくとも広く過失犯の成立を承認してよいということにならないとも限らない。これは刑法三八条一項の樹立した原則の破壊である」、と警告され、そして第三に、「被告人に対しては取締規則のあることを知らせることで事は足る。これは――過失犯として――罰することは一般予防の誇張に失した嫌ひがある[19]」、と結論づけられたのである。また、やや後に不破武夫博士も、前述の判例⑨および⑯についてではあるが、後述の小野清一郎博士らの見解に異を唱え、「私は此の種の考へ方に賛意を表することは出来ない。刑法第三十八條第一項の『特別ノ規定』とは必ず明文によって例外を規定する場合でなければならぬと信ずる。唯、取締規定の目的を強調して曖昧な標準により處罰を規定せられざる過失犯の場合（そしてそれはおそらくは立法者の思ひもよらなかったところであらう）にまで擴張するのは、罪刑法定主義の蹂躙であると考へる[20]」、と説かれた。時代が時代であるだけに、この瀧川博士や不破博士の主張は傾聴に値する。そして、不破博士がこの問題を罪刑法定主義と故意論ないし過失論との関連の中で論じられた点にも改めて注目する必要がある。

右の二つの潮流の中に、学説の対応の特徴を見いだすことができる。竹田博士は、「法益」保護を強調して例外ながら罪刑法定主義・責任主義という基本原則を犠牲にしている。しかし、国防とか軍機保護というものは刑法上の「法益」としてはあまりにも曖昧すぎる。むしろ犠牲の方が大きい。その点、瀧川博士や不破博士の見解は、時代を超えて、基本原則堅持という点からみて論理一貫している。

ところが、やや遅れて小野清一郎博士は、「行政犯についても原則として故意を必要とするとはいへ、行政法規の実効性を確保することに依り其の行政上の目的を達成せんがために過失に因る違反行為の処罰を認めなければならぬ部分が相当広汎に亙て存する」との観点から、「立法論としては法令に於て過失犯を処罰する場合を明らかに規定すべきであると思ふが、解釈論としては個々の法令の罰則につき其の規定の趣旨を按じて決定する外はない[21]」として、三つの契機を挙げて議論を展開された。第一に、行為の態様。ある行政上の目的のために形式的な命令を為し、其の違反を罰する場合（例えば、届け出義務違反）、「故意と過失とを区別し故意の違反のみを罰することによっては到底其の行政上の目的を達することが出来ない。又行為者に対して正義を与える点より見るも斯かる場合には故意と過失を区別することは必ずしも必要でない」。そして、要塞地帯法違反はそれに該当するとされるのである。第二に、業務者の責任。判例⑩のような場合に「従業者の故意を必要とするか否かは別問題として、営業者につき故意を必要とすることは到底考へられない。少なくとも其の限りに於て過失犯を罰するものと謂はなければならないのである」。第三に、刑の種類。「行政犯については其の制裁として罰金のみが規定されているときは過失犯をも罰する趣旨であることを少くとも一応推測せしむるものである」。それでは、要塞地帯法二二条のように懲役（禁錮）と罰金ないし拘留・科料とが選択刑として規定されている場合はどうか。「……他の二点と相俟って過失犯を罰する趣旨を窺ふに足ることは決して少なくないと思ふ。その場合に於ては裁判上特に故意であるか過失であるかを明らかにすべきであり、而して過失犯を認めた場合には之に対して懲役刑は絶対に言渡すべきものではなく、原則として罰金以下の刑に止まるべきであると思ふ」[22]。

こうして小野博士は本決定を支持されるのであるが、その所説は、一定のパースペクティブな視点の中で論じられているだけに、以後の学説・判例にかなり影響したものと思われる。しかし、「行政法規の実効性の確保」という観点を刑の種類（罰金刑であれ）に結び付けて処罰を肯定すれば、瀧川博士の指摘のように、過失犯処罰の拡大は必至である。第一、第二の点についても、中野次雄判事が指摘されたように、「立法論の根拠にはなるが、現に存在するその刑罰法規が過失犯処罰の規定をそれ自体のうちに含んでいるという理由にはそれだけではなりえない」[23]、といえよう（詳細な検討は後述）。

さらに、佐伯千仭博士は、「この判決は事案を専ら事実の不知に関する過失の見地から見ようとしているが、私は……違法の不知に関する過失の問題、従って刑法三十八条第三項の問題として考へるのがよいと思ふ」として、「違法の不知の過失は処遇上は一応故意と同一に扱はれる」べきだ、と説かれた[24]。

他方、実務家のうち、大審院の草野豹一郎判事は、ドイツ刑法の流れも踏まえながら判例②と比較検討しつつ、判例②のような「個人本位の自由主義的解釈」ではなく、判例①⑮のような「団体本位の権威主義的解釈」に依拠すべきだとし[25]、結論的には、「……『第二十二条が科料の刑をも規定する点に見るときは、むしろ過失犯をも処罰するの意なることを窺ふに足る』と解したからと云って、あながち詭弁を弄するものとの非難は受けないと考へる」[26]、と主張された。これも曖昧な論拠である。これに対して、小泉英一判事は、同法二六条には過失犯処罰規定があることとの対比から、「この規定あるがために必ずしも他の法条も総て過失を処罰するとはいい得ないであろう。むしろ過失を罰する場合を特に挙示するが故にこれが例外規定であって他は原則規定として犯意を要するものと解する方が妥当である」とし、「要塞地帯法の規定からは一般的に過失を罰するの特定の規則はない」[27]、と結論づけられた。

戦前の裁判官にこのような良心的見識がみられることは、注目すべきである。

六　このように、実務家においても見解が分かれていたのであるが、結局、帝国主義の激化と共に、草野判事のような考えが実務を支配していき、治安維持法制の中に組み込まれ、それが強化されていくのである。(28) 以上のような戦前の潮流をみると、過失犯処罰をめぐる明文の要否の問題は、単に立法技術の問題にすぎないとして軽視するわけにはいかない側面を有している、ともいえる。そして、学説は、瀧川博士や不破博士のような立場を除けば、総じて実務に追従していて批判的精神を欠いていたように思われる。行政法においても、例えば、当時の代表者の一人である美濃部達吉博士は、「行政犯は刑事犯と異って、犯人の犯道徳性反社会性を罰するのではなく、行政上の目的のために命ぜられて居る義務違反を罰するのであるから、その犯罪の成立するためには敢て故意に出たことを要せず、義務違反の事実あるを以て足れり(29)」、と説いておられたのである。

このような潮流を総括すれば、一方で不明確な「法益」の保護が強調され、他方では行為主義・罪刑法定主義・責任主義という刑法の基本原則が空洞化されており、かりに「法益」が明確でもこれらの基本原則との衝突がみられる、といえる。もちろん、大正デモクラシー期の罪刑法定主義を堅持した一連の判例があることも事実である。しかし、その期間は、あまりに短い。そして学説の対応も十分ではなかった。では、戦後は、これらの教訓をどう活かしたのであろうか。以下、戦後の潮流を分析することにする。

（6）　荘子・前出注（5）三八三頁以下は、判例を（イ）「過失」を処罰する旨の明文規定のある場合に限るとする判例（明文規定必要説）、（ロ）取締目的に照らし「過失」をも包含する法意を認め得るときには「過失」を処罰する旨の「特別ノ規定」を包含するものと解する判例（趣旨確認説）、（ハ）取締規則の解釈上、当然に過失をも処罰するものと解する判例（当然処罰説）に分類していて興味深い。しかし、判例⑧を（イ）に位置づけるのは多少疑問がある。やはり（ロ）に位置づけるべきではなかろうか。

（7）牧野英一「警察犯と犯意」法学志林二一巻七号（一九一九）同著『刑法研究第二巻』（一九二一・有斐閣）一九八頁以下、特に二〇二頁。

（8）吉川経夫「日本における罪刑法定主義の沿革」東大社研編『基本的人権4：各論I』（一九六八・東京大学出版会）二五頁。

（9）牧野英一「新聞紙法上の責任と犯意」法協三七巻九号（一九三三）同・前出注（7）『刑法研究第二巻』二〇四—二〇五頁。

（10）牧野・前出注（9）二〇五頁—二〇六頁。なお、同「犯意の概念の一適用」同著『刑法研究第一巻』（一九一九・有斐閣）一九頁以下参照。

（11）大判大正九年一〇月二二日（法律新聞一七七四号一五頁）。本件の詳細については、宮地正人「森戸辰男事件——学問の自由の初の試煉——」我妻栄＝林茂＝辻清明＝団藤重光編『日本政治裁判史録・大正［第一八版］』（一九八〇・第一法規）二二八頁以下参照。当時の文献としては特に佐々木惣一「大学教授ノ研究ノ限界」法学論叢三巻三号（一九二〇）一八頁以下、同「無政府主義者ノ学術論文ト朝憲紊乱事項」同誌三巻四号一頁以下、草野豹一郎「新聞紙法第四十二条の解釈（一）〜（五・完）」法学志林二三巻三号（一九二一）二六頁以下、五号七三頁以下、六号七〇頁以下、八号三九頁以下、九号六六頁以下参照。

（12）この区分については、奥平康弘『治安維持法小史』（一九七七・筑摩書房）一〇頁以下、三二頁以下参照。なお、渡辺治「一九二〇年代における天皇制国家の治安維持法再編をめぐって——治安維持法成立史編——」社会科学研究二七巻五＝六合併号（一九七六）一五三頁以下参照。

（13）奥平・前出注（12）四四頁以下および横山晃一郎「刑事法解釈論批判——罪刑法定主義と刑法の解釈——」『マルクス主義法学講座第七巻：現代法学批判』（一九七七・日本評論社）一三二頁以下、特に一四七頁および一五三頁以下参照。

（14）草野・前出注（11）参照。

（15）判旨を肯定するものとして、小泉英一「行政犯と犯意および過失」法学志林三九巻九号・一〇号（一九三七）同著『刑事法判例研究』（一九七六・成文堂）九七頁以下所収、一〇七頁、小野清一郎「経済刑法と違法の意識（一）」法協五九巻六号（一九三一）一五頁参照。なお、小野論文（「（一）」「（二・完）」同誌七号掲載を含む）は、同著『刑罰の本質について・その他』（一九五五・有斐閣）二二三頁以下に所収（以下は同書より引用）。

（16）草野豹一郎「清涼飲料水営業取締規則違反の事実の故意」同著『刑事判例研究　第四巻』（一九三九・厳松堂）七五頁以下参照。

(17) 思想言論統制の強化については、奥平・前出注(12)一六二頁以下、同「検閲制度」鵜飼信成＝福島正夫＝川島武宜＝辻清明編『日本近代法発達史11』(一九六七・勁草書房)七九頁以下、特に一六三頁以下参照。経済統制については、小野・前出注(15)のほか、佐伯千仞「経済犯罪の理論」大隅健一郎＝佐伯千仭編『新法学の課題――国家防衛と法秩序――』(一九四二・日本評論社)二五三頁以下、美濃部達吉『経済刑法の基礎理論』(一九四四・有斐閣)、田中二郎「経済統制罰に関する法律上の諸問題(一)～(八)――判例を中心とする経済統制罰の研究――」法協五九巻六号(一九四一)、七号～六〇巻六号(一九四二)参照。
(18) 竹田直平「要塞地帯法第二十二条第七条と過失犯」法と経済八巻二号(一九三七)一〇九頁。
(19) 瀧川幸辰「要塞地帯法違反と過失犯」同著『刑事法判決批評 第二巻』(一九三七・立命館出版部)五〇九―五一一頁。
(20) 不破武夫「未必の故意」法政研究一四巻一号(一九四四)、一五巻一＝二合併号、同著『刑事責任論』(一九六八・清水弘文堂)一一四頁。同書には「過失論」(一四五頁以下)のほか、「罪刑法定主義」(二一九頁以下)も収められている。
(21) 小野・前出注(15)二四〇頁。
(22) 小野・前出注(15)二四〇―二四三頁。
(23) 中野次雄「外国人登録証明書不携帯罪は過失によるものも処罰できるか」『刑事判例評釈集第一五巻』(一九六〇・有斐閣)六六頁。
(24) 佐伯・前出注(17)三三三―三三四頁。
(25) 草野豹一郎「要塞地帯撮影罪と犯意の要否」前出・注(16)一〇四―一〇五頁。
(26) 草野・前出注(25)一〇五―一〇六頁。
(27) 小泉・前出注(15)一一二頁。
(28) この点については、清水誠「治安維持法と裁判――法律家研究のための一つの素材として――」戒能通孝博士還暦記念論文集『日本の裁判』(一九六八・日本評論社)二七九頁以下、奥平・前出注(12)一六二頁以下、二〇七頁以下参照。
(29) 美濃部達吉「行政罰法の統一と其の規則」『筧教授還暦祝賀論文集』(一九三四・有斐閣)二四頁。なお、同「行政犯罪と法律の不知」国家学会雑誌五六巻一〇号(一九四二)九頁以下、同『行政刑法概論』(一九四九・勁草書房)一一〇頁以下をも参照。

七　㈡戦後の判例・学説の潮流とその分析　①昭和二〇年代の判例　戦後、日本国憲法三一条で実質的に罪刑法定主義が謳われているにもかかわらず、その趣旨は、特に最高裁において必ずしも貫徹されていない。しかし、下級審においては緊張関係がみられ、中には立法府を動かす原動力となりえたものもある。これらの傾向は、学説の対応のたち遅れにもかかわらず、昭和二〇年代にすでに表れている。戦後の判例については、政治史的時代区分がつけにくいこともあり、以下では便宜上、判例の潮流を一〇年区分でみていくことにする。

戦後の最高裁のリーディング・ケースは、外国人被告人らが酒税法違反で取調べのために岡山検察庁に出頭の際、偶々外国人登録証を忘れて携帯していなかったという外登法違反の事案に関する最決昭和二八年三月五日（刑集七巻三号五〇六頁：⑳）である。本件について第一小法廷は、「外国人登録令一三条で処罰する同一〇条の規定に違反して登録証明書を携帯しない者とは、その取締まる事柄の本質に鑑み故意に右証明書を携帯しないものばかりでなく、過失によりこれを携帯しないものをも包含する法意と解するのを相当とする」（傍点筆者）として、第一審岡山地裁判決を支持する決定を下した。

本決定は、その社会的背景とも関連して，保護法益（「外国人の管理」か）の適格性、「取り締まる事柄の本質」の不明確性ということから、後述のように戦後の議論の契機となり、また、判例の一方の潮流を形成する源となった。戦前の小野博士らの考えが影響したものと思われる。

本決定の論理をさらに進めた翌年の東京高判昭和二九年一〇月二日（判時四一号二五頁：㉑――一審有罪）は、「外国人でありながらこれを携帯してないことの客観的事実の明認し得られるもののある以上、特段の事情の確認し得るものがないかぎり証明書を携帯していないことの認識があって敢て携帯しないものとの推定を受くべきは事理の当然とするところであるから、被告人が外国人でありながら右証明書を携帯していなかったことの明らかな本件においては、被告人は、当然これを携帯しないことの認識があったものというほかはない」、という判決を下している。行政犯における「故意の推定」を本罪に適用したことは、当時の司法・行政サイドの強い決意の表われとみることができる。判例⑳以前にも、すでに札幌高判昭和二六年七月一〇日（裁特一八号四〇頁：㉒）や福岡高判昭和二六年一〇月一一日（判例集不登載：㉓）により、過失犯処罰が肯定されていることからしても、それは想像に難くない。

また、戦後の判例の特徴のひとつに、道路交通関係のものがある。その実質的な先駆となったのは、道路交通取締法（昭和二四年法律第七号による改正前のもの）九条一項の運転免許証不携帯罪に関する福岡高判昭和二五年九月二九日（高刑集三巻三号四四七頁：㉔――一審有罪）である。判決は言う。この規定は「交通取締官が何時いかなる時場所において運転中の自動車の検問をなし運転免許証の呈示を求めてもその運転者をしてその場で直ちにこれを呈示させて、その自動車の運転が公安委員会の運転免許を受けた正規の自動車運転者による自動車の運転であることを確認することができるようにして、無免許者による危険な運転を防止し、以て自動車交通の安全を企図する道路交通取締の必要に基づく趣旨に出でたものであるから、同条項に、携帯とは、自己の身につけていると、車中に置いていると を問わず、直ちに呈示し得る状態における所在の確認ある所持をいい、たとい、客観的には呈示の可能な状態であったとしても、運転者が運転免許証の所在を認識していなかったために、直ちにこれを呈示することができなかった場合には、右にいわゆる携帯に当たらないものと解するのを相当とする」。これは、非常に厳しい判決である。

他方、本罪について過失犯処罰を否定する口火を切ったのは、判例㉔よりも年代的には先行する札幌高判昭和二四年一一月四日（研修三九号二一頁：㉕）である。しかし、同判決は、同罪は「故意犯のみを処罰する法意と解する」と論じるのみで、実質的論拠が弱い。このことは、二〇年代の他の過失犯処罰否定例にもいえる。例えば、道路交通取締法六条の自転車横断禁止の不知に関する大阪高判昭和二六年四月二八日（判時二八号二一頁：㉖――一審有罪）、公職選挙法二三五条二号の候補者に対する虚偽事項の公表に関する広島高判昭和二九年四月二八日（高刑集七巻三号四七三頁：㉗―一審無罪）、労働者災害補償保険法五二条一号、五四条の保険料算定額の虚偽の報告に関する大阪高判昭和二九年五月三一日（高刑集七巻五号七三五頁：㉘―一審有罪）、が挙げられる。しかし、よく考えてみると、原則を堅持する判例ならばその論旨は簡単で足り、逆に例外を認めさせようとする判例ほど説得力が十分でなければならないことからすれば、特に問題もない、といえよう。

八　②昭和三〇年代の判例　この傾向は、昭和三〇年代にも続く。但し、罪刑法定主義を意識した論理を展開する判例が多くなる。例えば、道路交通取締令二一条一項の追越禁止区域での追越しに関する東京高判昭和三〇年四月一六日（高刑集八巻三号三二五頁：㉙―一審有罪）は、「凡そ刑罰法規においては、故意犯のみが処罰の対象となることが原則であって、過失犯を処罰する場合はその例外であり直接明文の存する場合または直接明文はなくとも個別的に検討して当該法規の全趣旨からして推して過失犯を処罰する律意が認められる場合でなければなら」ず、「これを認める場合でも罪刑法定主義の原則にかんがみ極めて慎重に検討し単に行政取締目的の徹底を期する上に必要であるということに籍口して安易にこれを結論すべきものではない」、と断じ、先の最高裁決定と対決するかの如き論理を展開しているのである。

この潮流に沿う判例としては、覚醒剤であることを知らずに所持していたことが覚醒剤取締法一四条一項の罪に問われた大阪高判昭和三〇年一〇月二〇日（裁特二巻二〇号一〇四二頁：㉚―一審有罪）、道路交通取締法二九条一号、一一条の自転車無灯火乗用運転に関する大阪高判昭和三一年一一月一五日（裁特三巻二二号一〇九二頁：㉛―一審有罪）、道路交通取締法七条の道路標識見落としによる速度制限不知に関する田川簡判昭和三四年七月三〇日（下刑集一巻七号一七二五頁：㉜）、道路交通取締法八条一項の公衆への危険回避操縦に関する東京高判昭和三五年一二月二四日（高刑集一三巻九号六七二頁：㉝一審無罪）、食品衛生法四条の有毒・有害食品等の販売（有毒なフグの白子を販売）に関する広島高判昭和三七年五月三一日（高刑集一五巻四号二六一頁：㉞──一審有罪）、新道路交通法三七条一項の交差点右折による直進車妨害に関する札幌高判昭和三八年七月一八日（判タ一四八号一三四頁：㉟──一審有罪）、法定の海域外で場所を確認せずに火薬類の海中投棄をしたことが火薬類取締法六〇条一号、二七条一項、同法施行規則六七条違反に問われた大阪高判昭和三八年七月一九日（高刑集一六巻六号四五五頁：㊱──一審有罪）、がある。全国的規模で、しかも各種犯罪について処罰が否定されている。

特に判例㉞は、「公衆の生命・健康」という保護法益に関するものであるが、その論理展開は重要である。第一に、「同法第四条にいわゆる有毒、有害な食品等の販売の故意犯が、常に殺人傷害等刑法の罪に該当する態様において行われるとは断定し難く、有毒、有害であることは認識していても、殺人の認識を欠く場合もあり、或は有毒有害の認識や傷害の認識はあっても、その物の有毒ないしは有害性の程度や、摂取量の多少により、現実に傷害の結果を発生しない場合のあることも否定し得ないばかりでなく、同条は単に販売行為ばかりでなく、販売の用に供するための採取、製造、輸入、加工、使用、調理、貯蔵、陳列等の準備的な行為をも禁止し処罰することを明らかにし、法益の侵害に対し刑法のそれよりは、より間接的で抽象的な危険をも処罰の対象としているのであるから、同条及び同法三〇条の処罰規定を故意犯の場合に限るものと解釈しても、決して右各法条の存在価値を失わせ、或はこれを不当に減少させるものとはいえない」、とし（傍点筆者）、第二に、「同法第四条違反の過失行為を、犯罪として処罰するには、刑法第八条や第三八条第一項但書にいわゆる『特別ノ規定』のあることを要し、またこの『特別ノ規定』があるというためには、当該法規の中に、刑法総則の適用を排除し、犯罪の成立に故意を必要としない旨の一般的な明文規定があるか、若しくは個々の犯罪に関する規定の解釈上、故意を要しない趣旨が確認し得られる場合に限り、ただ法規全体の目的とか、取締の必要性などという不明確な理由によって、過失犯の処罰に関する『特別ノ規定』のあるとなす見解には、罪刑法定主義の立前から俄に左袒し難い」との立場表明を示し、第三に、「食品衛生法のうちには、右のような一般的な明文規定もなく、また同法第四条、第四〇条の規定の解釈からも、同犯罪の成立上故意を必要としない趣旨を確認し得るまでには至らないのである。して見れば営業許可の取消など、純然たる行政上の制裁の前提としては兎に角、すくなくとも刑罰の対象として、同法第四条違反の過失行為を問題とする余地はない」、と結論づけている。

この判決には、大正デモクラシー期の大審院判例の潮流をさらに実質的に継承・発展させようとする姿勢が十分に看取される。しかし、最高裁の態度は、昭和三〇年代においても判例⑳の域を出ていない。すなわち、やはり過失不作為犯の事案であるが、古物商を営んでいた被告人がスクーターおよび原付自転車各一台を買い受けながら、所定の帳簿にその都度所定の事項を記載すべきことを知りつつこれを怠ったという事案に対して、第二小法廷は、第一審高松地裁、第二審高松高裁の各判決を支持して、「古物営業法一七条にいう『その都度』とは『そのたびごと』の意に解すべきである。又同法二九条で処罰する『同法第一七条の規定に違反した者』とは、その取締まる事柄の本質にかんがみ、故意に帳簿に所定の事項を記載しなかったものばかりでなく、過失によりこれを記載しなかったものをも包含する法意であると解した原審の判断は正当である」(傍点筆者)、と判示した(最判昭和三七年五月四日刑集一六巻五号五一〇頁：㊲)。本件の場合、判例⑳と異なり、「国策」のようなものが感じられないが、判例⑳の論旨を行政刑法一般に拡大しようとの姿勢が看取される。

また、下級審では、道路交通取締法九条三項の運転免許証不携帯に関する広島高裁岡山支判昭和三〇年六月二一日(裁特二巻九〇五頁：㊳——一審有罪)が判例㉔に倣って過失犯処罰を肯定し、同罪に関する東京高判昭和三四年六月一六日（高刑集一二巻六号六三五頁：㊴――一審有罪）がこれに続き、傍論ながら同法二四条、同法施行令六七条の「人の殺傷」、「物の損壊」に関する東京高判昭和三五年六月一五日（下刑集二巻五＝六号六八九頁：㊵――一審有罪）、狩猟法二一条一項二号の銃猟禁止区域での銃猟に関する東京高判昭和三五年五月二四日（高刑集一三巻四号三三五頁：㊶――一審有罪）、自動車損害賠償保障法九条の三、八八条に関する宮地簡判昭和三九年一月一七日（下刑集六巻一号三〇頁：㊷）でも、この傾向が継受されている。運転免許証不携帯罪については、昭和三五年の道路交通法への改正で立法上の解決が図られたが、この点に関するかぎり、後述のように、否定説の方が説得力があったというほかない。また、判例㊷は、同法の趣旨（被害者保護と自動車運送の健全な発達）を考慮して、第一に、運転者には安全点検・整備義務および車両検査証・運転免許証携帯確認義務、さらに自賠責保険証書備付ならびに検査標準もしくは保険標章表示の有無の点検・確認義務がある、第二に、その構成要件はまったく形式的な行為を捉えており、「保護法益との関係における危険性も間接的、抽象的で、かつ法定刑も三万円以下の罰金に限られているので、故意と過失を区別する実質的理由に乏しく、なおその立言形式から行為の態様として過失を含ましめることを絶対に排斥しているものとは考えられない」、として処罰を肯定している。確かに、そこには取締りの根拠を明示する努力は窺えるが、このような理由だけで「過失を含ましめることを絶対に排斥しているものとは考えられない」というのであれば、数多くの行政犯の過失犯処罰が肯定されることになり、罪刑法定主義感覚に欠ける、といわざるをえない。

九　③昭和四〇年代の判例　活発な論争は、昭和四〇年代に入っても続いた。道交法については、改正後もなお新たな問題点が明らかになり、外登法についても依然争われ、他の行政刑罰法規についても新たな問題が提起された。

過失犯処罰を否定した事例としては、道交法六四条、一一八条一項一号の無免許運転に関する大阪地判昭和四〇年四月三〇日（判タ一七六号二一〇頁：㊸）、労働基準法六三条二項関係で一八歳未満の女子に労働をさせたことが争われた鹿児島家判昭和四一年四月二三日（家裁月報一九巻二号一五三頁：㊹）、道路運送車両法一〇九条六号の自動車検査証備付義務違反、自動車損害賠償保障法八八条、八条の自賠責保障証明書備付義務違反に関する札幌地裁室蘭支判昭和四三年一月一三日（判時五二四号八五頁：㊺）、鳥獣保護及狩猟ニ関スル法律一六条、二一条一号の「日出前ニ銃猟シタ」罪に関する八日市簡判昭和四七年一月二四日（刑裁月報四巻一号一七七頁：㊻）がある。いずれも、地裁・簡裁判例であることに注意を要する。判例㊹は、「労働基準法六三条二項違反の罪には児童福祉法六〇条三項の如き規定がないから右罪の成立には一八歳未満のものであることの認識を要し、年齢の認識に過失のある場合はこれを処罰し得ないものと解する」、と論じ、判例㊻は、「被告人は、花火の打ち上げ音を日の出の合図と誤信して本件銃猟行為をしたとみるのが相当であ」るから本罪の故意を阻却するとしたうえで、同罪は「同法に刑法三八条一項但し書にいう『特別の規定』がないうえに、同法二一条一項二号の『銃猟禁止区域において銃猟した』罪の場合と異なり、同条項には過失犯をも処罰する趣旨を含まない」、と論じている。

しかし、より説得的なのは、判例㊺である。すなわち、同判決は、第一に、刑法三八条一項との関係上、「明文の処罰規定のない、過失による自動車検査証備付義務違反ないし過失による自動車損害賠償責任保険証明書備付義務違反の行為については、当該法規の趣旨、目的等を合理的に判断した結果、当該規定の解釈上、過失犯を処罰することが疑義を許さぬ程度に明確であり、もって過失犯処罰の特別の規定がある場合と法律上同一に評価し得る場合でなければ、その処罰をなし得ない」、としたうえで、第二に、「行政刑罰法規は、一般刑罰法規に比して、制裁の内容が軽いものが多いとはいえ、なお刑罰をその制裁手段としているし、またその性質上、一般刑罰法規よりも、国民の日常生活に広範なかかわりを持つ側面のあることを考えると、前示の解釈の規準については厳格性が要求されるというべきで、行政目的の達成ないし取締目的の実現という合目的な観点からその処罰の範囲を拡張することは慎重になされなければならない」、と論じているのである。ここには、行政刑法そのものに対する国民の側に立脚した基本姿勢が看取される。われわれも、この基本観念を学ぶ必要がある。

ところが、類似の事案でも、先の判例㊷や道路運送車両法六六条の自動車検査標章表示義務違反に関する広島簡判昭和四一年九月一二日（下刑集八巻九号一二六五頁：㊼）は、過失による不表示が多い実態、構成要件の形式性、法定刑が三万円以下の罰金であることなどを総合的に合理的に判断して、過失犯処罰を肯定している。したがって、裁判官の罪刑法定主義感覚の相違で正反対の結果に達することの問題性を再認識する必要がある。総じて昭和四〇年代には、昭和三〇年代の判例と比較すると、罪刑法定主義感覚の後退がみられる。現に、正面から処罰を否定した高裁判例はない。

例えば、自動車の保管場所に関する法律八条二項二号、五条二項二号の夜間の八時間以上の路上駐車禁止違反に関する大阪高判昭和四四年一二月二二日（刑裁月報一巻一二号一一二四頁：㊽）は、一審の無罪判決を覆して、「本件被告人の場合は、平素扱い慣れた勤務会社の車両であり、かつ、その駐車は同日朝被告人自身において行ったものであるから、被告人の弁解するごとく一日の運搬作業でどのように疲労していたとしても、自己の担当車両を支障なく右モータープール内に入れるまでの運転操作をする間に、右社長常用車が同日朝みずから駐車させたそのままの状態でその駐車場所に存在することを認識しなかったはずはない」として、犯意を肯定している。

また、先の最高裁決定（判例⑳）で物議を醸した外登法一三条一項、一八条一項七号の外国人登録証明書不携帯については、二つの判例がある。まず、東京高判昭和四〇年二月二九日（下刑集七巻二号三六頁：㊾——一審有罪）は、「立法の体裁として好ましいものではない」という留保事項を付しつつも、「およそこの種の違反行為は、故意を以てする場合ももとよりあるにしても、過失によって犯す場合が極めて多いことは周知のとおりで、これも処罰の対象とするのでなければ取締の実効を期すことが出来ない」との基本的立場から過失犯処罰を肯定している。これに対して、高松高判昭和四四年三月二八日（下刑集一巻三号二二一頁：㊿）は、可罰的違法性がないとした一審高知簡裁無罪判決を維持したわけであるが、本罪についてはその特質を考慮すると例外的に過失犯処罰がありうるとして、次の点に無罪理由を求めている（但し、ビラ貼付については有罪）。すなわち、「前一八条一項七号所定の不携帯以外の所為は全て故意犯であると解せられるし、また、その法定刑は過失犯も故意犯の場合と同様のものが規定せられていることになるのであるから、過失による不携帯罪として同法条により処罰すべき場合は故意犯よりも限定的に解釈すべきものと解する。即ち、忘却犯による過失犯として処罰するに値するものは、法規遵守の精神が普段から欠けているためにか、あるいは、外国人であれば誰でも携帯していることが当然予期されるのに、これを忘れたというような場合で、その過失が極めて明らかなときに該当するものというべきである。したがって、その過失の軽重如何にかかわらず、ささいな過失の場合まで、これを犯情の軽重に過ぎないとして処罰の対象とすべきであるとする所論には疑いなきを得ない。本件は、被告人が常時着用していたズボンの中には、自己の登録証明書がはいっていたのであるが、たまたまズボンを着替える際、うっかり忘れたものであり、その過失は所論のように厳しく責められるべきものとは認められない」（傍点筆者）、と。

この判決は、判例⑳㉑㉒㉓および㊾に比べると、かなり実質解釈の努力をしている。なぜなら、例えば、判例㊾の場合、被告人は平素はつねに登録証明書を携帯しており、その日にかぎってそれを忘れたところをたまたま警察官に発見されたというものであり、いわば本件と類似したケースと考えられるにもかかわらず、かなり被告人に厳しい判決内容になっているからである。人権感覚の相違であろうか。不十分とはいえ、判例㊿の努力は評価すべきである。

さらに、宅地建物取引業法一八条の三、二七条一項四号の取引事項記載業務を前後一六回懈怠した事案について、名古屋高判昭和四四年一〇月二九日（刑裁月報一巻一〇号九八五頁：51）は、原審豊橋簡裁の認定事実（故意犯）を認めつつも、「同法二七条一項四号の規定中『同法一八条の三の規定による帳簿に、同条に規定する事項を記載しなかった者』とは、同条項が取り締まる事項の性質に鑑み、故意に、右帳簿に、同法一八条の三に規定する事項を記載しなかった者ばかりでなく、過失により、前同様記載しなかった者をも含む法意である」、と蛇足を加えている。本件の場合、不要の蛇足を加えるより、むしろ端的に故意を認定してよい事案といえるように思われる。

ところで、判例を検討していくと、総じて過失犯処罰が肯定されているのは過失による不作為（忘却犯）であることが多いのに気付くわけだが、この時期にやや異質の事件がある。旧海水油濁防止法五条一項、三六条の油流出に関する「おとひめ丸」事件福岡高裁宮崎支判昭和四七年三月三〇日（刑裁月報四巻三号四七八頁：52）が、それである。定期貨物船「おとひめ丸」の乗組員たる被告人は、法定の除外事由がないのに鹿児島湾内に係留中の同船内において、油槽船「第八共進丸」から、「おとひめ丸」で使用するB重油を同船六番左右両舷タンクに搭載しようとしていた際にバルブ操作を誤り、右重油三六リットルを甲板排出口から船外に流出させ、もって油を本邦の海岸の基線から五〇海里以内の海域に排出させた、という事案である。第一審の鹿児島簡裁は、昭和四六年一〇月二一日、旧法「第五条第一項一号、第三六条に依れば、同法第五条第一項違反につき過失犯をも処罰する旨の特別の規定は存しないから、被告人の本件公訴の所為は罪とならないものと認め無罪の言渡しを為すべきである」との注目すべき判示をした（刑裁月報三巻一〇号一四〇五頁）。その際、過失犯処罰肯定を示唆する当時の運輸大臣の国会答弁を踏まえつつ、「特別法に規定された法定犯につき、過失犯をも刑罰に処する法意であるか否かは、個々の法律に関しては早くより議論の存するところであって、このことは法案作成関係者も早くより熟知していた筈であり、現に前記のとおり旧法制時の審議の過程においても、過失をも処罰する趣旨であるかにつき議論が交わされたのに、特別の規定を明記するにつき何ら妨げとなるべき事情もないのに、敢えてその規定を設けなかったということは、旧法においては過失行為を処罰する趣旨でないことの証左ではあるまいか」、と述べている点に注意を要する。

また、判例上の新たな視点として、条約との関係について次のように解釈しているのが注目される。すなわち、「右条約（油による海水の汚濁の防止のための国際条約昭和四二年一〇月条約第一八号—甲斐）第一条には『排出とは油または油性混合物についていうときは、原因の如何を問わずすべての廃棄又は流出をいう』とあるのに、旧法第二条においては九個の用語の定義を定めながら、排出のみについては定義を定めていないのである。而して規制を強化したと見られる新法（昭和四五年に改正の『海洋汚染及び海上災害の防止に関する法律』）でさえ、第三条に『排出とは物を海洋に流し又は落とすことをいう』と定義したのみで、『原因の如何を問わず』という重要な語句がないのである。此のことは、条約に基づいて国内法を制定執行するに当たり、必ずしも条約上の用語の定義にとらわれることなく、自国における産業活動、国民生活、環境状況等、自国の独特な事情等に即応して独自の立法をしたものであって、旧法においても、新法においてもその『排出』という用語は条約に定めた定義のとおりではないことが明らかである」、と。

続けて、新旧両法を比較して、次のように論じる。すなわち、「更にまた、新法においては第四条第一項所定の船舶からの油の排出のみについて過失犯処罰の特別規定を設けたに止まり、海洋施設からの油または廃棄物排出行為、その他については右の如き規定がない。また旧法においては総屯数五〇〇屯未満の船舶及び一五〇屯未満の油槽船、新法においてはタンカー以外の船舶で総屯数三〇〇屯未満のものは、何れも適用除外とされている。海水汚濁防止という保護法益の点から考えると右の如き適用除外例のあることはいささか理解に苦しむが、それにしても、新旧両法とも右適用除外の船舶からの油の排出は、それが故意であるにせよ過失であるにせよこれを不問にしているということは、海域の油による汚濁を絶対に防止するというほどの強固なものではなく、従って最初に制定した旧法の規定には、過失犯をも処罰するという絶対的な禁止規定ではないものと解せられる」、と。

これに対して、第二審の福岡高裁宮崎支部は、昭和四七年三月三〇日、旧法三六条、五条一項一号は過失行為をも処罰する趣旨に解するのを相当とする、と判示して原判決を破棄し、被告人を罰金八〇〇〇円に処したのである。その理由づけも、従来と若干異なる。すなわち、①憲法九八条二項によれば、条約に基づく国内法が制定されたときは、その解釈、適用にあたっては、これに対し基本とされ公布された条約の内容が解釈上の規準となり、条約とこれに基づく法律とが一体となって国民生活を規律し拘束するものといわなければならない。このような見地から旧法の「油の排出」の解釈にあたっては、海水油濁防止条約の定めるところに従い、「廃棄」と「流出」を包含するものというべく、旧法の定める「油の排出」行為には故意行為たる廃棄ばかりでなく、過失行為たる流出をも包含するものと解される。②このように解しても罪刑法定主義に反しない。条約と旧法とは、論理的には条約が先行していた。条約が法律を規定の解釈上補完する作用を営んだとしても、規律すべき対象を不当に拡大したことにはならない。③行政取締法規の罰則についても刑法三八条一項が適用されるが、罰則の規定の表現上「過失」なる語が用いられていなくとも、その取り締まる事柄の本質にかんがみ、故意の場合ばかりでなく、過失による行為をも包含する趣旨に解すべき場合のあることは、最高裁判例⒇(37)により明らかである。実態を考慮すると、「このような油の排出行為の形態が故意行為よりも過失に基づく行為が圧倒的に多いと考えられ、かつ本質に関するものというべきであろう」。④旧法の法案審議にあたった当時の運輸大臣の国会答弁において、「『油の排出』の法概念について、故意による場合は勿論、過失に基づく場合も違反となる趣旨である旨を答弁しており、かような趣旨を含めて法律案が国会において可決され、法律として成立した立法過程に徴し、立法者の意思としては、まさに、明らかに過失による行為をも包含させていたものと解し得るところである」。

このように第一審と第二審とが対照的な判決を下しているわけであるが、そこには条約等を考慮した議論の深化がみられるのである。しかし、説得力においては第一審の方が優るといえよう。その検討については、類似の事件である後述の判例56と比較しつつ後で行うことにする。

なお、昭和四〇年代に本題と直接関係する最高裁判例はないものの、これと関連して、最判昭和四八年四月一九日（刑集二七巻三号三九九頁：53）において、第一小法廷は、道路交通法（昭和四六年法律九八号による改正前のもの）二五条の二第一項の「他の車両等の正常な交通を妨害するおそれがあるときは……後退してはならない」という義務違反に、過失犯処罰明文規定がない場合でも、七〇条の安全義務違反（過失犯処罰につき明文はあるが包括的）を適用できるとの判断を示した。しかし、これは、福田平教授も指摘されるように、「七〇条以下の類型的義務を規定した各条の義務違反につき過失犯処罰の規定がないときに、当該義務の過失による違反につき、七〇条後段の安全義務違反の過失犯が成立しうるとする判旨の結論は妥当ではなかろう」[30]。最高裁の罪刑法定主義感覚のルーズさは、なお維持されていると評価せざるをえない。昭和四〇年代でも、高裁判決の後退はともかく、地裁・簡裁判例と最高裁との乖離は、かなりあるといわねばならない。もっとも、地裁・簡裁段階でも、判例47のようなものや、刑法八条但書の「特別の規定」に関してではあるが、秋田地判昭和四〇年七月一五日（判時四二四号五七頁：54）のように、「特別の規定」は「明文のそれに限らず、当該法令の趣旨及び当該行為の罪質等からみて刑法総則のある条項を適用しない趣旨が十分に窺われる場合も特別の規定がある場合にあたる」との立場から、道交法一一七条のいわゆる酒酔い運転の罪および同法一一二条のいわゆる酒気帯び加重の規定は刑法三九条二項の適用を排除する「特別の規定」に該当するとの解釈傾向もみられ（理由づけにかなりの説得性はみられるが）、昭和三〇年代の判例と比較すると、最高裁の解釈の影響が浸透しつつあるようにも思われる。

一〇　④昭和五〇年代の判例　昭和五〇年代に入ると、関連判例は、かなり減少する。形式犯としては、自動車損害賠償保障法八条、八八条の自動車賠償責任保険証明書不備罪に関する札幌簡判昭和五二年五月六日（刑裁月報九巻五＝六号三六一頁：㊺）が過失犯処罰を肯定したほかは、旧海水油濁防止法違反に関する「明原丸」事件最決昭和五七年四月二日（刑集三六巻四号五〇三頁：㊻）が重要である。三等機関士として明原丸に乗り組んだ被告人が過失により本邦の海岸の基線から五〇海里以内の海域において燃料油約二、五キロリットルを流出したという事案について、最高裁第三小法廷は、「過失犯をも処罰する趣旨であると解した原審の判断は正当である」との決定を下した。

本件の論点は、むしろ第二審判決（東京高判昭和五四・九・二〇高刑集三二巻二号一七九頁）に鮮明に出ている。①同法七条一項による五条一項の適用除外例を考慮すると、「右五条一項は、いわば不可抗力的事由を原因とする場合を除くものの、およそ油が船体から離れ海上海中に滞留するという物理的状態の発生することを結果自体として一切禁止するものであって、その原因の如何を問わない法意である」。②したがって、「これと相まって一個の刑罰規定を構成する旧法三六条は、その文理上、故意による油の排出に限らず、過失による油の流出をも処罰対象として含むものと解する余地がある。かような文理上の可能性があるときには、過失犯の処罰をも明記する文言が条文中に用いられていない場合であっても当該法令全体の立法の趣旨目的および関連法案との関連から特定の罰則規定が明らかに過失犯をも処罰する趣旨であると解されるかぎり、これをもって刑法三八条一項にいう『特別の規定』にあたるものとして差し支えなく、右のような明記文言の欠如の故に直ちに故意犯のみを処罰する規定であると解さなければならないものではない」。③「旧法の立法の経緯についてみると、船舶の油による海水の汚濁を防止することは、『一九五四年の油による海水の汚濁の防止のための国際条約』がわが国についても発効することに備え、これを誠実に遵守する義務の履行として立法化されたものであるところ、前記条約は、その文言自体から、油の流出についてはその原因の如何を問わずおよそ排出という物理的事実そのものを禁ずる趣旨であると解されるから、かかる趣旨の実現を国内法において刑罰をもって強制しようとするものである旧法三六条が、故意の投棄のみを処罰対象とするものであるにおいては、国の憲法上の義務として前記条約を誠実に遵守するうえで、必ずしも十分でないものがあると認められる」。④「立法府における旧法の審議、制定の過程についてみると、法案の委員会審議において、旧法案は過失による油の排出をも処罰対象とするものであって、かつ、右の趣旨が、主としては前記『排出』の概念を介し、また前記条約の趣旨を体して行うものであるところの規制の本旨を通じて、旧法の関連規定上明らかにされており、ことさら明文の規定をおくまでもないとする立案主務官庁の見解が明示されているのであり、各関連法案が何らかの修正もなく関連委員会の議決を経、本会議において可決された以上は、過失による油の排出をも処罰することがまさしく立法府の意図するところであったものと解するに足りる」。⑤「およそ行政取締法規は、行政目的の実現に資するという性格上、行政違反の客観的状態を事実そのものとして予防禁圧しようとし、それゆえ行政義務の履行を強制する手段としての行政刑罰も多くは過失犯をも処罰対象とすることになるが、とくに問題の行政違反状態が通常は故意によってではなく、むしろ過失によって生ずることが多いような類のものである場合においてはなおさらのことであり、行政刑罰の解釈においては、右の事理を考慮の外におくことはできない」。⑥新法（海洋汚染防止法）「において設けられた過失による船舶の油流出を処罰する旨の明文規定は、新法において新たに規制対象に組み込まれることになったが一九六九年改正条約の規制外である船舶の廃棄並びに海洋施設の油または廃棄物の各排出についてその過失犯を処罰しないこととの対比上、とくに確認的意味合いで設けられたものと解せられ、これを船舶からの油の排出の過失犯を創設した規定であるとは解しがたく、また、所論指摘の新法における施行期日の点も前記の新規制対象の取扱上、政策的に定められたものと考えられるから、以上いずれの点も、旧法において過失による油流出を処罰する趣旨の規定が欠如していたと解することの証左とするには足りないものである」。

最高裁は、この東京高裁判決を全面的に支持したのである。第一審の横浜地裁も有罪判決を下していたのであるが、この差戻審判決以前の第一審横浜地裁川崎支部は、同法五条一項、三六条が過失犯処罰を認めたものとは解されず、本件公訴事実が事実であったとしてもなんら罪となるべき事実を包含していないとして刑訴法三三九条一項二号により公訴棄却の決定を下しており、前述の「おとひめ丸事件」第一審判決との連続性を感じさせる。もっとも、この決定は、東京高裁第九刑事部により、過失犯として公訴の提起があった行政犯の処罰が過失犯を処罰する趣旨を含むかどうかについて解釈上見解が対立しているような場合には刑訴法三三九条一項二号により決定で公訴を棄却すべきではないとして、取り消されている（東京高決昭和五二・五・九高刑集三〇巻二号二二〇頁）。そして差戻後の一連の判決で過失犯処罰が肯定されたのである。その根拠づけは、何よりも、保護法益の重要性、当該規定、立法趣旨および他の規定、条約との関連性を考慮して総合的判断により過失犯処罰を肯定しようとするものであり、従来の判例とは異質であり、かつ緻密である。本件の場合、保護法益は、人間を含めた動植物の生態系の保護まで射程に入れた海洋環境であると解されるが、その重要な法益が「おとひめ丸事件」の場合の三六リットルよりはるかに多い二、五キロリットルの油流出により侵害されたことも、処罰肯定の背景にあると思われる。また、確かに、条約遵守は憲法九八条二項の要請する重要事項である。しかし、罪刑法定主義も憲法三一条の要請する重要な人権保護規定である。そうだとすれば、旧法（海水油濁防止法）は、明らかに立法上の欠陥である。それだからこそ、新法（海洋汚染防止法［現・海洋汚染及び海上災害の防止に関する法律］）において即座に過失犯処罰の明文規定が設けられたのである。

は、大審院判例（特に大正デモクラシー期）よりも罪刑法定主義感覚がかなり後退していることが確認された。そして、むしろ昭和三〇年代から昭和四〇年代の下級審判例（但し、昭和四〇年代の高裁判例は除く）において、罪刑法定主義感覚に溢れた判決が数多くみられたのである。その後、昭和五〇年代以降は、判例件数が極端に少なくなっている。この理由は、現場実務において、むしろ明文なき過失犯の取締りないし処罰を抑制していると解してよいのか、それとも最高裁の考えが浸透しきっていると考えてよいのか、必ずしも明らかではない。しかし、今後も争われる可能性のあることは否定できない。

いずれにせよ、戦後の判例も、それぞれの時代背景を如実に表している。そこで、判例分析を総括するにあたり、それを学説との対応の関連性の中で行うことにする。また、実務家の提言にも鋭いものがある。

一一　⑤戦後の判例分析の総括と学説の対応

以上、戦後の判例を分析・検討してきたが、最高裁判例に関して

戦後はまず、外国人登録証携帯義務について議論が展開された。最高裁の判例⑳について、若干の代表的見解をみておこう。まず、中野次雄判事は、「単にその法規が行政的ないし取締的性格を有するからというだけで解釈上過失犯の処罰を肯定するがごときは、あまりに粗雑な議論たるを免れない」[31]との立場から外国人登録証明書不携帯罪を考察し、「その取り締る事柄の本質に鑑み」の内容を「この犯罪はいわゆる純正不作為犯で、故意のない場合（忘れて携帯しないこと）が相当ありうるということ、さらには一歩を進めれば、故意がなかったとの弁解がなされた場合にその証明がきわめて困難であること」だと捉えたうえで、二つの理由から判旨に疑問を投ぜられた。第一に、この規定は法定刑を一年以下の懲役もしくは禁錮または一万円以下の罰金と一本にしているが、「現行刑罰法規体系において、故意犯と過失犯とに同じ法定刑――しかも懲役・禁錮も含む法定刑――をもって臨むというのは考え難いことであるし……、そのうち過失犯にあたる場合は罰金刑だけを科する趣旨だと解するのは、前例もなく、一層

困難なことである」。第二に、「同条はここに問題になっている五号のほかに諸種の構成要件を列挙し、これらに同じ法定刑で臨んでいるのであるが、そのすべてに通じて過失を処罰するというのならば格別、そうでないとすると、いかにも均衡を失するといわざるをえない[32]」。

この中野判事の罪刑法定主義感覚に溢れた主張は、実務感覚を踏まえているだけに説得力がある。しかも、「立法者の怠慢によって生じた不備を救うために無理な解釈をしなければならない理由はない[33]」とまで明言されたのである。この基本姿勢は、本題の核心を衝く言葉として肝に銘じる必要がある。なお、同じく本罪についての東京高裁判決（判例㊵）には中野判事も関与していたのであるが、有罪の結論には断腸の思いであったものと推測される。

これに対して、中谷瑾子教授は、「登録証の携帯義務はすでに登録証上にも明示のことであり、その不知ということは原則として考えられないから、これを携帯しないということ自体法に対する無頓着な人格態度を表明するものであって一応当の構成要件の予定する行為の態様といえる[34]」、と好意的評価をされる。但し、後には、過失犯処罰の明文規定がないにもかかわらず法定刑が一年以下の懲役若しくは禁こ又は三万円以下の罰金（一八条一項七号）であるのはアンバランスの感を免れず、同一条文中に列挙された他の構成要件（不受領、提出拒否、受領妨害）のいずれも過失による場合はほとんど考えられない点からみて、「現行法の解釈として本決定を支持しうるかどうかはなお疑問が残る[35]」、とも言われる。

ところが、藤木英雄博士は、後述のように、行政において私人に賦課された積極的協力義務が認められる場合であるとし、「外国人登録証携帯義務は、日本国に入国・居住を許可された外国人に対して、外国人の身分を明らかにすることが内国人に比して困難なことにかんがみ、身分関係の確認を容易にし、外国人に対する保護取締の有効性を期する目的で特に賦課された協力義務であ[36]」る、と積極的処罰を肯定された。批判的視座という観点からは、学説の対応の弱さが表れているように思われる。むしろ、判例への追随的援護の姿勢さえ感じる。「外国人の管理」は、この種の過失事犯に対して刑事罰を持って臨むほどのものなのか、その適格性をこそ問題にすべきであろう。

一二　つぎに、古物営業法違反事件に関する最高裁判決（判例㊲）についても、藤木博士は、好意的評価を寄せておられる。すなわち、「古物営業法一七条が、古物営業者に対して課する取引記帳義務は、古物の取引における不正を防止し、贓物の発見、犯罪の予防に資せんとするものであるが、この場合、記帳義務には、特に営業を許可された者が、古物取引の取締の趣旨に協力すべく課せられたもので、かつ、その義務は、営業所に帳簿を備え、取引のたびごとに必要事項を記載し、かつ、記帳後記帳の有無を確認するというきわめて平易な手続きをふむことによって容易に履行可能なものであるから、記帳義務は同時に記帳確認の注意義務を包含したものと解してさしつかえあるまい[37]」、と。藤木説の根本的検討は後で行うが、田原義衛判事が指摘されたように、「本件の場合に、古物商である被告人が、古物取引に関する所定の記載を、『ウッカリして忘れていた』と弁解さえすれば、処罰を免れることになっては、古物営業法一七条とその罰則二九条とは、ほとんど空文に等しいことになる[38]」との配慮が背後にあるのではなかろうか。しかし、空文化をもたらす原因が立法の不備にあるのであれば、これを解釈で歪曲して補うのは、刑事法の適正な運用とはいえない。なお、田原判事自身は、例えば、狩猟法違反に関する判例㊶については、無罪の結論を支持しつつも、「とにかく、昭和三二年一一月二八日の本件犯行当時には、標識が全く存在しなかったものである以上、銃猟禁止区域設定に関する銃猟法施行規則二四条、二五条も、その基本法である銃猟法一〇条も、本件犯行地に関する限り、有効ではなく、従って被告人の本件所為は、罪とならないことになる。それは法なければ刑罰はない、法なければ犯罪はないという罪刑法定主義の適用そのものである。右の論理によって被告人を無罪にすべきではなかったろうか。民をして倚らしむべし、知らしむべからずの理念は、もはや通用しないであろう。民をしてまず知らしむべきであることが当然である以上、本件事案を右の線で処理する方が正しかったと思われる」[39]、と述べておられるので、その点は評価される。

これに対して、板倉宏教授は、「明文がなくても、当該罰則規定が過失犯の構成要件に規定するものとみられる場合には、過失犯処罰をみとめてもよい」との立場から、次のように批評される。すなわち、「古物営業法一七条の所定事項不記載という行為はその性質上故意を要しないことが明白であるとまではいえない。また、同法二九条は法定刑として懲役刑を規定している。そしてまた、同法は同法一七条の違反と並んで二〇条三項・四項の違反についても六月以下の懲役または一万円以下の罰金に処することを規定しているのに、同法三三条で『過失により第二〇条第三項または第四項に違反した者は拘留又は科料に処する』と規定している。以上いずれの点からも過失犯処罰の法意をみとめた本判旨には疑問が投げかけられるとおもう」[40]、と。基本的に板倉教授の論旨に賛同すべきであるが、さらに進んで、本罪についてもその保護法益の適格性を検討すべきであるように思われる。

一三　第三に、道路交通取締法ないし道路交通法については、実務家からも多くの提言がなされている。八木胖検事は、昭和三四年の判例㊴のような目的論的解釈による処罰を支持して、「その法規の性質上、その法規の意図する国家の行政目的の達成ということが真に重い事由であることが国家の意思ないし立法者の趣旨として認められるような場合において、そうして、また、その法規の特別重要な意義がその運用の完璧を期することに国家的な重要性と必要性を認めるような場合においては、そこに刑法第三八条第一項の例外として、特に明文なくとも、過失犯処罰の認められるものがあるといわねばならない」[41]、と論じられた。しかし、このような考えは、昭和三五年の判例㉝により即座に否定されている。同じ東京高裁判決であるばかりか、判例㊴は八木検事担当の事件であったことも興味深い。これに対して、木宮高彦検事は、早くよりこの問題を研究され、次のような論理で明文なき過失犯処罰を否定された。まず、「立法の趣旨」からは、判然としないところもあるが、関係者の意見からは、過失をも処罰する趣旨で立案されたものではなく、故意が認められないような違反については行政的な指導で賄う方針であった旨が聞かれ、前身の自動車取締令の明文の過失犯処罰規定をことさら削除したことからしても、消極的に解さざるをえない。また、「法文の文意」からも、「条文の建前」からも、過失犯処罰の趣旨を窺うに足りる条文は存在しない。こうして、立法による明文化を主張されたのである。(42)

他方、沼尻芳孝判事は、外国の立法例や道路交通取締法制定事情を考察後、不携帯罪の本質と態様について論究された。(43)まず、本質について。「そもそも本罪は無免許者がこれを犯し得ず、正規の免許を受けた運転者のみについて成立する真正身分犯である。その侵害される法益は道路交通の安全そのものではなく、せいぜい運転免許の確認可能性という一種の警察目的を達成する利便に過ぎない。運転免許証の呈示を求めることにより無免許者を発見して交通安全に資するところはあろうが、そのことはこの不携帯罪と直接のかかわりを持つものではない。警察官が免許証の呈示を求めることができるのは本法第二三条の二により運転者が同条所定の違反行為を疑われた場合に限るのであって、免許証の携帯の検認だけを目的としてこれが呈示を求めることはできないのであるから、免許証の携帯が道路安全交通の担保であるという見地からたやすく過失犯を認めることはできない(44)」。つぎに、態様について。(a)故意に携帯しないもの。(b)多分持っているだろうと思って実は持たない場合。(c)必ず持っているに違いないと誤信する場合。(d)携帯の意識の全然無い場合。(e)乗車の際は携帯したが、運転中に不知の間に紛失するとか他人から窃取されてそれに気付かない場合。「かように見てくると、故意又は不可抗力による不携帯よりも不注意で忘れる場合が相当あり得るので、本罪は過失によって犯される罪ということができるのである。同時にまた故意による不携帯（例えば前記(a)の設例）の場合係官から呈示を求められ忘れたという弁解をし易い行為である。従って不携帯罪についての故意犯のみを認め過失犯の成立を否定することは事物の性質上不自然ではないかという疑が生ずるのである」。このような観点から、不携帯罪の本質を不携帯そのものよりも「不携帯で運転した」ことに求め、「本条規の命ずる携帯義務には当然に不携帯の結果発生せしめぬように注意すべき義務をも包含する」、と解しつつも、しかし、結論的には、行政犯は故意犯処罰が原則であることを考えると、過失犯処罰のためにはより説得的な説明が必要であり、結局、「本犯罪がその性質上過失犯を成立せしめ易いと信じながらもなおその処罰に躊躇を感ぜざるを得ないのである」として、立法措置が講ぜられるよう主張されたのである。(45) これは、実に説得力ある論理といえる。

このような立法化の要求が昭和三五年の道路交通法への改正で実現したものの、過失犯処罰をめぐっては、その後も様々な形で争われた。例えば、道路標識・表示・最高速度違反、追越禁止違反、無燈火運転、安全運転義務違反等をめぐる議論が行われた。(46) そして、最高裁は、判例㊾でみたように、かなり包括的解釈をしているのである。そのかぎりでは、本質的問題点は、今日までなお続いていると考えられる。(47)

一四　第四に、旧海水油濁防止法違反事件、特に判例㊾についても、かなりの論評が寄せられた。(48) 判例㊾が従来の最高裁判例より過失犯処罰の範囲を拡げたものかどうか、が問題となる。田中利幸助教授［現・教授］や板倉宏教授は、これを肯定される。(49) これに対して、中森喜彦教授は、一審判決についてではあるが、「五条一項の禁止が七条一項二号と結び付いて過失による違反をその対象に含んでいるとするならば、五条一項違反に対する処罰が過失犯にも及ぶとする解釈には条文上の根拠がある」、とされ、「本判決は、作為犯については明文なき過失犯処罰を認めた点で、戦後において異例なきものであるばかりでなく、過失犯処罰に条文上の形式的根拠を要求する見解によってもその結論が是認されうると考えられる点でも、また特色あるものということができる」(50)、と結論づけておられる。最高裁もこのような立場を意識していたものと思われるが、おとひめ丸事件一審判決や明原丸事件差戻前の一審判決のように、過失犯処罰の法意を明確に否定する裁判官もいるわけであり、裁判官自身の評価がこのように分かれること自体、法的安定性を損なうものであり、ましてや国民および関係者の苦慮は測りしれない。罪刑法定主義は、国民が法文を容易に理解できるものでなければ意味がないという実質的側面を有する。本件の場合、保護法益は人間を含めた動植物の生態系の保護まで射程に入れた海洋環境であると解され、重要なものであるからこそ、条約でも規制が考えられたのであるが、国内法化するときに問題があった、と指摘されてもやむをえないであろう。[51] また、大臣の国会答弁などは、刑法の解釈論上の論拠としてはあまりに間接的であり、さらに、条約にいう「排出」の原語である discharge の解釈から即座に「故意・過失を問わず」とか「原因のいかんを問わず」という刑法解釈の結論を導くのは、あまりに責任主義を無視した、いわば絶対責任の考えである。その意味では、新法になって即座に過失犯処罰が明文化されたことは、それ自体評価すべきである。しかし、本決定が今後の判例に不気味な影を落としていると考えるのは、思い過ごしであろうか。

一五　いずれにせよ、戦後の判例三七件のうち、最高裁の四件および刑法八条但書関係の一件を除けば、三八条但書の「特別の規定」について明文がなくとも過失犯処罰が可能だとするもの（結論的に無罪のものを含む）一六件、処罰を否定するもの一六件と相拮抗しており、戦前の判例一九件についても、刑法八条但書関係の一件を除けば、処罰肯定例（未必の故意の認定事例を含む）九件、否定例九件ということからみて（戦前・戦後の合計では肯定例二五件、否定例二五件）、判例の立場はなお流動的状況にあることが確認できる。但し、明文が必要だとの立場の判例はないことにも注意を要する。

それに呼応するかのように、学説も定説をみない。学説は、右にみたように個別的判例解釈という形で論じられていたものが戦前・戦後を通じて多いのであるが、戦前の小野博士の所説にみられるような一定のパースペクティブな視点を提供するものも登場している。

第一に、田中二郎博士ら有力な行政法学者は、戦前の美濃部博士の見解を支持して、行政犯の場合、義務違反の事実で足りるという立場を採る。(52) しかし、前述のように、このような考えは、責任主義をあまりに無視したものであると解され、妥当でない。

第二に、正田満三郎（元）判事は、小野博士の所説の影響を受けつつ、行政法規の合目的性、構成要件の形式犯化といった行政犯の特質に着目され、故意責任の過失責任化、過失責任の故意責任化（補充性の払拭）という観点から、「故意犯・過失犯に共通する反規範性が融合された形で形式犯において端的に表現され、両者の責任形式の別（ママ：甲斐）もその実質的意味において……解消する」(53)、と主張された。「このように考えると、行政刑罰法規が一定の行為を形式犯として構成すると解すべき合理的な根拠——それは軽々に断じうべきものではなく、所詮は意識的に問題解決を志向する判例の累積にまたねばならぬことはもちろんであるが——が認められるかぎり、そこから、構成要件該当の行為意味の認識理解を不注意により欠いたという義務違反によって、行為は構成要件該当の意味を充足すると同時に違法性推定の根拠となり、ここに故意責任を認むべき基礎条件が具わる」(54)、というわけである。この説に対しては、「行政犯の形式犯性を根拠にして故意・過失の責任形式の融合を説きながら、過失的態度が形式犯において故意責任とみられるのは、当該行政法規の妥当領域に限られる、とする限界づけがやや不明確」(55)との中谷瑾子教授による適切な批判もあるし、何よりも第一説との実質的区別ができず、やはり絶対責任に近い結論になるように思われる。現に、正田（元）判事は、処罰肯定判例をほとんど支持されているのである。(56)

そこで第三に、八木胖検事は、単なる取締目的ではなく、法規の性質、国家の意思、立法者の主旨を考慮して処罰を肯定しようとされ、(57) 中谷瑾子教授は、「当該条規と他の規定との綜合的、合理的解釈によって過失犯処罰の法意を窺うことができる場合には、積極的に過失処罰の法意を認定してさしつかえない」[58]、とケース・バイ・ケースの積重ね方式を主張される。しかし、八木検事の考えは、内容不明の「国家の意思」が前面に出やすく、やはり第一説と大差ないであろうし、中谷教授の考えは、判例の集積に期待するとのことだが、判例に追随して判例に対する批判的視角が弱くなる可能性もあり、いずれも問題がある。

一六　かくして、第四に、いくつかの見解は、何らかの基準を設ける方向に向かう。その先駆は、行為の態様、業務者の責任、刑の種類の三つの契機を呈示した前述の小野博士の見解であった。しかし、前二者については、先の中野判事の指摘のように、立法論の根拠としてはともかく、現行法の解釈としては理由不足というほかなく、また、中谷教授が指摘されるように、「行政犯のほとんどが形式犯化されているとき、形式犯かどうかを過失処罰認定の基準とすることは、行政犯については原則として明文なくして過失を処罰する法意を含むと解することに他ならない結果になる」[59]、と言わざるをえない。さらに、刑の種類についても、中谷教授は、正当な批判をしておられる。すなわち、「故意犯のみを規定しながら罰金以下の刑が選択刑として認められるものがあり（例えば、暴行罪、傷害罪など。また侮辱罪などは故意犯でありながら拘留・科料に限定されている）、反対に過失犯でも例えば業務上過失致死傷などは禁錮刑が規定されているなど、必ずしもわりきれないものがある。自由刑のみを科している行為に対する規定は過失犯に適用されるべきではない、と消極的な判断はなしえても、罰金以下の刑のみを規定したもの、または罰金以下の刑が選択刑として規定されていることをもって、当該法規が故意犯だけでなく、同時に過失犯をも処罰の対象としているとする積極的な理由づけにはならないであろう」[60]、と。結局、小野博士の見解は、中森喜彦教授が指摘されるように、「適用の実際において、行政法学者の見解と異なるものではない」[61]、といえよう。

そこで、戦後の見解は、より厳格な基準設定に向かう。例えば、藤木英雄博士は、行政における私人の積極的協力義務を中心に据えて議論を展開された。すなわち、「積極的協力義務は、行政目的の実現のために一定の行為がなされることを期待し、消極的協力義務は、同じ目的のため一定の行為をしないことを期待するものであるが、過失犯を罰するということは、注意義務の履行を刑罰をもって強制することであり、私人に対して積極的協力義務を課したものである。したがって、過失犯処罰の法意を是認しうるためには当該構成要件が、行為者に対して、積極的協力義務としての注意義務を課するものであることが平易に了解できるものでなければならない[62]」。「要するに、行政庁の許可処分の条件として許可により利益を受ける私人が行政庁に対して負担する積極的協力義務——作為義務——の不履行については、その義務の履行の前提となる最小限度の注意義務——確認義務——の違反があるときには、その限度で、過失犯を処罰する旨の明文をまたず、過失による違反を処罰しうるものということができる。この義務は、届出、記帳、証明書携帯等の形式的性格のものであるのが通常であるが、必ずしも業務上の義務に限定する必要はなかろう[63]」、と。この論拠から、前述のように、外国人登録証不携帯や古物営業法上の記帳義務違反についての処罰を肯定されたのである。また、「これに対して、銃猟禁止区域内における銃猟、追越禁止区域内における追越、不衛生食品の販売等のごとく、私人が、許可の条件として行政庁に対して負担する特別の協力義務違反ではなく、一般人に対しても等しく課せられる性質の義務とくに消極的協力義務違反に止まるものについては、とくに過失犯を罰する旨を明示しない限り、過失犯を罰することは許されないものと解すべきである。また、積極的協力義務であっても、特別の許可による営業者以外の一般国民に対する各種申告・届出義務のごとく、一般国民が一方的に負担を課せられる性質の義務については、過失犯を罰する旨の明文が存しないかぎり、過失犯を罰しないものと解すべきである[64]」、と説かれたのである。

この見解は、小野博士や正田（元）判事の見解と発想において類似するところがあるとはいえ、この問題についてかなり掘り下げた論理展開をしており、注目に値する。何よりもわが国の行政の実態を踏まえているところが強みでもあるが、反面、行政優位の姿勢が看取されるようにも思われる。

しかし、この見解に対しても即座にいくつかの説得的批判が出された。まず、正田（元）判事は、「いったい、何故に積極的協力義務が行政上の許可という私人に対する利益賦与行為の対償としてこれと結合するのであろうか。また、何故にそれがとくに不作為犯の作為義務または過失犯の注意義務と親近性を持つのか、何を積極的協力といい、何を消極的協力というのかの基準が明らかでないのみならず、その協力義務が行政庁の許可と作為義務（及びその前提となる最小限度の注意義務—確認義務）との結合を媒介とすることについての論証が充分でない[65]」、と批判された。また、中谷瑾子教授も、「旧道路交通取締法施行令二三条によって追越禁止区域で追越しが禁止されるのは自動車および原動機付自転車に限られ……かつその自動車を運転するためには免許を必要とし……原動機付自転車を運転するためには許可を必要とする……のであるから、国民一般に義務負担が課せられているとはいえない場合であったのではなかろうか。又、銃猟法違反……についても、銃猟行為が銃砲の所持、狩猟の両行為につき許可または免許を要する……ものである点で、追越禁止違反と同じ法理が働くといえるのではなかろうか……」として、積極的協力義務と消極的協力義務の区別の不明確性を指摘され[66]、福田平教授も、同様の指摘をされた[67]。藤木博士の工夫にもかかわらず、これらの批判はいずれも甘受せざるをえないものであり、また、その行政優位の姿勢のあまり義務思考が前面に出ており、その存在根拠たる法益の内容の吟味および罪刑法定主義感覚が手薄になっている、と言わざるをえない。

ところが、藤木博士に先立って、異なった視角からこの問題に取り組まれたのが、井上正治博士であった。井上博士は、行為の刑事学的実態を解釈の資料にしようとの立場から、食品衛生法四条違反事件判決（判例㉞）を論評された際、次のように論じておられる。例えば、贓物牙保と贓物故買との既遂時期の差異は、「牙保と故買との刑事学的実態の相違からくるものであって、行為の刑事学的実態をはなれては、法の解釈はできないことをいみじくも示唆することになる。のみならず、いわゆる目的行為論は、行為を生きた全体として捉え社会学的な犯罪類型への路を形づくるところに、その主張にひそむ興味がみられるのであった。そうであれば、行為の類型的意義を刑事学的に考察して、不携帯なる行為は過失による場合が本来の姿であると解釈することは、決して特異な解釈の方法ではない。こういう解釈方法は、その限りにおいて、被告人に不利益な類推を認めたことではない。罪刑法定主義はもちろん刑法の根本原理ではあるが、一九世紀的な誇張に堕しては批判を免れ得ない。判旨にいわゆる『個々の犯罪に関する規定の解釈上故意を要しない主旨が確認し得られる場合』とは、結局、行為の刑事学的実態から、その規定が過失犯を予想したものと考えられる場合のことだと解釈し得るとすれば、その意味するものもかなりはっきりして来る[68]」、と。こうして、井上博士は、過去の判例の検討の結果、明文がなくても過失犯を処罰しうるのは不携帯罪だけであるとして、食品衛生法違反罪については処罰を否定された[69]。

この井上博士の見解は、方法論的に斬新なものを含むだけに、学説・実務にかなりインパクトを与えたが、それだけに批判も受けた。まず、正田（元）判事は、「このような解釈方法も畢竟それが実証科学としての刑事学に基礎をもつものである以上、立法者の内心的意思の探求方法としてはとも角、規範の学としての刑法解釈については一つの手掛かりを供するにとどまり、決定的な解釈基準を示すものではない[70]」、と批判され（例えば、自転車の無燈火運転）、また、中谷教授は、「生きた法の解釈としてそれ自体正当」だとしつつ、「殆んど故意犯が考えられない場合、または逆に殆んど過失犯が考えられない場合の処置は明確になしうるが、行為形態として故意犯も過失犯もともに考えられる、という場合が問題になる[71]」、と疑問を提起された。さらに、福田平教授は、「例えば、外国人登録証不携帯罪についてみると、現行の外国人登録法は、一八条一項七号で、登録証明書の不受領、不携帯、提示拒否、受領妨害を列挙し、いずれも一年以下の懲役・禁錮または三万円以下の罰金に処するとしているが、これら同一条項の七号に列挙された構成要件的行為のうち、おそらく不携帯以外は、過失による場合は殆ど考えられないから、不携帯だけが過失による場合も故意と同じく処罰されると解することになろうが、こうした解釈は構成要件の解釈として不自然ではなかろうか」[72]、と指摘された。

確かに、個々の刑罰法規の解釈を詰めていくと、右のような矛盾に遭遇せざるをえないであろう。しかし、それよりも、刑事学的実態優先のために罪刑法定主義を犠牲にするという姿勢そのものが問われるべきである。刑事学的実態の考慮は刑法解釈論上重要であるが、本問題のような場合、立法論として考慮すべき要素ではなかろうか。しかも、行為の刑事学的実態のみならず、保護法益の適格性の有無の判定についても考慮しないと不十分である。

結局、一定の統一的基準を設定しようとする努力は、十分に成功しないまま、学説は、むしろ個々の刑罰法規の解釈にその解決基準を求めることになる。とはいえ、藤木博士や井上博士の見解は、なお今日まで影響力を有している。例えば、藤木博士の見解は、板倉宏教授を経て（但し、藤木説より限定的で、例えば、業務主の監督不行届のように行為の性質上故意を要しないことが明白である場合に限る）[73]、船山泰範講師〔現・教授〕に継受されている。すなわち、船山講師は、積極的協力義務として協力義務の区別基準を維持しつつ、「具体的判断にあたっては、当該状況の違背が、市民生活の安全の確保という面からみて、重大な影響を与える可能性を有しているかどうか、という観点を付け加えて明確化を図ろうとされる。[74]そして、具体例として、「過失による登録証・免許証不携帯の罪については、刑事制裁の対象とすること自体問題である」[75]、と興味深い見解を述べておられる。藤木説を進展させるものとして評価しうるが、「市民生活の安全の確保」を明確にしない以上、「取り締まる事柄の本質に鑑み」という図式と同じ欠陥を背負い込む危険性もある。また、他方で立法による解決を主張されながら、「過失処罰の明文規定がないからといって、実態上、故意よりはむしろ過失によって犯される場合が本体だと解される場合につき、過失処罰を認めないとするのはあまりに杓子定規な解釈」だとし、「その意味で最高裁の判断をあえて否定する理由はない」[76]、と論じておられる点にも注意を払わざるをえない。

これに対して、田中利幸助教授〔現・教授〕は、罪刑法定主義を意識しつつ、「解釈論として、明文なくしてなお過失犯処罰を認めるのは、やはり明文による立法措置を採らなくてもその趣旨が明らかな場合で、他の刑罰法規解釈の場合より一層、処罰の趣旨が容易に読みとることができる場合に限定される」とし、「しかもそれは、規制を受ける国民一般の思考過程を経て、読みとりうるものでなければならない」（傍点筆者）との注目すべき観点から、「過失犯処罰を認める基準は、まず、当該刑罰規定の中から抽出されるべきで、他の規定との関連は考慮しないことが必要であ」る、なぜなら、判例56の高裁判決にみられるように、「法律全体の整合性・条約や現行法との関連といった、法律専門家にしか辿れない過程によって、一般には、処罰を拡張する方向に働くからである」[77]、と論じておられる。そして、諸説の検討の結果、井上博士の見解を有効な基準だとしつつ、藤木説に着目し、次のように結論づけられる。すなわち、「許可は特に認められたものであるから、その条件とされた義務に違反すれば、許可の取り消しという許可前の状態への復帰を越えた、何らかの制裁を受けることは、許可を受けた者としても予測されるからである。しかし、それは直ちに刑罰と結びつくものではない。また、違反の態様も種々でありうる。従って、刑罰規定の他には、当該違反に対して、その種の制裁規定がなく、しかもごく軽い負担さえも尽くさなかった場合に、刑罰規定の予定する場合は、限定される必要があろう。そのような場合は、実質的にみて、結局、許可条件とされた積極的協力義務の不履行で、その義務の履行の前提となる確認義務という軽い負担の不履行が過失犯としての成立をみる場合ということになり、第三の学説（藤木説―筆者）の基準に辿り着く。しかし、第二の学説（井上説―筆者）の基準を排除するものではない」[78]、と。

このように、藤木説と井上説は、田中助教授の見解によって一応の統合がもたらされ、説得力も増している。しかも、国民的視点を入れて、判例㊱に批判的であるなど、かなり限定的要素も加えられているものとして評価できる。ただ、田中助教授の見解に依拠した場合、例えば、過去の判例について具体的にどの範囲のものが処罰肯定可能なのかが明らかでない。また、かりに処罰を肯定する場合でも、その保護法益の適格性を問う契機が存在するのか、という疑問が残る。しかし、ともかく、一定の統一的基準を求める努力は、今日なお続けられているし、その方向性も一応評価しうる。ところが、今日、学説の大半は、個別的対応をしようとしている。

一七　第五に、その代表的見解としては、福田平教授の見解が挙げられる。福田教授は、行政刑法に関する体系書の中で、諸説の検討の後、「明文がなくても過失犯を処罰しうるかどうかは、結局のところ、当該法規の類型的意義・実現形態、当該構成要件を規定する法規の形式構造、法定刑、さらに当該法規と他の法規との関連などを総合的に判断して、当該構成要件が過失犯を規定したものとして認められるかどうかによって決定するほかない」[79]との結論に達している。具体的には、業務主処罰規定を挙げ、判例⑩については処罰を肯定され、判例⑦⑲53については処罰を否定されている[80]。また、大塚仁教授も、行政的刑罰法規の実効性を確保するために必ずしも明文の規定を必要としないとする前述の見解に対しては、罪刑法定主義に反する虞があるとして、「三八条一項にいう特別の規定とは、原則として、あくまで明文の規定を意味すべきであり、ただ、例えば、転嫁罰規定や業務主の責任を認める両罰規定などにおけるように、個々の構成要件上、過失犯をも処罰しうる趣旨が明らかな場合に限って、例外的にその処罰を認めることができる」、と主張され、大正デモクラシー期の大審院判例の立場を支持される[81]。団藤重光博士も、「過失により」とか「火を失して」というような「明文がなくても、積極的な解釈上の根拠があれば過失犯と考えることができるばあいが絶無ではなかろう。しかし、三八条一項但書――さかのぼれば、罪刑法定主義――からいって、その解釈はきわめて慎重であることを要する」[82]、と断言される。

これらの説は、明文なき過失犯処罰肯定をごく例外として考えており、確かに、大正デモクラシー期の大審院判例や戦後の下級審無罪判例と同列にあると解される。罪刑法定主義を可能なかぎり尊重しようとする態度は、十分に評価されねばならない。しかし、福田教授のように、構成要件の解釈を中心にされることはよいとしても、その際に、当該法規と他の法規との関連をも持ち出すとすれば、田中助教授が批判されたように、「法律専門家にしか辿れない過程によって、一般には、処罰を拡張する方向に働く」[83]ことにならないであろうか（例えば、判例㊿）。判例の動揺をみるかぎり、その懸念は払拭できない。また、福田教授や大塚教授が挙げている業務主処罰規定については、最近、荘子邦雄教授が鋭い批判を展開しておられる。すなわち、明文なき過失犯処罰の問題と業務主処罰規定の問題とは、「前者の問題においては、『規定の解釈』を通じて『明文の規定』なしに『過失』をも処罰し得るかと問うものであり、『解釈』を通じて処罰規定の創設・拡張の是非を問うものであり、『規定の解釈』を通じ、『無過失責任』ないし『転嫁責任』を排斥し、業務主の処罰根拠じたいを問うものであり、『規定の解釈』を通じ、『無過失責任』ないし『転嫁責任』を排斥し、『少なくとも過失責任』を要請しなければならないと主張することによって、処罰範囲の制限を高張するものである。従って、『罪刑法定主義』の原則における本来の精神に立脚すれば、前者の問題においては、裁判官の『解釈』を通じ『明文の規定』なしに『過失』処罰規定を『創設』するという、『刑法理論』上、極めて重大な問題を問うのに反し、後者の問題においては、『業務主処罰規定』に関する『解釈』を通じて『処罰範囲の制限』を試み、『刑罰法の創設』と反対に、『処罰範囲の拡大』を『阻止』する理論を展開するのである。従って、『特別刑法犯』において『明文の規定』なしに『過失』を処罰し得るかと問うことと、『業務主処罰規定』において『少なくとも過失責任』を要請しなければならないと主張することは、『過失』処罰の要否を共通の根とする点において、あたかも同一次元に属する観を呈するとはいえ、両者の問題の間には『本質的差異』が存在するのである」[84]、と。この批判に、福田教授、大塚教授はどう答えられるのであろうか。

一八　かくして、第六に、最近の有力な学説は、正当にも、より厳格な立場へと進んでいる。例えば、中森喜彦教授は、「制裁として刑罰を規定し、警察に始まる刑事司法機関にその運用を委ねることが行政目的の達成に有効・妥当なものであるかが問い直されるべきであ」り、「また、軽微な刑罰の広範な利用は、法の遵守を確保する手段として必ずしも賢明なものではな」く、「それ故、刑事法の原則に従って、行政犯においても、過失犯の処罰には法規に現れた形式的根拠を要求すべきである」[85]、と主張される。この主張には、重要な核心部分が含まれている。われわれも、基本的にはこの線で考察を進める必要がある。しかし、残る問題は、「法規に現れた形式的根拠」の把握の仕方である。中森教授自身は、判例(56)の二審判決について、「解釈上の形式的根拠ともいうべきものが掲げられている」として(旧海水油濁防止法五条一項、七条一項二号、海水油濁防止条約一条一項)、「過失犯処罰に形式的根拠を要求する見解によってもその結論が是認されうる」[86]、と言われる。しかし、これは、当然、福田教授らに加えられた田中助教授による批判を甘受せざるをえないであろう。

中森説に近いが、平野龍一博士は、「『特別の規定』というためには、明文でないにしても、法律に形式的な根拠がなければならない」との立場から、次のように主張される。すなわち「例えば、『人を傷害した』という規定だけをみると、傷害の故意がある場合に限ると解釈するほかないようにみえるが、暴行罪に『傷害するに至らざるとき』という規定があるから、傷害するに至ったときは、傷害罪の規定を適用する趣旨がうかがわれるのである。したがって『明文』はないが、『特別の規定』と解することができる。しかし、たとえば古物商は、記帳したことを『確認すべきであり』、確認しなかったときには処罰できるとして、判旨の結論を支持することは困難であろう。というのは、法は、『確認せよ』とは規定していないのであって、『不確認』という行為を処罰するのは、やはり罪刑法定主義に反する。それだけでなく、かりに『不確認』を処罰するにしてもそれは故意の不確認に限られるのであろうから、過失による不確認を処罰する『特別の規定』があるかという問題はいぜんとして残るのである[87]」と。こうして、最高裁の判例⑳および㊲について、「『取締まる事柄の性質に鑑み』というだけで、『特別の規定』があることにはならない」として、「最高裁判所は、いま一度判例を変更すべきである[88]」と主張されたのである。平野博士がその後の判例㊻についていかなる判断をされるのかは明らかでないが、この見解も、やはり法律家の立場でこそ理解可能であろうか。また、平野博士が早い時期に、メチル・アルコールの販売を例に出して、行政といえど明文のないかぎり故意犯のみを処罰するとしつつ、英米のパブリック・ウェルフェア・オフェンスを参考にして、故意のなかったことについて被告人に立証責任を負わせようと提唱をされたことも、自ら認められるように、「現実には、故意だけしか処罰の必要がないのに、たまたま立証に失敗したものは過失でも処罰されるのは不当だという批判、偶然の理由で処罰・不処罰が左右されることになるのはおかしいという疑問は免れない[89]」であろう。

一九　そこで、第七に、最近、それをより徹底して、明文規定が必要であると説く立場が出されている。戦前にも前述の瀧川博士の見解や不破博士の見解があったし、戦後では、いち早く木村亀二博士が「刑法第三八条第一項の規定の適用を排除する場合は必ず明文上特別の規定がある場合にかぎらねばならない[90]」と説かれていた。また、井上祐司教授と真鍋毅教授はそれぞれ論文の中で[91]、中山研一教授[92]と内田文昭教授[93]はそれぞれ教科書の中で、この考えを示唆しておられる。さらに、大谷實教授は、教科書の中で、「三八条一項の趣旨および罪刑法定主義の精神からみて、明文の規定が必要であると解する」[94]、と明言され、荘子邦雄教授も、教科書の中で、「行政的刑罰法規における取締りの『趣旨』を拡大すれば、但書にいう『特別ノ規定』は無用に帰し、罪刑法定主義の原則に背反する。行政上の取締目的に照らして過失を処罰する必要性を痛感する以上、明文をもって過失処罰の規定をかかげるべきである。解釈によって恣意的に過失処罰の範囲を拡大することは、妥当ではない」[95]、と論じられ、しかも別の論稿において判例・学説を、（イ）明文規定必要説、（ロ）趣旨確認説、（ハ）当然処罰説、に分類して、（イ）の立場から入念な検討を加えておられる[96]。これにより、この問題は、格段の進展をみた。また、内藤謙教授も、最近の論稿において判例・学説を検討され、次のように説かれる。すなわち、「問題は、明文規定の要否を考えるときの『明文』の意味である。それを『過失により』などに限定された、明示的な文言と解するとき、たしかに、必ずしも明文を要しないということになろう。が、『明文』の意味は、通常明白に示された条文ないし法規を意味する。そのように解するとき、過失犯を処罰する『特別ノ規定』があるというためには、個々の刑罰法規において過失による行為をも処罰することが明白に規定されているということを要するという意味で、常に明文を必要とするというのが妥当ではなかろうか。『特別ノ規定』があるかどうかは、実質的な考慮の問題ではなく、法規に形式的に規定された根拠があるかどうかの問題だからである」[97]、と。

このように、きわめて厳格なレベルでの議論が行われ始めたのは、実に好ましい傾向である。特に荘子教授と内藤教授の議論は、質的にも結論的にもわれわれが目ざすべき方向性を示しているように思われる。しかし、内藤教授の見解は、先の中森教授や平野博士の見解と実質的にどこが異なるのかが不明な部分もある。また、荘子教授の見解についても、「行政上の取締目的に照らして過失を処罰する必要性を痛感する」判断主体および基準が明らかにされなければ、「明文さえ設ければ解決になるのか」、という逆の疑問も出てくる。

かくして、われわれは、いままで延々と行ってきた判例・学説の分析・検討から、この問題は単なる解釈・立法技術論の問題のみではなく、むしろ法益保護と行為主義・罪刑法定主義・責任主義との衝突の問題をも含むものであり、これをいかにして調和させるかを考えなければならない段階に来ていることを痛感するのである。そこで、つぎに、その試論を展開することにする。

(30) 福田平「道路交通法違反と過失犯の処罰」ジュリスト『行政判例百選Ⅱ』(一九七九)四二七頁。同旨、真鍋毅「道路交通法七〇条、一一九条二項・一項九号は過失犯処罰規定を欠く同法の他の各条の義務違反の罪に過失犯たる内容を有する行為にも適用されるか」判例タイムズ三〇二号(一九七四)九六頁以下、特に一〇〇―一〇一頁。これに対して、判旨に賛成するものとして、小田健司「道路交通法七〇条、一一九条二項・一項九号は過失犯処罰規定を欠く同法の他の各条の義務違反の罪の過失犯たる内容を有する行為にも適用されるか」法曹時報二五巻七号(一九七三)一五六頁以下、特に一六三頁以下参照。
(31) 中野・前出注(23)六四頁。
(32) 中野・前出注(23)六七―六八頁。
(33) 中野・前出注(23)六八頁。
(34) 中谷瑾子「外国人登録証不携帯罪は過失犯も罰する」ジュリスト『続判例百選』(一九六〇)一〇三頁、同『新版』(一九六五)一五三頁。
(35) 中谷・前出注(34)『新版』一五三頁。
(36) 藤木英雄「行政犯と刑法三八条一項」警察研究三四巻二号(一九六三)(同著『過失犯の理論』(一九六九・有信堂)三七〇頁)。
(37) 藤木・前出注(36)『過失犯の理論』三七一頁。
(38) 田原義衛「一、古物営業法第一七条にいう『その都度』の意義　二、同法第二九条第一七条の法意　三、同法第二九条、第一七条の合憲性」法曹時報一四巻七号(一九六三)一六八頁。
(39) 田原義衛「一、銃猟の場所が銃猟禁止区域に属することを知らなかったことは銃猟法違反罪の故意を阻却するか　二、銃猟の場所が銃猟禁止区域に属することを知らなかったことにつき過失があった場合と銃猟法違反罪の成否」判例タイムズ一四〇号

（一九六三）五九―六〇頁。

(40) 板倉宏「過失犯を罰する場合」ジュリスト『刑法判例百選（新版）』（一九七〇）七五頁。

(41) 八木胖「行政的刑罰法規と過失犯――道路交通取締法違反についての東京高裁判決を機縁として――」法律のひろば一二巻八号（一九五九）一九―二〇頁。なお、同「行政刑法」『刑事法講座第一巻』（一九五二・有斐閣）九四頁以下参照。

(42) 木宮高彦『道路交通取締法規の研究』検察研究資料六六号（一九五六）特に五九頁以下、同「道路交通法規の問題点について――道交法の改正に寄せて――」ジュリスト一九四号（一九六〇）八頁以下、特に一二頁。

(43) 沼尻芳孝「運転免許証不携帯罪（道路交通取締法第九条）に過失犯が成立するか」ジュリスト一八四号（一九五九）三三頁以下、特に三五―三六頁。

(44) 沼尻・前出注（43）三五頁。

(45) 沼尻・前出注（43）三五―三六頁。

(46) 詳細については、前田宏「新『道路交通法』における過失犯について」警察研究三一巻一一号（一九六〇）一九頁以下、長山頼興「道路交通法の『過失犯』処罰規定の問題点」警察学論集二六巻一一号（一九七三）八一頁以下参照。なお、道路標識に関する問題については、三井誠「道路標識による交通規制と刑事責任」『団藤重光博士古稀祝賀論文集第三巻』（一九八四・有斐閣）三五五頁以下参照。

(47) 前出注（30）を見よ。

(48) 本決定に関する評釈としては、甲斐・前出注（2）のほかに次の文献がある。田中利幸「船舶の油による海水の汚濁防止に関する法律三六条、五条一項と過失犯」ジュリスト『昭和五七年度重要判例解説』（一九八三）一六〇頁以下、板倉宏「過失犯の処罰と明文の要否」ジュリスト『刑法判例百選Ⅰ総論［第二版］』（一九八五）一二八頁以下、〔土本武司・同上［第三版］（一九九一）一〇八頁以下、松原芳博・同上［第四版］（一九九七）一〇六頁以下、本間一也・同上［第五版］（二〇〇三）九八頁以下〕、田中清「船舶の油による海水の汚濁の防止に関する法律三六条、五条一項と過失犯」法曹時報三七巻一一号（一九八五）三四〇頁以下、古田佑紀「過失犯処罰の明文の規定のない旧海水油濁防止法三六条につき、過失犯を処罰する趣旨であるとした例」警察研究五七巻一二号（一九八六）七二頁以下、鈴木晃「船舶の油による海水の汚濁の防止に関する法律三六条、五条一項と過失犯」中京法学二一巻三＝四合併号（一九八七）八四頁以下。なお、第一審判決の評釈として、中森喜彦「過失犯を処罰する場合――海水油濁防止法五条一項、三六条――」同志社法学三二巻六号（一九八一）五八頁以下、また、差戻前の特別抗告棄却決定（東京高裁昭和五二・五・九）については、内田文昭「『船舶の油による海水の汚濁の防止に関する法律』三六条・五条一項と過失犯の処罰」判例評論二三二号四五頁（判例時報八八三号一五九頁）以下がある。
(49) 田中・前出注（48）一六二頁、板倉・前出注（48）一二九頁、さらに、鈴木・前出注（48）八七頁をも参照。
(50) 中森・前出注（48）六七―六八頁。
(51) 旧法および新法の立法経緯の詳細については、運輸省海洋汚染防止法研究会編『海洋汚染防止法の解説』（一九七五・成山堂）一頁以下参照。なお、この点に関連して、弁護人上告趣意も参照している「おとひめ丸」事件第一審判決の理由づけ（刑裁月報三巻一〇号特に一四一〇―一四一一頁）参照。
(52) 田中二郎『行政法総論』（一九五七・有斐閣）四一五頁。金子宏「行政犯における過失」ジュリスト三〇〇号『学説展望』（一九六四）一〇七頁も同旨か。
(53) 正田満三郎「行政犯における故意・過失――主として責任形式の融合と責任の分化の側面から――」判例タイムズ一五六号（一九六四）一九頁。同旨、西村克彦「過失犯の形態論」警察研究三六巻一〇号（一九六五）三頁以下（同著『犯罪形態論序説』（一九六五・有信堂）二一九頁以下所収）。
(54) 正田・前出注（53）一九頁。
(55) 中谷瑾子「行政犯と過失の処罰」日沖憲郎博士還暦祝賀『過失犯（1）――基礎理論』（一九六六・有斐閣）二五一頁。
(56) 正田・前出注（53）二三頁以下参照。
(57) 八木・前出注（41）「行政刑法」九六―九七頁。
(58) 中谷・前出注（55）二六三頁。
(59) 中谷・前出注（55）二五六頁。
(60) 中谷・前出注（55）二五七頁。
(61) 中森・前出注（48）六五頁。
(62) 藤木・前出注（36）三六七―三六八頁。
(63) 藤木・前出注（36）三六九頁。
(64) 藤木・前出注（36）三七一―三七二頁。なお、同『行政刑法』（一九七六・学陽書房）八五頁以下、特に八八頁以下および同『刑法講義総論』（一九七五・弘文堂）二三一頁以下では、処理を忘却犯に限定している。
(65) 正田・前出注（53）一八―一九頁。
(66) 中谷・前出注（55）二六〇―二六一頁。

(67) 福田平『行政刑法〔新版〕』（一九七八・有斐閣）一六二―一六三頁。
(68) 井上正治「食品衛生法違反罪と過失犯」判例評論五二号〔判例時報三一二号〕（一九六二）七頁。
(69) 井上・前出注(68)八頁。西原春夫『刑法総論』（一九七五・成文堂）一七一頁も、井上説に近い。
(70) 正田・前出注(53)一八頁。
(71) 中谷・前出注(55)二五八頁。
(72) 福田・前出注(67)一六〇―一六一頁。
(73) 板倉・前出注(40)七五頁、同・前出注(48)一二九頁、同「経済事犯と過失」ジュリスト三〇〇号『学説展望』（一九六四）三九三頁。
(74) 船山泰範「行政犯と行政刑法」中山研一＝西原春夫＝藤木英雄＝宮澤浩一編『現代刑法講座第一巻：刑法の基礎理論』（一九七七・成文堂）二六八頁。
(75) 船山・前出注(74)二六六頁。
(76) 船山泰範「過失の性質・種類」西原春夫＝宮澤浩一＝阿部純二＝板倉宏＝大谷實＝芝原邦爾編『判例刑法研究3　責任』（一九八〇・有斐閣）一六六頁。
(77) 田中・前出注(48)一六二頁。
(78) 田中・前出注(48)一六二頁。
(79) 福田・前出注(67)一六三頁。
(80) 福田・前出注(67)一六四頁以下および一六六―一六七頁注(三)(四)および福田・前出注(30)四二七頁。
(81) 大塚仁『刑法概説（総論）〔改訂版〕』（一九八六・有斐閣）一二五頁〔『第三版』（一九九七）一二五頁〕。植松正『再訂刑法概論Ⅰ総論』（一九七四・勁草書房）二四〇頁も同旨か。
(82) 団藤重光『刑法綱要総論〔改訂版〕』（一九七九・創文社）三一二頁〔『第三版』（一九九〇）三三六頁〕。
(83) 田中・前出注(48)一六二頁。
(84) 荘子・前出注(5)三九八頁。
(85) 中森・前出注(48)六六頁。
(86) 中森・前出注(48)六七―六八頁。同旨、古田・前出注(48)七六頁。
(87) 平野龍一『刑法総論Ⅰ』（一九七二・有斐閣）七九頁。

(88) 平野・前出注(87)七八―七九頁。〔萩原滋「過失犯処罰と明文規定の要否」愛知大学法学部法経論集一四三号(一九九七)一〇一頁〔同著『罪刑法定主義と刑法解釈』(一九九八・成文堂)二七七―二七八頁〕も、平野説と同旨と思われる〕。
(89) 平野龍一「刑事訴訟における推定」法協七四巻三号(一九五七)一七頁、同著『裁判と上訴』(一九八二・有斐閣)七二頁。批判について、井上・前出注(68)六―七頁参照。
(90) 木村亀二『刑法総論』(一九五九・有斐閣)七九頁。定塚道雄「過失犯に関する一考察」刑法雑誌一四巻一号(一九六五)五―六頁も同旨か。
(91) 井上祐司・前出注(4)『行為無価値と過失犯論』三八九頁注(4)および真鍋毅「行政犯と過失」法学セミナー一九七四年五月号一〇一頁(同著『現代刑事責任論序説』(一九八三・法律文化社)三二一―三二二頁)参照。
(92) 中山研一『刑法総論』(一九八二・成文堂)三七五頁および三七七頁注(1)。
(93) 内田文昭『改訂刑法Ⅰ(総論)』(一九八六・青林書院)五頁。なお、同・前出注(48)一六一―一六二頁参照。例外の余地を示唆する。
(94) 大谷實『刑法講義総論』(一九八六・成文堂)一六〇頁〔同『新版・刑法講義総論〔追補版〕』(二〇〇四)二〇七頁でも、表現は変わっているが、基本的立場は堅持されている〕。同旨、鈴木・前出注(48)八八頁。
(95) 荘子邦雄『刑法総論(新版)』(一九八一・青林書院新社)三一七頁。
(96) 荘子・前出注(5)三八一頁以下。
(97) 内藤・前出注(5)三七―三八頁。

三　法益保護と行為主義・罪刑法定主義・責任主義の衝突から調和へ

一　行政刑法にかぎらず、刑法全般が法益保護をその重要な任務のひとつにしていることについては、現在、大方の了解がある。しかし、かつて指摘したように、「法益保護」というのも、これを厳格に解釈しなければ、濫用される危険がある。(98)それは、特に行政刑法や特別刑法の領域で生じやすい。本章において判例分析をしたかぎりでも、法益保護原理が行為主義・罪刑法定主義・責任主義といった基本原理と衝突し、場合によっては後者を凌駕していることが確認される。

第一に、保護「法益」が不明確な場合には、例えば、新聞紙法違反事件に関する判例⑪⑫⑬⑭や要塞地帯法違反事件に関する判例⑲にみられるように、言論・思想・表現の自由を侵害するものは、何よりも行為主義そのものに抵触するし、もちろん罪刑法定主義および責任主義にも抵触する。総じて治安立法的色彩の濃い刑罰法規にはその可能性が高く、明文の要否という問題を議論する以前に、絶対責任肯定に向かう要素が多分にあるといえる。これは、大問題である。行為主義堅持は近代刑法の大前提である。

第二に、そうでなくとも保護「法益」の曖昧さを内包するものが多く、そもそもその適格性さえ疑わしいものがある。例えば、判例⑳㉑㉒㉓㊾㊿の外国人登録証携帯義務違反、判例㊷㊼㊺の自動車保険標章・保険証明書備付義務違反、自動車検査標章表示義務違反、場合によっては判例㉔㊳㊴で有罪とされた運転免許証携帯義務違反についても、「外国人の適正管理」とか「交通の安全」といった抽象的な「法益」しか読み取れず、それを刑法上の保護「法益」と解するのは、問題があるように思われる。ましてや、それを故意犯のみならず、明文がないまま過失犯にまで拡大解釈するのは、罪刑法定主義および責任主義に反する。その意味で、判例㉕㉖㉙㉛㉜㉝㉟㊸㊺の否定判例を評価すべきである。

第三に、かりに保護「法益」が明確で重要でも、罪刑法定主義や責任主義と衝突しうる。例えば、「公衆の衛生・健康」、場合によっては「生命」などが保護法益の場合（判例①⑮⑯⑰）、あるいは人間を含めた動植物の生態系の保護まで射程に入れた「海洋環境」が保護法益の場合（判例㊾㊼）も、明文規定がない以上、処罰は差し控えるべきである。この点に関するかぎり、藤木博士が、「行為の態様が過失になじむため、故意の立証が困難であるとか、保護法益が重大であるといった事情は、過失犯を処罰する旨の立法の必要性、妥当性を根拠づけはするが、解釈論としては成り立ち得ない。この説明は、結局、行政犯の処罰については当然に過失があれば足りるとする見解に達してしまうからである」[99]、と指摘されたのは、正鵠を射ている。法益保護の過度な強調は、罪刑法定主義や責任主義と衝突しやすい。その意味で、判例④⑥⑦⑧⑨㉞は、特に評価に値する。また、判例㊷㊻でみられた条約遵守は、確かに重要であり、憲法九八条二項の要請するところではあるが、罪刑法定主義も憲法三一条の要請する重要な人権保護規定であることを忘れてはならない。条約を国内法制化するとき、留意すべき事項である。ましてや立法審議過程における大臣の国会答弁などは、刑法の解釈論の論拠としてはあまりに間接的である。この問題に関するかぎり、現在ある法規こそが根拠でなければ意味がない。その点、新法で明文化が行われたことは、評価に値する。

二　それでは、このような、法益保護と行為主義・罪刑法定主義・責任主義の衝突を回避して「調和」の方向に向かうにはどうすればよいのであろうか。もちろん、「調和」が容易でないことは承知のうえだが、もはやそれを黙認するわけにはいかない。せめて基本的視座だけでも呈示する必要がある。そして、それは、実はかなりの部分、本章での判例・学説の分析・検討の中で確認できたものである。

まず第一に、判例㊺を想起する必要がある。同判例は、「行政刑罰法規は、一般刑罰法規に比して、制裁の内容が軽いものが多いとはいえ、なお刑罰をその制裁手段としているし、またその性質上、一般刑罰法規よりも、国民の日常生活に広範なかかわりを持つ側面もあることを考えると……解釈の基準については厳格性が要求されるというべきで、行政目的の達成ないし取締目的の実現という合目的な観点からその処罰の範囲を拡張することは慎重になされなければならない」、と説く。これは、問題の核心を衝いた言葉である。そして、「制裁として刑罰を規定し、警察に始まる刑事司法機関にその運用を委ねることが行政目的の達成に有効・妥当なものであるかどうかが問い直されるべきであ」るとの先の中森教授の指摘も、ここに結び付けられる必要がある。制裁内容が軽いとはいえ、国民の日常生活に広範な関わりを持つ以上、刑事司法機関がそこに頻繁に干渉してくることには、国民にとっては大きな負担であり、かつリスクも多く、逆に、そもそもそういう刑事司法の干渉のあり方は、決して好ましいものとはいえない。それは、「福祉国家」に名を借りた「警察国家」ともいうべきものに帰着する。

第二に、そうは言っても、行政犯の中には国民の社会生活に著しい損害ないし影響を及ぼすものもあり、それは一種の身分犯であると解されるが、それでもなお行政犯処罰には刑法の基本原則堅持の姿勢が必要である。特に罪刑法定主義は、行為主義と並んで刑法の出発点でなければならない。身分犯を行う者も、法律解釈者としては素人である。その意味で、前述のように、田中利幸助教授が、「規制を受ける国民一般の思考過程を経て、読み取りうるものでなければなら」ないとして、「法律全体の整合性・条約や現行法との関連といった、法律専門家にしか辿れない過程」を経ることに警鐘を鳴らされたのは、傾聴に値する。この観点からすれば、やはり過失犯処罰については当該法規の文言自体に明確な根拠がなければならない、といえる。そして、それは、通常は「過失により」という文言が要求されようし、場合によっては、例えば、刑法一一六条のように「火ヲ失シテ」［現在では「失火により」］という具合に、それ自体で過失と判明するような文言までは許容されるであろう。他の文言との関連性とか立法趣旨などは、素人判断の枠を越える。従来の議論は、対象があまりに専門家中心の議論ではなかったか。「国民の眼」という視点を忘れては、罪刑法定主義は意味がない。そして、「明確性の原則」は、一義的には文言自体に根拠を求めざるをえず、それが不明確な場合には罪刑法定主義違反として当該処罰規定は無効になり、場合によっては憲法三一条違反となりうるであろう。このように明文が必要であると解する立場に対しては、「早計である」(100)とか「杓子定規な解釈」(101)との批判もあるが、例外が原則化しないうちに、その域から脱出する時期に来ているのではなかろうか。多くの論者が、「立法者の怠慢によって生じた不備を救うために無理な解釈をしなければならない理由はない」という中野次雄判事の名言を支持しつつも、なお例外領域を割合に認めていることに、立法府への働きかけの影響力の弱さの一因があるように思われてならない。それでなくても、わが国の立法府の対応は緩慢である［もっとも、二一世紀に入って、様相は変わりつつある］。しかし、諦めてはならない。運転免許証不携帯や油の排出の問題については、前述のように、道路交通法改正や海洋汚染防止法改正により立法的解決が図られているのである。水質汚濁防止法三一条二項についても同様である。その他、水産資源保護法四条を受けて設けられている各都道府県の（海面）漁業調整規則の「水産動植物に有害な物を遺棄し、または漏洩」することを処罰する規定にも、過失犯処罰の明文規定が望ましい。「立法処置は老婆心の過剰[102]」などと言ってはならない。

第三に、このような罪刑法定主義原則を堅持することは、必然的に責任主義・責任原理の堅持にも通じる。ドイツ刑法学の大家であるクラウス・ロクシンは言う。「フォイエルバッハによって『法律がなければ、犯罪も刑罰もない』という原則として表現された罪刑法定主義は、大部分の文化国家の刑事立法において承認されるに至ったが、これも、責任主義の刑罰限定機能と密接な関係を持っている。なぜなら、あらかじめ成文法を読むことによって自分の行動に刑罰が科せられることを知り得なかった者は、禁止を知ることができなかったのであって、その違反に対して責任を負うことはあり得ないからである。従って、責任主義は、構成要件の明確性、遡及処罰の絶対的な禁止および行為者の不利益なあらゆる類推の禁止を要請する[103]」、と。まさに刑法の基本原理の相互関係について正鵠を射た言葉である。これは、今日、行政刑法ないし特別刑法の分野でこそ強調されねばならないものである。

第四に、それでは、立法論として、明文規定を設けさえすればよいかというと、それも問題である。前述のように保護法益の適格性を吟味しなければ、「明文化の濫用」という事態にもなりかねない。故意犯のみならず過失犯までも処罰しようというからには、別稿でわれわれが定義したように、「国民の眼からみて、各人相互の実質的な共存条件確保のために不可欠の、明確にして因果的に変更可能な生活財」[104]に値する法益であることを要する。しかも、井上正治博士が提唱されたように、行為の刑事学的側面を考慮して当該法益侵害が過失犯になじむものでなければならないであろう。海洋汚染防止法五五条二項の立法例は、その典型である。このような要保護性ないし当罰性のほかに、危険犯の限定解釈も要求されるであろう。特に行政犯では抽象的危険犯と解されるものが多い。[105]この点については、食品衛生法四条の有毒・有害食品などの販売に関する広島高裁判決（判例㉞）が、「同条は単に販売行為だけでなく、販売の用に供するための採取、製造、輸入、加工、使用、調理、貯蔵、陳列等の準備的な行為をも禁止し処罰することを明らかにし、法益の侵害に対し刑法のそれよりは、より間接的で抽象的な危険をも処罰の対象としているのであるから、同条および同法三〇条の処罰規定を故意犯の場合に限るものと解釈しても、決して右各法条の存在価値を失わせ、あるいはこれを不当に減少させるものとはいえない」、と判示したのを想起する必要がある。そして、その前提として、保護法益を明確にしなければならないのである。結局、先に示した定義にあるように、本来、抽象的危険犯に過失犯を設けることは責任主義・責任原理の観点から認められない、と言うべきである。そして、その前提として、保護法益を明確にしなければならないのである。結局、先に示した定義にあるように、行政刑法といえども保護法益の適格性を有するには、何よりも因果的な現実的・事実的基盤を有する社会的実態であることが前提となり、それに社会侵害性が加わる必要がある。文言のみならず、保護法益の明確化こそ、行政刑法再編の重要な契機と思われる。それに基づいて、危険犯に名を借りた法益保護の「前置化」に対応していく必要があるものと思われる。[106]

三　もちろん、それ以外にも、行政刑法特有の真正不作為犯の再検討という課題がある。[107]本章ではそこまで言及する余裕はないが、以上のような基本的観点から、少なくとも、明文規定はないが過失犯処罰の必要性があると指摘されている四六〇余りの行政刑罰法規(108)への対応、および今後の立法への適切な対応、すなわち「調和」は、ある程度可能ではないかと考えられる。しかし、その「調和」は、相互の「緊張関係」の中で実現していかざるをえないであろう。

(98) 甲斐・前出注(3)「法益論の基本的視座」四一頁以下参照。
(99) 藤木・前出注(36)三六六頁。
(100) 板倉・前出注(40)七五頁。
(101) 船山・前出注(76)一六六頁。
(102) 正田・前出注(53)二六頁。
(103) クラウス・ロクシン「責任主義についての刑事政策的考察」同著(宮澤浩一監訳)『刑法における責任と予防』(一九八四・成文堂)五五―五六頁(井田良訳)。
(104) 甲斐・前出注(3)九五頁。
(105) 抽象的危険犯の問題点については、特に、岡本勝「『抽象的危険犯』の問題性」法学三八巻二号(一九七四)一頁以下、佐伯千仭「公安条例と抽象的危険犯(一)~(五・完)」法律時報四九巻三号(一九七七)~一〇号の連載、山口厚『危険犯の研究』(一九八二・東京大学出版会)一八九頁以下等参照。
(106) 甲斐・前出注(3)八八頁参照。
(107) この点については、名和鉄郎「不作為犯の現代的課題――行政刑法批判の一視角――」静大法経研究三一巻一=二号(一九八二)七三頁以下参照。
(108) この点については、棚町・前出注(1)『行政刑法』五六頁以下参照。「現在ではもっと増えているであろう」。

四　結語

以上、行政刑法と過失犯処罰の明文の要否の問題を、戦前・戦後の判例・学説の分析・検討を通して考察し、若干の試論を展開したのであるが、要は、前述のような厳しい対応により、法的安定性、適正な実務運営、そして何よりも国民の人権保障が確保されるよう期するのみである。また、個々の刑罰法規の具体的検討については、将来の課題とすべき部分がかなりある。

それにしても、行政刑法全体については、犯罪化・非犯罪化の議論をもっと行う必要があるものと思われる。これだけ行政刑罰法規が多いと、刑法の断片性、補充性、謙抑性などは、「幻想」と言わざるをえない。しかも、複雑で不明確なものが多い。単なる形式犯については、非犯罪化が望ましい。本章を締めくくるにあたり、われわれは再度、フランス革命時の「刑事立法のプラン」を提唱したジャン・ポール・マラーの次の言葉を胸に刻み込むことにしよう[(109)]。それは、行政刑法および特別刑法過多の現在においてもあてはまるからである。

「重要なことは、犯罪と刑罰について営まれる観念の中に、曖昧なもの、不確実なもの、そして恣意的なものが何ら支配していないということである。なぜなら、万人が法律を完全に理解し、法律を侵せばいかなる危険に晒されるかを理解することが重要だからである。……法律は明白に社会の利益になるものだけを規定すべきであり、人間の自由を不必要に狭めてはならない。公共の福祉にとって意義のない諸規定で人間に過度の負担をかけることは、法律の力を破壊することになる。……もし法律が明白に社会の福祉のために利益があるものだけを規定すべきであるとすれば、すべての法律は、もはや効力を存続してはならないことが判明し次第、きっぱりと撤廃されるべきであり、新しい法律によってそれを変更したり、単に使用されなくなるということがあってはならない。なぜなら、それによって、即座にその法律がもはや正確には適用されないという不都合がもたらされるからである。さらに、怪しい妖怪を存続させてはならない。このような妖怪は、たちの悪いものであり、それゆえ、害をもたらしうるからである」(110)。

(109) 以下のマラーの言葉は、甲斐・前出注(3)四八頁でも引用しておいた。
(110) *Jean Paul Marat,* Plan einer Criminalgesetzgebung. Mit einem Vorwort zur russischen Ausgabe von A. A. Herzenson, 1955, S47.(但し、フランス語版初版は一七八〇年)。

第3章　過失犯の基礎理論

一　序

二〇世紀の刑法学において、理論的にも実践的にも過失犯ほど議論が活性化した分野はない。古くより犯罪は故意犯が典型であり、過失犯処罰は例外とされてきた。それは、基本的には現在も変わらない(日本刑法三八条一項)。しかし、近代社会では、一定の危険を伴いながらも危険行為をその社会的有用性という観点から全面禁止できないため、過失犯は、交通事故に代表されるように量的に故意犯を凌駕しているばかりか(過失事犯の増加)、各種災害事故等の発生形態およびその理論的処理からして、質的にも故意犯に勝るとも劣らない状況にある。それに伴い、過失犯をめぐる議論状況も大きく変化してきた。例えば、複数人の行為が関係する場合、とりわけ監督者と被監督者が関係する監督過失の場合には、行為者の特定、作為か不作為か、因果関係の有無、注意義務ないし予見可能性の判断、「信頼の原則」の適用の有無等、いくつかの基本的論点で複雑な議論状況にある。この状況は、二一世紀も当分の間続くであろう。

本章では、日本における過失犯の基礎理論に焦点を当てて議論状況を概観し、若干の考察を加えることとする。

二　過失犯の構造――日本刑法学における過失犯論の史的展開――

一　古くより過失は、故意と並ぶ責任形式とされ、精神を緊張すれば犯罪事実の発生を認識・予見することができ、かつ認識・予見すべきにもかかわらず、意識の緊張を欠き、不注意で結果を認識・予見しなかった点に非難の根拠がある、とされた。すなわち、結果を発生させないよう精神を緊張させ集中させるべき義務（注意義務）に違反することが過失である、とされてきたのである。これを、旧過失論という。ところが、自動車交通の発達をはじめとする近代産業活動の発展の結果、過失事犯が増加するに及び、昭和三〇年代から四〇年代（一九五〇年代から一九六〇年代）にかけて、そのような考えは現代社会では厳しすぎるとして、目的的行為論ないし「許された危険」という法思想的観点から過失犯処罰に限定を加える動きが出てきた。すなわち、日本の犯罪論体系は、ドイツに倣い、構成要件該当性、違法性、責任の三分体系を採るが、過失犯の場合、従来のように責任段階で過失を考える前に違法性段階で過失を捉え、客観的な結果回避義務違反ないし予見義務違反がなければその行為は適法であって、過失犯は成立しない、つまり客観的注意義務違反にこそ過失の本質があるとする見解が普及し始めたのである。これを、新過失論という。この説は、そもそも故意犯と過失犯では構成要件段階から異なる（過失犯では「開かれた構成要件」が妥当する）、ということを前提とする。この新過失論は、ドイツの学説の影響を受けて井上正治博士[1]が説かれて以来、藤木英雄博士[2]、西原春夫博士[3]、内田文昭博士[4]らによりさらに展開され、学説のみならず、事件処理の迅速性に適うことから実務においてもまたたく間に日本で普及した。しかし、この説に対しては、事案の個別性を捨象するのではないか、という批判も寄せられた[5]。ただ、新過失論も、あくまで具体的予見可能性を堅持する点で、なお旧過失論と共通の枠組みを有していたのである。

二　ところが、藤木博士は、さらに進んで、具体的予見可能性に固執していたのでは、企業災害、公害、薬害等の事件で責任あるトップを処罰できないとして、危惧感説ないし新新過失論を展開された。すなわち、「刑事上の責任を生ずべき危害（実害あるいは危険）が惹起された場合において、その危害を直接惹起する行為をした者である等、発生しつつある被害を防止すべき立場にあり防止することが可能であった者、被害の拡大を防止すべき立場にあり、または防止することが可能であった者など、被害の惹起に対し直接的あるいは間接的にかかわりをもち、原因を供与したと認められる者に対して、過失犯による刑事責任を問う場合において、まず第一に、行為者（今述べた意味における原因供与者をいう。以下同じ）について、その危害の発生に関し、落度があったと認められるかどうか、すなわち、当該事情の下においてその状況下におかれた行為者と同じ立場にある者に対し、要請される行動基準の最低限を満たしていたかどうかを明らかにし、さらに、もし落度があるというのであれば、行為者が落度なく行動できる能力をもち、かつ、注意力を集中すれば落度なく行動することが可能であった、と認められるかどうかを検討し、これが肯定される場合には、行為者に対し過失に基づく刑事上の責任を問うことができる(6)」、と。さらに、「予見が可能であるという場合の予見の対象は、具体的に発生した危害そのものが予見可能であるということを必ずしも必要とするものではない。危害が具体的に予見可能である場合においては、行為者に対し、その予見可能な結果を避ける上で必要な結果回避措置を命ずることは当然合理的である。しかし、結果の具体的な発生が予見不可能である、という場合であっても、その行為は、たとえば業務上過失致死傷罪についていえば、人の生命、身体に対しなんらかの危害を及ぼすのではないかという一般的な不安感をもたれるものであって、安全確保のための特別の用心深い態度を伴わないかぎり、その行為をそのまま行わせることについて危惧感、不安感が存在するという場合には、行為者に対して、具体的には特定できない未知の危険を積極的に探知すること、あるいは、未知の危険との遭遇を無意識的に回避することが可能なように、できるかぎり冒険的行動を避け、控え目な行動を心がけることを要求するのは、条理上当然であり、しかも、このような用心深い控え目な態度をとることによって、知らず知らずのうちに危険が回避されている場合が多い、という事情に鑑みるならば、未知の危険に臨む場合において、危険ないしはその危険の徴表となる事実を探知する義務、あるいは、ことさらな冒険は避け、できるかぎり慎重に行動する、という結果回避義務の負担を命じ、そのような負担を果たしたならば回避可能であった具体的な被害については、たとえ、その具体的な内容につき行為当時には予見不可能であったとしても、行為者に落度があると認め、過失の責任を問うことが合理的である。この意味において、予見可能性は、具体的な内容につき行為当時には予見不可能であったとしても、行為者に落度があると認められれば、過失の責任を問うことが可能となる。したがって、予見可能性は、具体的な結果予見があればもちろんそれに過ぎることはないが、必ずしも具体的な予見は必要とせず、危険発生について危惧感があれば足りる、ということになる」[7]。

三　この説が森永ヒ素ミルク中毒事件差戻審有罪判決（徳島地判昭和四八年一一月二八日判時七二一号七頁）で採用されたことにより、注意義務ないし予見可能性の問題を中心に、昭和四〇年代末から昭和五〇年代はじめ（一九七〇年代）にかけて、日本において、過失犯をめぐる大論争が起きた[8]。そして、危惧感説は、責任主義・責任原理に抵触するとの批判を受け、趨勢としては、具体的予見可能性の枠を堅持する方向に向かった。判例も危惧感説を退け、北海道大学電気メス事件第二審判決では、結果発生の予見とは、「特定の構成要件的結果及びその結果の発生に至る因果関係の基本的部分の予見を意味する」（札幌高判昭和五一年三月一八日高刑集二九巻一号七八頁、同旨・福岡高判昭和五七年九月六日高刑集三五巻二号八五頁）、という立場を示した。しかし、旧過失論も新過失論も、それ以上の具体的予見可能性の判断構造を必ずしも明示できずにいた。そのジレンマは、後述のように、ホテルやデパート等の火災死傷事故におけるいわゆる監督過失の問題で露呈することとなる（例えば、最決平成五年一一月二五日刑集四七巻九号二四二頁等）。事故当時現場にいない監督者に対して結果発生について過失責任、とりわけ予見可能性を問えるのか、という問題が浮上し、再び過失犯論争が起きたのである。(9)

ただ、旧過失論は、高度の危険性という形で実行行為に限定を加えたり、予見可能性を客観的予見可能性と主観的予見可能性に分ける（これは論理的説得力に欠けると思われる。）など、修正の方向も模索した。以下、その後、最近に至るまでの基本的論点について述べることとする。

（1）井上正治『過失犯の構造』（一九五八・有斐閣）。
（2）藤木英雄『過失犯の理論』（一九六九・有信堂）。
（3）西原春夫『交通事故と信頼の原則』（一九六九・成文堂）。
（4）内田文昭『刑法における過失共働の理論』（一九七三・有斐閣）。
（5）例えば、井上祐司『行為無価値と過失犯論』（一九七三・成文堂）参照。
（6）藤木英雄「第Ⅰ編　総論」同編著『過失犯――新旧過失論争――』（一九七五・学陽書房）二四頁。
（7）藤木・前出注（6）三三―三四頁。
（8）この論争については、特に藤木・前出注（6）および〈特集〉「過失犯論」現代刑事法二巻七号（二〇〇〇）参照。
（9）この論争については、例えば、中山研一＝米田泰邦編著『火災と刑事責任――管理者の過失処罰を中心に――』（一九九三・成文堂）、井田良『犯罪論の現在と目的的行為論』（一九九五・成文堂）二〇〇頁以下等参照。

三　過失犯における実行行為・注意義務・因果関係

過失犯においても故意犯と同様、実行行為が必要であるが、新過失論の普及に伴い、一般に過失犯の実行行為は、故意犯に比べると緩やかでよい、とされるようになった。それは、とりわけ過失犯が不作為犯的構成で捉えられる傾向が強いことと関係する。すなわち、旧過失論では責任段階で捉えられていた注意義務違反が新過失論では実行行為として捉えられ、作為として構成可能な場合にまで「一定の注意義務を尽くさなかったがゆえに結果が発生した」、という形で不作為の因果関係論に組み込まれ、注意義務違反と結果との関係で捉えられる傾向が強まったのである。したがって、存在論的基盤を離れて、論理必然的に価値関係的な仮定的因果判断が行われることになる。

しかし、ここには、不真正不作為犯における作為義務と過失犯における注意義務との混同がみられる。それは、とりわけ注意義務が包括的に設定されると（例えば、火災事故の場合の消防法上の事前の安全体制確立義務のような場合）、必然的に過失犯の成立を容易に認定する方向に向かう点を問題点として指摘しておきたい。客観的注意義務という論理構成も、総じて行政法レベルでの注意義務とリンクしやすく、個別事情を等閑視しやすい傾向がある。私見としては、客観的注意義務は参考程度にとどめ、本来の注意義務は具体的予見義務とその帰結としての結果回避義務という責任要素として個別的に判断すべきものである、と考える。また、新過失論の論理に対しては、「本来連動させることの許されない事実を結びつけることによって、コンディチオ・シネ・クワ・ノンの方式［条件関係定式：筆者］を形式論理的に遊用し、『発見可能地点のくりあげ』を行ったり、『死期の遅れ』をひき出すもので、そこに、この種の思考の基本的な問題性がある[10]」、という指摘もなされていることに留意する必要がある。議論の前提となる実行行為は、作為であれ不作為であれ、具体的危険を創出し、当該結果と因果的・経験的に結び付きの強い行為に限定すべきである。[11] そして、実行行為主体は、その因果力を支配しうる実質的権限を有する者に限定すべきである。なお、ドイツと同様に日本でも，最近では、義務違反と結果との関係を「客観的帰属論」という観点から捉える見解も有力になっている。[12]

(10) 井上祐司『因果関係と刑事過失』（一九七九・成文堂）一三九頁。なお、山口厚『問題探究刑法総論』（一九九八・有斐閣）一六一頁以下参照。
(11) この点については、大塚裕史「過失犯における実行行為の構造」下村康正先生古稀祝賀『刑事法学の新動向・上巻』（一九九五・成文堂）一五三頁以下参照。
(12) 例えば、山中敬一『刑法における因果関係と帰属』（一九八四・成文堂）一頁以下。

四　過失「責任」の意味と予見可能性

一　つぎに、過失「責任」の意味と予見可能性についてみてみよう。日本で過失犯論争が激化したころ、平野龍一博士は、過失責任の根拠について次のように問題提起された。すなわち、「過失はしばしば責任でないものも含み得ることに注意しなければならない。精神を十分に緊張させて危険性の有無を判断した結果、『誤って』危険がないと判断した場合、その誤りは知的な誤りにすぎない。これを処罰するとすれば、そのような行為者が『悪い』から処罰するのではなく、『愚か』だから処罰することになる。また、技術が未熟であるために、避けそこなって人を死傷させたときも、『下手』だから処罰するのであって、『悪い』から処罰するのではないことになる。しかもほとんどすべての過失犯の場合に、多かれ少なかれこのような要素を含むことは否定できない。しかもどこまでが、『不注意』によるものであり、どこからが『判断の誤り』あるいは『未熟さ』によるものかの区別は、多くの場合ほとんど不可能である。したがって過失犯の処罰にあたっては多かれ少なかれ責任でないことも処罰しているといわざるをえない。このことは過失犯の処罰にあたって心にとめておかなければならないことである」。「たしかに、過失責任は、結果発生の危険性を意識していない。しかし、これは過失を故意と区別する消極的な要素であって、過失の責任性を積極的に基礎づけるものではない。積極的に基礎づけるためには、無意識の『何』が責任を問う根拠になるのかを明らかにしなければならない」[13]、と。

二　これは、過失「責任」の意味および本質を考えるうえできわめて重要な指摘である。前述のように、新過失論が日本でも広まるに連れ、過失の本質は違法性へと移されていったが、その立場でも、一方では過失の「責任」性を維持しているし、ましてや基本的に旧過失論に与する立場であれば、過失の「責任」内容を徹底して追及しなければならない。しかし、この点については、必ずしも十分な解明がなされているとは言い難い。とりわけ予見対象論と具体的予見可能性の判断構造、さらには「認識ある過失」と「認識なき過失」の区別[14]に関する議論も十分になされてこなかった。「認識なき過失」に、いったいいかなる「責任」性を求めようというのか。実質的な責任原理の観点からすれば、規範的責任論を採りつつも、意思責任に固執せざるをえず、その理論的帰結として「認識なき過失」の可罰性は疑わしい。規範的責任論が定着して以来、あまりにも安易に「責任とは非難可能性である」、という命題が使われ、その結果、客観的注意義務と結び付いて過失責任が肯定されているのではあるまいか。

具体例を挙げてみよう。最高裁は、貨物自動車の運転者が制限最高速度（時速三〇キロメートル）の二倍を超える高速度（時速約六五キロメートル）で走行中、ハンドル操作を誤り自車を信号柱に激突させて、運転者が知らない間に後部荷台に同乗していた二名を死亡させた（助手席に同乗していた者にも傷害を負わせた）事案について、このような「無謀ともいうべき自動車運転をすれば人の死傷を伴ういかなる事故を惹起するかもしれないことは、当然認識しえたものというべきであるから、たとえ被告人が自車の後部荷台に前記両名が乗車している事実を認識していなかったとしても、右両名に関する業務上過失の成立を妨げない」、と判示した（最決平成一年三月一四日刑集四三巻三号二六二頁）。概括的故意との対比から、あるいは錯誤論における法定的符合説を根拠に、過失の場合にも同一構成要件の範囲内で抽象化を認めるべきだとして、これを支持する学説もあるが[15]、「後部荷台に人がいることの認識可能性がない以上、その死についての予見可能性もありえない[16]」、との批判も多い。確かに、実質的責任原理に根差した具体的予見可能性に立脚する以上、批判説の方が妥当である。最高裁の論理は、危惧感説と紙一重と言える。しかし、さらに進んで、本件の場合、予見可能性の対象の問題として論じる以前に、後部荷台に隠れていた二名については前提事実（具体的危険を基礎づける事実）の認識を欠くがゆえに、むしろ「認識なき過失」として扱い、そこから過失責任を問いえないとする結論を導くべきであろう。一般論としては、最低限、過失の実行行為開始時点で自己の行為の属性としての具体的危険性を認識していなければ、それは「認識なき過失」であり、刑事責任を問えないように思われる[17]。

三　これと関連して、複雑な因果経過を辿って結果が発生する場合や監督過失の場合には、予見（可能性）の対象論および予見可能性の判断構造が問題となる。前述の北海道大学電気メス事件第二審判決が呈示した定式、すなわち「特定の構成要件的結果及びその結果の発生に至る因果関係の基本的部分」を予見の対象とする定式は、今日一般に承認されているが、その理解については議論が分かれる。

第一に、「そのような事実の予見可能性があれば一般人ならば最終結果の予見が可能となるものを『因果関係の基本的部分』として設定し、その予見可能性を吟味することにより、直接、結果の予見可能性を問うことの曖昧性をある程度解消し得る」、とする見解[18]がある。しかし、「抽象化の程度の高い中間項」を設定して一般人を基準として行われる予見可能性判断は、当該行為者自身の実質的責任から遊離しすぎる点で問題がある。この論理によれば、火災死傷事故で最高裁が用いる、「いったん火災が起これば……宿泊客らに死傷の危険の及ぶおそれがあることを容易に予見できた」という定式（最決平成五年一一月二五日刑集四七巻九号二四二頁等）を無批判的に安易に追認することになる。この定式に対しては、「認定されているのは結果犯の予見可能性ではなくて、抽象的危険の認識そのものであ」り、「条件付の危険の認識では業務上過失致死傷罪の予見可能性は根拠づけられない」[19]、との指摘がすでになされている。正鵠を射た批判といえよう。

第二に、最も厳格な立場は、現実に生起した具体的因果経過、すなわち火災事故の場合でも出火および火災拡大といった結果促進要因と、物的防火管理体制および人的防火管理体制の有効性といった結果阻止要因をも予見可能性の対象とする。[20]確かに、具体的予見可能性を要求する立場も、「出火原因」についての予見可能性までは要求できないであろう。その意味で、責任原理を重視すれば、基本的にこの方向に向かわざるをえないが、「認識ある過失」のみを処罰対象と解する私見からは、結果促進要因を具体的に予見できれば足り、結果阻止要因はその判断資料、すなわち後述の「信頼の原則」適用の根拠となる実質的信頼関係の存在を基礎づける事情である、と解される。そして、「結果阻止要因」の不存在の認識は、具体的な危険の予兆の認識を基礎づけるものである。結局、予見の対象とは、構成要件的結果に即座に結び付く場合は当該結果そのものであるが、複数の因果連鎖を経て結果に至る場合は当該具体的事案において最終結果たる当該法益侵害（場合によっては法益危殆化）と経験的に蓋然的に強く結び付いた因果力をもった事象である。[21]このような理解は、相当因果関係の判断において、いわゆる「広義の相当性」と「狭義の相当性」に分ける考えとも相応するものであり、理論的にも整合性があるように思われる。

具体的予見可能性論議を「ことば」論議[22]に終わらせないためには、さらにこれを具体化する必要がある。さしあたり、具体的予見可能性の判断構造を示せば、次のようになる。すなわち、行為主体および実行行為性（作為・不作為の区別はそれ以前の行為論の段階で行う。）の確認を前提として、第一に、因果関係の基本的部分の確定をし、第二に、その中から予見（可能性）の対象を確定し（結果促進要因はここに入る。）、第三に、行為者に具体的危険の予兆の認識があったか否かを確認し（これが否定されれば「認識なき過失」として不可罰になる。）、第四に、客観的事情も参考にしつつ当該行為者にどの程度の注意が要求されるか、どの程度の注意能力が認められるかを確定し、第五に、具体的予見可能性の肯定を妨げる事情である「信頼の原則」を適用しうる事情があったかどうかを検討し（結果阻止要因はここに入る。）、これらを充足できてはじめて行為者に具体的予見可能性を肯定でき、したがって刑事責任としての注意義務違反という過失責任を負わせることができるのである。[23]

（13）　平野龍一『刑法総論Ⅰ』（一九七二・有斐閣）二〇四―二〇五頁。
（14）　この点の詳細については、甲斐克則「『認識ある過失』と『認識なき過失』――アルトゥール・カウフマンの問題提起を受けて――」『西原春夫先生古稀祝賀論文集　第二巻』（一九九八・成文堂）一頁以下［本書第5章所収］参照。なお、アルトゥール・カウフマン（甲斐克則訳）『責任原理――刑法的・法哲学的研究――』（二〇〇〇・九州大学出版会）二一九頁以下、三五一頁以下参照。
（15）　例えば、前田雅英「法定的符合説と過失の予見可能性」法学セミナー四二一号（一九九〇）六〇頁。
（16）　町野朔『刑法総論講義案Ⅰ［第二版］』（一九九五・信山社）二八三頁。同旨、山口厚「過失における『予見の対象』」法学教室一〇七号（一九八九）九三頁、伊東研祐「予見可能性の対象」ジュリスト『刑法判例百選Ⅰ［第四版］』（一九九七）一一一頁、松宮孝明「過失犯における『予見の対象』」判例タイムズ七二四号（一九九〇）七五頁以下［同著『過失犯論の現代的課題』（二〇〇四・成文堂）一〇五頁以下所収］、大塚裕史「『結果』の予見可能性」岡山大学法学会雑誌四九巻三＝四号（二〇〇〇）二一〇〇頁以下。
(17) 甲斐・前出注(14)二四頁以下、同「過失『責任』の意味および本質――責任原理を視座として――」刑法雑誌三八巻一号(一九九八)一頁以下、特に八頁［本書第4章所収］参照。
(18) 前田雅英『現代社会と実質的犯罪論』(一九九二・東京大学出版会)二四六頁。
(19) 松宮孝明『刑事過失論の研究』(一九八九・成文堂)三七六頁。
(20) 大塚裕史「予見可能性の判断構造と管理・監督過失」刑法雑誌三六巻三号(一九九七)六頁以下、一一頁以下。
(21) 甲斐克則「海上交通事故と過失犯論」刑法雑誌三〇巻三号(一九九〇)七六頁［同著『海上交通犯罪の研究』(二〇〇一・成文堂)四一―四二頁］、同「事故型過失と構造型過失」刑法雑誌三一巻二号(一九九〇)七五頁［本書第6章所収］、同・前出注(17)九頁［本書第4章参照］。
(22) 米田泰邦『機能的刑法と過失』(一九九四・成文堂)九頁、同「刑事過失論の今日的課題(三・完)」警察研究六三巻八号(一九九二)一四頁。
(23) 甲斐・前出注(17)九―一〇頁［本書第4章参照］。

五　信頼の原則

一　さて、ここで、「信頼の原則」について述べておくこととする。「信頼の原則」とは、行為者が他人の適切な行動を信頼して行為した場合には、その他人の不適切な行動によって結果が発生しても、特別な事情がないかぎり、これに対して責任を負わないという原則である。この原則は、主として自動車交通事故における加害者―被害者間(個人モデル)の「危険の分配」という観点から、西原春夫博士によりドイツから日本に導入された(24)。交通事故の場合、前提として、交通環境の整備や交通道徳(ルール)の普及がなされていなければならず、さらに、悪天候等の特殊事情がある場合、相手が子供、高齢者、あるいは障害者である場合には、前提条件が整っていても、「信頼の原則」を適用できない。いずれにせよ、一定の条件下で、「信頼の原則」は、学説・判例上承認されている。さらに、例えば、チーム医療において患者が死傷した場合、あるいはホテルやデパート等の大規模建造物内で火災が発生して死傷者が出た場合、加害者側の監督者―被監督者間（組織モデル）においても「信頼の原則」の適用の有無が議論された。ここでは、監督過失の場面に絞って論じてみよう。

二　監督過失の問題領域にも「信頼の原則」を積極的に導入すべきことを提唱されたのは、米田泰邦弁護士と西原春夫博士である。まず、米田弁護士は、予見可能性概念の不明確性を指摘されつつ、「可罰的監督義務違反の確定は、分業における許された危険の角度から、信頼を可能にする基本的事実を確認し、そこから信頼の原則的許容性を揺るがす例外的事情……の有無を探るという手順を踏むべき」ことを主張された。(25) これに対して、西原博士は、「社会生活の中には監督者の被監督者に対する信頼が大きいほど点検なしにこれを委ねるという実態があり、そこに分業が成り立ち、エネルギーの効率がはかられている。そこで、当該状況におかれた監督者一般の立場からみて、そのような信頼をするのが相当と判断できる場合には、その信頼にもとづく委任もまた法律上許されている」と説れ、「無限に拡がる予見可能性を信頼の相当性の判断で断ち切ることが必要であり可能であるという点で、監督責任の認定は道路交通事故の際の過失認定と類似した性質を持つ(26)」と指摘された。そして、「予見可能性認定の背後に信頼の原則をしのばせ、被監督者が適切な行動をとるであろうという監督者の信頼が当該状況におかれた一般人の立場からみて相当と思われる場合には、たとい自然的事実的には予見可能性が肯定されるとしても、刑法的には予見可能性がなかったものとして、これを過失責任から解除すればよい。そこで、監督責任を否定しうる場合には過失否定の論理として信頼の原則を正面から用いればよいし、監督責任を肯定する場合にも、予見可能性認定の一助としてその法理を応用し、信頼の不相当性を明らかにしていくことによってその存在を肯定する方が明確である(27)」、という論理を展開されたのである。

両者の主張は、理論的に必ずしも同一とはいえないが、監督過失の問題領域における「信頼の原則」の適用の理論的・実践的意義を示した点で、現在までインパクトを維持しているし、支持者も得ている。しかし他方で、問題点や疑問点も呈示されている。例えば、大塚裕史教授は、①監督関係がある場合には、そもそも「信頼の原則」の適用は不可能であり、②分業形態の場面に「信頼の原則」を適用することは責任の希薄化を招き、実際的にも妥当でなく、③「信頼の相当性」にいう相当性判断が規範的判断であり、基準も不明確である、と問題点を整理される。[28]前提問題ともいうべき①については、確かに、監督関係がある場合には監督者の法的義務と被監督者の法的義務は同一とはいえないであろう。しかし、監督―被監督関係がある場合に監督者―被監督者間に信頼関係がないとは断定できず、少なくとも結果回避という側面では両者に共通の認識が存在しうる。それが信頼関係を基礎づける場合もありうるであろう。両者の関係を全面的に支配―服従関係と捉えるのは、妥当でない。②については、確かに、安易な「信頼の原則」の適用は、分業という形さえとれば監督者が責任を免れるという結果をもたらしかねない。しかし、その懸念を克服したうえでこの原則を適用するのであれば、全面的にこれを排除する必要はないといえよう。むしろ問題は、③についてどのように考えるか、である。組織モデルにおける「信頼の原則」の適用に関して、かつて大谷實教授は、考慮すべき三つの点を指摘された。[29]第一に、分業が確立していないか不十分なために防災ないし過誤防止上の点検を行う必要があるような場合、「信頼の原則」の適用はない。第二に、業務分担者の専門上の能力の有無をつねに考慮しなければならない。第三に、業務の性格として、危険度が高ければ高いだけ、注意義務の範囲が広くなり、それに応じて「信頼の原則」の適用が狭くなる。これらのうち、前二者については承認せざるをえないであろう。換言すれば、分業の確立と業務分担者の専門的能力の存在は、議論の前提として不可欠である。

しかし、第三の点については、注意義務の範囲が広くなることは認めざるをえないにしても、それに応じて「信頼の原則」の適用が狭くなる、とは断言しがたい。危険なるがゆえに、分業者にも高度の専門的知識・能力が要求されるのが通常だからである。

さて、以上のような前提があっても、米田説の説く「信頼の原則的許容性を揺るがす例外的事情」ないし「特別事情」の判断、あるいは西原説の説く「信頼の相当性」の判断には、基準の曖昧さという批判がつきまとう。これをどう克服すべきか、が問題となる。

三　「信頼の原則」の体系上の位置づけについては、過失犯の要件である予見可能性の有無を認定するための基準であるとする見解（予見可能性認定基準説）と予見可能性がある場合に結果回避義務の有無を認定するための基準であるとする見解（結果回避義務認定基準説）との間で争いがある。後者は、社会的相当性という一般条項に逃避して個別事情を捨象する懸念があるので妥当でなく、基本的には前者の立場が妥当である。

しかし、予見可能性認定基準説も一様ではない。例えば、西原博士は、信頼の原則を「事実的自然的予見可能性の中から刑法的な予見可能性を選び出すための原理[30]」と考えておられる。この見解は、曖昧な予見可能性概念を規範的観点から限定する趣旨だと思われ、傾聴に値するが、限定基準であるはずの「信頼の相当性」自体が曖昧であるという難点があり、結局、結果回避義務認定基準説と大差ないもののように思われる。この点、米田弁護士の見解は、事実を重視する方向にあるので、示唆に富むが、「特別の事情」の判断構造が不明確なため、「『特別の事情』の検討が厳密さを失うとき真実の刑事責任の所在をかくす役割さえ果たしかねない[31]」、という批判や、「同説が過失の成否を予見可能性の問題ではなく、行為者の行為が危険回避の制御手段として適当であったかどうかの問題として把握するため、制御手段と予見可能性の関係が必ずしも明確でない」し、「米田説は一般に事実的側面を重視する学説のようにみられているが、規範的・価値的スクリーンを通じて信頼事実を選別しているので、その意味では『信頼の相当性』を重視する西原説と類似性をもつ[32]」、という批判が寄せられている。確かに、その類型化の努力に敬意を表しつつも、行為事情や類型化だけでは限界がある、といえよう。

予見可能性認定基準説の他の見解として、「信頼の原則」は「過失の成立要件である『実質的な危険』の不存在を裏から述べたものであって、それ以外の特別の原則をいうわけではない」、という平野龍一博士の説がある。[33]「実質的な危険」とは、「結果の客観的予見可能性」（その具体的状況下におかれた一般人を基準とする予見可能性）のことだとされている。「信頼の原則」が適用される場合は、客観的予見可能性が否定されることになる。これを支持する見解もあるが、[34]次のような疑問もある。この説は、予見可能性を客観的予見可能性と主観的予見可能性に分けて考えるが、客観的予見可能性が実質的な危険ということであれば、客観的予見可能性概念自体に独自の意味があるわけではなく、最終的には主観的予見可能性が重みを持たざるをえないのであるから、議論に混乱を来さないためにも、客観的予見可能性という概念をことさらに用いるべきではないのではないか。また、実質的な危険の存在の有無と信頼関係の有無とは、表裏の関係とは必ずしもいえないのではないか。神山敏雄教授が言われるように、「信頼するということは内心の問題であり、主観的要素である[35]」、と解される。もちろん、「単純な主観的信頼」で十分というわけではない。

四　「信頼の原則の理論は、情緒的に表現すれば、強者の論理であ」り、「末端の物理的担当者に厳しく、管理部門に対して安易である[36]」、との警告もあるが、それだけで「信頼の原則」の持つ処罰限定機能を否定するのも妥当でなく、むしろこの警告を踏まえたうえでなお「信頼の原則」を認めるためには、その「原則性」を強調するよりも、「例外則」という形で慎重に運用すべきものと思われる。そこでまず、分業の確立と業務分担者の専門的能力の存在を前提条件としたうえで、監督者と被監督者との間に実質的信頼関係がなければならない、といえよう。それは、「信頼の相当性」というような規範的な判断枠組を前面に出すものではなく、結果回避に向けた日常的な信頼の積重ねが両者の間にあったかどうかを中心に考えるものである。このような法的顧慮に値する実質的な信頼関係（結果回避に向けた日常的な信頼の積重ね）がある場合にはじめてそれが心理的に結果回避への動機づけを著しく緩和する方向に働くがゆえに監督者は結果発生について具体的予見ができない、と判断できるのである。[37] 例えば、医師と看護師との関係においては、看護師がベテランであるか否か、[38] あるいは防火管理上の管理権原者と防火管理者との関係においては防火管理者が一定の手続きを経て選任されていたか否か、[39] という形式にとらわれることなく、両者の間に結果回避（治療の成功、火災防止）に向けた日常的な信頼関係の積重ねがあったかどうか、という観点から検討すれば足りるであろう。もちろん、このような実質的信頼関係は、行為時点まで継続している必要があり、行為時点までにその信頼関係を破綻せしめるような事態が発生していて、監督者がそれを認識していた場合には、「信頼の原則」は適用できなくなる。

(24) 西原・前出注（3）参照。
(25) 米田泰邦「刑事過失論の限定法理と可罰的監督義務違反（下）」判例タイムズ三四六号（一九七七）四〇頁。
(26) 西原春夫「監督責任の限界設定と信頼の原則（上）」法曹時報三〇巻二号（一九七八）一五頁。
(27) 西原・前出注（26）「（下）」法曹時報三〇巻三号三〇頁。
(28) 大塚裕史「監督過失における予見可能性論（二）」早大大学院法研論集四八号（一九八八）八二頁。なお、土本武司『過失犯の研究』（一九八六・成文堂）一三八頁以下も、「信頼の原則」適用に批判的である。
(29) 大谷実「危険の分配と信頼の原則」藤木編・前出注（6）一二四―一二五頁。
(30) 西原春夫『刑法総論』（一九七八・成文堂）一八〇頁。

(31)　井上祐司「監督者の刑事過失について（二）」法政研究四八巻二号（一九七八）五六頁［同著『刑事判例の研究　その二』（二〇〇三・九州大学出版会）四二〇頁］。
(32)　大塚・前出注（28）八五-八六頁。
(33)　平野龍一『刑法概説』（一九七七・東京大学出版会）八六頁。なお、前出・注（13）一九七頁以下、同「過失についての二、三の問題」井上正治博士還暦祝賀『刑事法学の諸相（下）』（一九八一・有斐閣）三〇〇頁参照。
(34)　例えば、曽根威彦『刑法総論［第三版］』（二〇〇〇・弘文堂）一九六頁。
(35)　神山敏雄［大塚仁ほか編］『大コンメンタール刑法第三巻［第二版］』（一九九九・青林書院）三二〇頁。なお、同「信頼の原則の限界に関する一考察」『西原春夫先生古稀祝賀論文集　第二巻』（一九九八・成文堂）四五頁以下参照。
(36)　井上・前出注（31）五五―五六頁［同『刑事判例の研究　その二』四一九―四二〇頁］。
(37)　以上の私見は、すでに、甲斐克則「海上交通事故と過失犯論」刑法雑誌三三巻三号（一九九〇）七二頁以下［同・前出注（21）『海上交通犯罪の研究』四一頁以下］、同「火災死傷事故と信頼の原則」中山＝米田編・前出注（9）一四一頁以下、特に一四八―一四九頁において示したものである。
(38)　医療における「信頼の原則」適用の問題の詳細については、甲斐克則「管理上の過失」中山研一＝泉正夫編著『医療事故の刑事判例［第二版］』（一九九三・成文堂）二七九頁以下、同「医療過誤刑事判例における注意義務の変遷」年報医事法学一六（二〇〇一）一二五頁以下参照。
(39)　火災事故における「信頼の原則」適用の問題の詳細については、甲斐・前出注（37）参照。

六　結　語

以上、過失犯の基礎理論に焦点を当てて、日本刑法学における議論状況を概観しつつ、若干の私見を述べてきた。日本において、過失犯をめぐる議論がどのように展開されてきたか、あるいは展開されているか、ある程度理解していただいたのではないか、と思う。もちろん、ここで扱った基礎理論は、さらに、監督過失論や過失共犯論(40)にも反映されなければならないし、当然ながら交通事故、医療事故、食品事故、製造物に関する事故、その他各種災害事故の処理においてその妥当性を検証しなければならない。[41] しかし、それは、別途行わざるをえない。

(40) 過失犯の共同正犯についても当初ここに盛り込む予定であったが、紙数の関係で割愛した。詳細は、甲斐克則「過失犯の共同正犯」『刑事実体法と裁判手続――法学博士井上正治先生追悼論集――』(二〇〇三・九州大学出版会) 三三九頁以下［本書第7章］参照。監督過失論の詳細については、大塚裕史「監督過失と予見可能性論(一)〜(一〇)」早大法研論集四八号(一九八八)六九頁以下、五〇号(一九八九)一一三頁以下、五二号(一九九〇)二七頁以下、五四号五七頁以下、海保大研究報告三七巻二号(一九九二)一一頁以下、三八巻一＝二号(一九九三)六七頁以下、三九巻二号(一九九四)一頁以下、四一巻一号(一九九六)一頁以下、四二巻一号(一九九七)一頁以下、四三巻一号(一九九七)一頁以下等参照。

(41) 交通事故と過失犯の詳細については、北川佳世子「交通事犯と過失論」西原春夫編『日中比較過失論』(二〇〇一・成文堂)六一頁以下参照。また、医療事故については甲斐・前出注(38)を、製造物に関する事故と過失犯については北川佳世子「製造物責任をめぐる刑法上の問題点――ドイツ連邦通常裁判所の皮革用スプレー判決をめぐる議論を手掛かりに――」早稲田法学七一巻二号(一九九六)一七一頁以下、同「欠陥品による事故と製造者の刑事責任――刑法における製品回収義務の発生根拠をめぐるオットーの分析――」『宮澤浩一先生古稀祝賀論文集 第三巻』(二〇〇〇・成文堂)四一頁以下等を、また、各種災害事故と過失犯については大塚裕史「事業災害と過失論」西原編・前出『日中比較過失論』一〇九頁以下をそれぞれ参照。

第4章　過失「責任」の意味および本質
――責任原理を視座として――

一　序

過失犯理論研究に多大な功績を残したドイツのカール・エンギッシュは、一九三〇年公刊のその著書において、「過失概念は、いわば小宇宙であり、きわめて複雑な多数の要素から成っており」、「困難な問題を山積みして理論と実務の前にそびえ立っている」[1]、と述べたが、この言葉は、今日でもなお妥当する。犯罪は故意犯が原則とされながら（刑法三八条一項）、その例外である過失犯が量的にも質的にも故意犯を凌駕し、むしろ二〇世紀は過失犯理論が刑法理論全体に大きな影響を与えてきた。それは、行為論、構成要件論、因果関係論、違法論、責任論、共犯論等、多方面にわたる。

とりわけ一九七〇年代には、日本でも交通事犯や食品事故を契機に「新旧過失論争」[2]が展開され、過失犯における注意義務の本質ないし予見可能性の判断構造、「信頼の原則」の意義、さらにそれを通じて違法性の本質論や責任の本質論が議論された。そこから大きな成果も得られたが、その後、監督過失の問題が登場すると、「具体的予見可能性」の判断構造、実行行為、因果関係、共犯関係、そして過失の責任性について、未解決の問題がなお多いことを改めてわれわれに認識せしめた。それは、犯罪の実体論と認定論の関係[3]も含め、犯罪論体系全体の再考をも迫るものでもある。

以上の問題意識から、本章では、二〇世紀の刑法理論に過失犯理論が及ぼした影響、そして何よりも二〇世紀刑法理論が過失「責任」をどのように理解してきたのか、過失「責任」の意味および本質は何か、二一世紀に残された課題は何か、を明示して、責任原理を視座に据えて若干の考察をすることとする。

（1）　*Karl Engisch*, Untersuchungen über Vorsatz und Fahrlässigkeit im Strafrecht, 1930, S. 230. なお、邦訳として、カール・エンギッシュ（荘子邦雄＝小橋安吉訳）『刑法における故意・過失の研究』（一九八九・一粒社）二九二頁参照。

（2）　藤木英雄編著『過失犯――新旧過失論争――』（一九七五・学陽書房）参照。

（3）　この点については、鈴木茂嗣「刑事訴訟からみた犯罪論――認定論的犯罪要件について――」佐伯千仭先生卆寿祝賀論文集『新・生きている刑事訴訟法』（一九九七・成文堂）二一一頁以下、同「犯罪論の新構想」『京都大学法学部創立百周年記念論文集・第二巻』（一九九九・有斐閣）四五三頁以下、同「刑事責任の構造」『井戸田侃先生古稀祝賀論文集・転換期の刑事法学』（一九九九・現代人文社）七六三頁以下、米田泰邦『機能的刑法と過失』（一九九四・成文堂）一頁以下等参照。

二　過失「責任」の意味および本質

一　日本で過失論争が激化したころ、平野龍一博士は、過失責任の根拠について次のように問題提起をされた。すなわち、「過失はしばしば責任でないものも含み得ることに注意しなければならない。精神を十分に緊張させて危険性の有無を判断した結果、『誤って』危険がないと判断した場合、その誤りは知的な誤りにすぎない。これを処罰するとすれば、そのような行為者が『悪い』から処罰するのではなく、『愚か』だから処罰することになる。また、技術が未熟であるために、避けそこなって人を死傷させたときも、『下手』だから処罰するのであって、『悪い』から処罰するのではないことになる。しかもほとんどすべての過失犯の場合に、多かれ少なかれこのような要素を含むことは否定できない。しかもどこまでが、『不注意』によるものであり、どこからが『判断の誤り』あるいは『未熟さ』によるものかの区別は、多くの場合ほとんど不可能である。したがって過失犯の処罰にあたっては多かれ少なかれ責任でないことも処罰しているといわざるをえない。このことは過失犯の処罰にあたって心にとめておかなければならないことである」。「たしかに、過失責任は、結果発生の危険性を意識していない。しかし、これは過失を故意と区別する消極的な要素であって、過失の責任性を積極的に基礎づけるものではない。積極的に基礎づけるためには、無意識の『何』が責任を問う根拠になるのかを明らかにしなければならない」(4)、と。

これは、過失「責任」の意味および本質を考えるうえできわめて重要な指摘である。井上正治博士により導入された新過失論(5)が日本でも広まるにつれ、過失の本質は違法性へと移されていったが、その立場でも、一方では過失の「責任」性を維持しているし、ましてや基本的に旧過失論を堅持する立場であれば、過失の「責任」内容を徹底して追求しなければならない。しかし、この点については、今日まで必ずしも十分な解明がなされているとは言いがたい状況にある。確かに、新旧過失論争(とりわけ危惧感説との対決)の中で具体的予見可能性の重要性は認識されたが、予見可能性の対象論はなお多様であり、また責任主義・責任原理の重要性が説かれる割には、その内容は不明確で、「認識ある過失」と「認識なき過失」の区別(7)に関する議論も十分になされてこなかった。「認識なき過失」に、いったいいかなる「責任」性を求めようというのか。さらに、監督過失への対応も多様である。危惧感説は、本当に克服されたのか。必ずしもそう断言できまい。その一因には、過失責任の根拠を問う作業が不十分であったことも挙げられよう。「責任」でないものがそこに無自覚的に入り込んで過失犯処罰を肯定しているとすれば、それこそ責任原理の観点から大きな問題である。何よりも、責任原理の内実自体がそれほど吟味されていないのである。

二　ここで、史的概観をしておこう。ドイツ刑法学において、一八世紀に過失が故意と並ぶ責任形式としての地位を得て後、一八世紀末から一九世紀にはその理論的展開が始まった。当初、過失を「消極的な悪しき意思」（クライン）とか「危殆化故意」（グロールマン）とか「違法な意思決定」（フォイエルバッハ）として捉える意思責任論により処罰抑制傾向にあった過失犯は、二〇世紀に入ってその量的増加もあってか、とりわけ「認識なき過失」をめぐり、その処罰の社会的要請と、新カント派価値哲学の影響を受けた規範的責任論の登場により、「責任の実体」よりもむしろ「責任の評価」に重点が移り、あるいは政策論とも呼応して、処罰拡大の方向に進んだ。意思責任に代わり、社会的責任論、性格責任論、人格責任論、さらに感情責任論や悟性責任論が台頭した。[8] 例えば、エクスナーは、一九一〇年に、侵害される法益に対する義務違反による「関心」の欠如に責任の根拠を求める感情責任論に立脚して、「もし、侵害結果を発生させるという表象が強い……不快感情と結び付いていたとすれば、行為者は、行為しつつもその侵害結果の可能性を予見したことになる」として、「認識なき過失」の可罰性を説いた。[9] この見解は、当時支持されたが、エンギッシュが指摘したように、「誰かが自分にとって価値の高い法益を過失で侵害するような場合」（例えば、母親が眠ってしまって自分と一緒にベッドに寝かせていた子供を窒息死させたような場合）には、挫折するであろう。[10] そこでエンギッシュは、エクスナーの見解に修正を加え、「関心」概念を「嫌悪感」以上のもの、すなわち、「決して違法を犯さないという配慮（Besorgnis）」ないし「善良な国民にとって欠かすことのできない一種の気づかい（Ängstlichkeit）」と捉え、この中に「権利侵害を表象する『感受性』（Gefühlsbetonung）が存在する」、として、これを根拠にして「認識なき過失」の可罰性を説いた。[11] しかし、「感情」というような不安定なものを基礎にすることは、責任原理と抵触するのではないか。

この点の検証が十分になされないまま、エンギッシュの過失理論が新過失論として日本に導入され、また、ハンス・ヴェルツェルの目的的行為論ないし社会的相当性論に立脚した行為無価値論的過失論も導入されるに及び、さらに、一九六〇年代の交通事犯等の量的増加という現実に対応すべきだとの社会的要請とも合致して、新過失論が瞬く間に普及し、過失の重点は違法性へと移された。真鍋毅教授が指摘されたように、[12]注意義務は客観的な結果回避義務と主観的な結果予見可能性へと「分裂」した。趨勢としては、一九七〇年代後半以降は、むしろ前者を基軸とした理論の普及によって、過失の「責任」性が空洞化していった、といえよう。もちろん、旧過失論からの反論・問題提起、[13]あるいは修正説の呈示はあったが、一九八〇年代後半から監督過失の問題が議論され始めるに及び、かつての新旧過失論の争点は、ぼやけていった。そうこうするうちに、火災死傷事故でも、「いったん火災が起これば……宿泊客らに死傷の危険の及ぶおそれがあることを容易に予見できた」、という定式（いったん定式）が判例上定着し（最決平成五・一一・二五刑集四七巻九号二四二頁等）、学説も、一部を除きこれを追認する傾向にある。しかし、この論理は、危惧感説と紙一重ではなかろうか。

三　他方で、このような潮流の中にあればこそ、改めて過失「責任」の意味および本質を問う必要がある。ここで想起されるのが、責任原理に根ざしたアルトゥール・カウフマンの見解[14]である。カウフマンは、存在論哲学を基礎に据えつつ、意思責任論に立脚して、「認識ある過失は、結果によって構成された故意の危険犯」であり、「行為者が、ある不法な（社会倫理的に非難すべき）危殆化を意識して行為する場合にしか存在しない」、として、「具体的危険性」の認識を根拠に「認識ある過失」の責任性を説き、[15]これに対して、「認識なき過失」の場合には、「法益の危殆化は、認識の領域にはまったく現れておらず、それゆえ、意思によっても包摂されえない[16]」、と説く。そして、「特定の構成要件該当結果に対する責任関係が結果発生以前の時点に存する若干の事案（原因において自由な行為のようなもの）を除いて、認識なき過失は、実質的意味における責任ではない[17]」、と断定する。さらに、「そもそも非難可能でありかつ義務違反であるとは何であるのかが解答されることなしに、認識なき過失の責任が抽象的に非難可能性ないし義務違反として示されるとき、肝心の点は解決されるのか」、と規範的責任論自体に疑問を提起し、「行為者が結果を予見しえたであろうしそれゆえに回避しえたであろうという単純な仮定的事情の中には、まさしく義務違反は……存在しえず、それどころか義務違反のための前提が存在するにすぎない」、と説き、「非難可能性こそが責任の本質存在であるという見解、それどころか、責任は非難可能性に尽きるという見解が主張される場合、責任原理は、完全に意義をなくしてしまっている[18]」、と断言する。そして、責任原理を口先だけの信仰告白に終わらせないためには、「責任に実質的内容を結び付けなければならない」、との観点から、責任の中に実在性を求め、「責任に関して決定的なのは、非難とか非難可能性ではなく、非難すべきこと（das Vorzuwerfende）なのである[19]」、と主張する。

カウフマンのこの主張は、「認識ある過失」を故意の危険犯と同視する点や結果発生を処罰条件とする点等で問題を含むが、過失「責任」の意味および本質を考えるうえで核心を衝いた主張といえる。規範的責任論が定着して以来、あまりにも安易に「非難可能性」という概念が使われ、客観的注意義務と結び付いて過失責任が肯定されているのではあるまいか。もちろん、カウフマンも心理的責任論に回帰すればよい、と言っているわけではない。今日、規範的責任論を全面的に排除することは不可能であろう。重要なことは、極端な規範主義に歯止めをかけることである。過失でも「責任の実体」を見据える必要がある。意思責任を根底に据える以上、「認識なき過失」の責任性に疑問を抱かざるをえない。さらに、刑事政策的観点からも、その当罰性は疑問である。

（4）平野龍一『刑法総論Ⅰ』（一九七二・有斐閣）二〇四—二〇五頁。もっとも、平野博士自身は、他方で、次のようにも言われる。「過失のなかに『いくらかの』本来の責任ではない悟性責任、技術責任がはいりこんでいることは否定できないように思われる。それにもかかわらず、このような行為を非難することが全然無意味ではなく、それが事故防止の効果を多かれ少なかれあげていることも、また経験上否定しえないところである。それは非難の対象となりうる『責任要素』がやはり存在するということであろう。ここでも問題は単純な『ある』か『ない』かではない」（同『刑法の基礎』（一九六六・東京大学出版会）八五—八六頁）。
（5）井上正治『過失犯の構造』（一九五八・有斐閣）参照。
（6）責任原理については、甲斐克則「責任原理の基礎づけと意義」横山晃一郎先生追悼論文集『市民社会と刑事法の交錯』（一九九七・成文堂）七九頁以下［本書第1章］参照。
（7）この問題については、甲斐克則「『認識ある過失』と『認識なき過失』」『西原春夫先生古稀祝賀論文集第一巻』（一九九八・成文堂）一頁以下［本書第5章］参照。
（8）以上の点の詳細については、甲斐・前出注（7）五頁以下参照。
（9）*Franz Exner*, Das Wesen der Fafrlässigkeit, 1910, S. 173.
（10）*Engisch*, a.a.O.（Anm. 1）, S. 467f.
（11）*Engisch*, a.a.O.（Anm. 1）, S. 474f.
（12）真鍋毅『現代刑事責任論序説』（一九八三・法律文化社）三一七—三一八頁参照。
（13）例えば、井上祐司『行為無価値と過失犯論』（一九七三・成文堂）参照。
（14）*Arthur Kaufmann*, Das Schuldprinzip. Eine strafrechtlich-rechtsphilosophische Untersuchung, 1. Aufl. 1961, 2. Aufl. 1976. ここでは第二版を用いる。この邦訳として、アルトゥール・カウフマン（甲斐克則訳）『責任原理——刑法的・法哲学的研究——』（二〇〇〇・九州大学出版会）がある。
（15）*Kaufmann*, a.a.O.（Anm. 14）, S. 154f. 甲斐訳・二二〇頁。詳細については、甲斐・前出注（7）七頁以下参照。
（16）*Kaufmann*, a.a.O.（Anm. 14）, S. 156. 甲斐訳・二二二—二二三頁。
（17）*Kaufmann*, a.a.O.（Anm. 14）, S. 162. 甲斐訳・二三〇頁。
（18）*Kaufmann*, a.a.O.（Anm. 14）, S. 176 u. S. 178. 甲斐訳・二四七頁および二四九頁。
（19）*Kaufmann*, a.a.O.（Anm. 14）, S. 178. 甲斐訳・二四九—二五〇頁。

三　過失「責任」論の課題

一　以上のような基本的視座に立脚すると、二一世紀に向けての過失「責任」論の課題が明らかになる。第一は、責任原理の内容を豊穣化させたうえで、原点としての意思責任の意義を再検討し、同時に規範的責任論とその具体的顕現としての過失責任論の厳密な検証をすることである。その際、意思責任を根底に据えつつ規範的責任論を再構成することが可能ではないか、と思われる。そして、とりわけ過失の標準に関して一般人ないし平均人基準説は、個別事情を捨象し、責任原理に照らして問題があるように思われる。その克服は、依然として課題である。

二　第二は、それと関連して、「認識ある過失」と「認識なき過失」の区別の意義および論理構造を真摯に捉え直し、とりわけ「認識なき過失」が真に有責なものかを再検討する必要がある。周知のように、最高裁は、貨物自動車の運転者が制限最高速度（時速三〇キロメートル）の二倍を超える高速度（時速約六五キロメートル）で走行中、ハンドル操作を誤り自車を信号柱に激突させて、知らない間に後部荷台に同乗していた二名を死亡させた（助手席に同乗していた者にも傷害を負わせた）事案について、「右のような無謀ともいうべき自動車運転をすれば人の死傷を伴ういかなる事故を惹起するかもしれないことは、当然認識しえたものというべきであるから、たとえ被告人が自車の後部荷台に前記両名が乗車している事実を認識していなかったとしても、右両名に関する業務上過失致死罪の成立を妨げない」、と判示した（最決平成一・三・一四刑集四三巻三号二六二頁）。概括的故意との対比から、あるいは錯誤論における法定的符合説を根拠に、過失の場合にも「同一構成要件の範囲内で抽象化を認めるべき」だとしてこれを支持する学説もあるが[20]、「後部荷台に人がいることの認識可能性がない以上、その死についての予見可能性もありえない[21]」、との批判も多い。実質的責任原理に根ざした具体的予見可能性説に立脚する以上、批判説の方が妥当である。しかしさらに進んで、本件の場合、予見可能性の対象の問題として論じる以前に、後部荷台に隠れていた二名についてはむしろ「認識なき過失」として扱い、そこから過失責任を問いえない、とする結論を導くべきであろう。一般論としては、最低限、過失の実行行為開始時点で自己の行為の属性としての具体的危険性を認識していなければ、それは「認識なき過失」であり、刑事責任を問えないのではなかろうか。(22)

三　第三は、予見（可能性）の対象論および予見可能性の判断構造である。この点について、いわゆる北大電気メス事件第二審判決（札幌高判昭和五一・三・一八高刑集二九巻一号七八頁）が、「特定の構成要件的結果及びその結果の発生に至る因果関係の基本的部分」を予見（可能性）の対象として以来、危惧感説を除いて、学説も概ねこれを受け入れている。これは、さらなる論理展開として二つの方向に分かれる。第一に、「その様な事実の予見可能性があれば一般人ならば最終結果の予見が可能となるものをいわば中間項ともいうべき『因果関係の基本的部分』として設定し、その予見可能性を吟味することにより、直接、結果の予見可能性を問うことの曖昧性をある程度解消し」ようとする立場がある。(23)しかし、「抽象化の程度の高い中間項」を設定して一般人を基準として行われる予見可能性判断は、当該行為者自身の実質的責任から遊離しすぎる点で問題があり、前述の火災死傷事故のような監督過失に典型的に現れている「いったん定式」を容易に追認することになる。また、この「いったん定式」の論理に対しては、「認定されているのは結果犯の予見可能性ではなくて、抽象的危険の認識そのものであ」り、「条件付の危険の認識では業務上過失致死傷罪の予見可能性は根拠づけられない」(24)、との指摘がすでになされている。これに対して、第二に、最も厳格な立場は、現実に生起した具体的因果経過、すなわち火災事故でも結果促進要因（出火および火災拡大）と結果阻止要因（物的防火管理体制および人的防火管理体制の有効性）を予見可能性の対象とする。(25)確かに、具体的予見可能性を要求する立場も、「出火原因」についての予見可能性まで要求はできないであろう。その意味で、責任原理を重視すれば、基本的にこの方向に向かわざるをえないが、「認識ある過失」のみを処罰対象と解する私見からは、結果促進要因を具体的に予見できれば足り、結果阻止要因はその判断資料、すなわち「信頼の原則」適用の根拠となる実質的信頼関係の存在を基礎づける事情である、と解される。そして、「結果阻止要因」の不存在の認識は、具体的な危険の予兆の認識を基礎づけるものである。要するに、「予見の対象とは、構成要件的結果に即座に結びつく事案では、当該具体的結果そのものであるが、複数の因果連鎖を経て結果に至る場合は、当該具体的事案において、最終結果たる当該法益侵害（場合によっては法益の危殆化）と経験的に蓋然的に強く結びついた因果力をもった事象である」[26]。

いずれにせよ、具体的予見可能性の判断構造を明確にする努力は、続けられるべきである。さもなくば、「具体的予見可能性」をめぐる議論にせよ、「監督過失」をめぐる議論にせよ、「『ことば』論議」[27]に終わるであろう。さしあたり、具体的予見可能性の判断構造についての現段階での私見を示せば、次のようになる。すなわち、行為主体および実行行為性（作為・不作為の区別はそれ以前の行為論の段階で行う。）の確認を前提として、第一に、因果関係の基本的部分の確定をし、その中から予見（可能性）の対象を確定し（「結果促進要因」はここに入る。）、第三に、行為者に具体的危険の予兆の認識があったか否かを確認し（これが否定されれば「認識なき過失」として不可罰となる。）、第四に、客観的事情も参考にしつつ当該行為者にどの程度の注意が要求されるか、どの程度の注意能力が認められるか、を確定し、第五に、具体的予見可能性の肯定を妨げる事情である「信頼の原則」を適用しうる事情があったかどうか、を検討し（「結果阻止要因」はここに入る。）、これらをクリアーできてはじめて行為者に刑事責任としての具体的予見可能性、したがって注意義務違反という過失責任が肯定できるのである。

(20) 前田雅英「法定的符合説と過失の予見可能性」法学セミナー四二一号（一九九〇）六〇頁。

(21) 町野朔『刑法総論講義案Ⅰ〔第二版〕』（一九九五・信山社）二八三頁。同旨、山口厚「過失における『予見の対象』」法学教室一〇七号（一九八九）九三頁、松宮孝明「過失犯における『予見の対象』」判例タイムズ七二四号（一九九〇）七五頁以下〔同著『過失犯論の現代的課題』（二〇〇四・成文堂）一〇五頁以下所収〕、大塚裕史「監督過失における予見可能性論（三）」早大法研論集五二号（一九九〇）三六頁以下、伊東研祐「予見可能性の対象」ジュリスト『刑法判例百選Ⅰ総論〔第四版〕』（一九九七）一一一頁等参照。なお、小田直樹「『具体的』予見可能性について」広島法学一四巻四号（一九九一）二〇二頁以下参照。

(22) 甲斐・前出注（7）二四頁以下〔本書第5章〕参照。

(23) 前田雅英「『結果』の予見可能性」ジュリスト七八四号（一九八三）五三頁〔同著『現代社会と実質的犯罪論』（一九九二・東京大学出版会）二四六頁〕。なお、西原春夫『刑法総論』（一九七七・成文堂）一七四頁参照。

(24) 松宮孝明『刑事過失論の研究』（一九八九・成文堂）三七六頁。

(25) 大塚裕史「予見可能性の判断構造と管理・監督過失」刑法雑誌三六巻三号（一九九七）六頁以下、一一頁以下。

(26) 甲斐克則「海上交通事故と過失犯論」刑法雑誌三〇巻三号（一九九〇）七六頁〔同『海上交通犯罪の研究〔海事刑法研究第一巻〕』（二〇〇一・成文堂）四一―四二頁〕。なお、同「事故型過失と構造型過失」刑法雑誌三一巻二号（一九九〇）七五頁〔本書第6章〕、同「ホテル火災と経営者の過失責任」法学教室一六六号（一九九四）一二七頁、町野朔「過失犯」町野朔ほか『考える刑法』（一九八三・弘文堂）一九三―一九四頁、内藤謙『刑法講義総論（下）Ⅰ』（一九九一・有斐閣）一一二〇頁をも参照。

(27) 米田・前出注（3）九頁、同「刑事過失論の今日的課題（三・完）」警察研究六三巻八号（一九九二）一四頁。

四　結　語

以上、本章では、責任原理を視座としつつ、過失「責任」の意味および本質について若干の考察をしてきた。とりわけ旧過失編に基本的に立脚する以上、過失犯論の個別的解釈論を展開する前に、この問題を考えないわけにはいかない。しかし、本章では、必ずしもその目的を十分に達している、とは言い難い。(28) そこで、次章においても、本章の問題意識を連続させて、さらに「認識ある過失」と「認識なき過失」の区別に焦点を当てつつ考察を深めたいと思う。

(28)　この点で、宗岡嗣郎「刑事責任の本質（一）（二）——法存在論からのスケッチとして——」久留米大学法学四九号（二〇〇四）三九頁以下、五〇号一頁以下は、重要な論稿としてここに掲げておく。「共生」という観点から規範的責任論を再構成しようとされる。

第5章　「認識ある過失」と「認識なき過失」
——アルトゥール・カウフマンの問題提起を受けて——

一　序——問題の所在

一　一般に過失には「認識ある過失」と「認識なき過失」がある、といわれるが、その区別は必ずしも明確ではないし、前者と「未必の故意」との区別の問題ほど議論が真摯になされているわけではない。この区別は、そもそも実益がないものなのであろうか。団藤重光博士は、「構成要件該当事実とそれ以外の違法性の内容をなす事実」について表象を欠く場合を「認識のない過失（無意識的過失）」、これを可能なものとして表象したがただ認容を欠く場合を「認識のある過失（意識的過失）」とに分類され[1]、このような区別が学説上も一般化している。ところが団藤博士は、さらに、「どちらもおなじ過失で、情状としてもかならずしもつねに後者が重いとはかぎら」ず、「認識は有無のどちらかではなく、その範囲・程度には無限の差異がありうる。したがって、認識のある過失と認識のない過失との区別は相対的なもの」とも説かれる[2]。確かに、団藤博士のように人格責任論に立脚すれば、両者の区別にはさしたる意義もないことになろう。しかし、故意犯処罰が原則であり、過失犯処罰は例外であって（刑法三八条一項）、一般的には結果に関する認識の度合いが強ければ強いほど犯罪実現意思も強く、したがって責任性も強いと考えるのが筋道ではなかろうか。認識の範囲・程度には差異はありうるが、認識の有無はまさに「あるか、ないか」、である。そもそも、その場合の認識対象は何か。これを明確にしなければならない。そのうえで、何故に「認識なき過失」に責任性があるのか、を根底から考えておく必要がある。

二　この点に関して、平野龍一博士は、次のように述べておられる。すなわち、「過失はしばしば責任でないものも含み得ることに注意しなければならない。精神を十分に緊張させて危険性の有無を判断した結果、『誤って』危険がないと判断した場合、その誤りは知的な誤りにすぎない。これを処罰するとすれば、そのような行為者が『悪い』から処罰するのではなく、『愚か』だから処罰することになる。また、技術が未熟であるために、避けそこなって人を死傷させたときも、『下手』だから処罰するのであって『悪い』から処罰するのではないことになる。しかもほとんどすべての過失犯の場合に、多かれ少なかれこのような要素を含むことは否定できない。しかもどこまでが、『不注意』によるものであり、どこからが『判断の誤り』あるいは『未熟さ』によるものかの区別は、多くの場合ほとんど不可能である。したがって過失犯の処罰にあたっては多かれ少なかれ責任でないことも処罰しているといわざるをえない。このことは過失犯の処罰にあたって心にとめておかなければならないことである」[3]、と。また、「たしかに、過失責任は、結果発生の危険性を意識していない。しかし、これは過失を故意と区別する消極的な要素であって、過失の責任性を積極的に基礎づけるものではない。積極的に基礎づけるためには、無意識の『何』が責任を問う根拠になるかを明らかにしなければならない。したがって、過失の実質は無意識にあるといっただけでは、理論づけにはならない」[4]、と。平野博士が「認識ある過失」と「認識なき過失」の区別を念頭に置いてこの主張をされているのかは、必ずしも明らかではない。しかし右の指摘は重要であり、その論理を詰めていくと、この区別の意義および問題を真摯に考えざるをえない。どの時点のいかなる認識がない場合が「認識なき過失」であって、何故にそれに責任性が認められるのか。それは、責任原理といかなる関係に立つのか。

三　以上のような問題意識から、本章では、責任原理を根底に据えて過失の責任性を探究しつつ、「認識ある過失」と「認識なき過失」の区別について考察し、とりわけ「認識なき過失」の責任性の有無について検討を加えようと思う。日本でもこれまで、田宮裕博士が社会コントロールの手段としての刑事制裁の限界という観点から「認識なき過失」の不可罰性を説かれたことがあり、(5)青柳文雄博士も道義的責任の立場から刑事過失責任の縮小を説かれたことがある。(6)また、沢登佳人教授による「すべての過失は認識ある過失である」という興味深い問題提起もあった。(7)しかし、刑事実務は、交通事故にせよ（例えば、最決平成一・三・一四刑集四三巻三号二六二頁）、いわゆる監督過失にせよ（例えば、最決平成二・一一・一六刑集四四巻八号七四四頁、最決平成二・一一・二九刑集四四巻八号八七一頁、最決平成五・一一・二五刑集四七巻九号二四二頁）、総じて過失責任拡大の方向を歩んできているし、学説も右の問題提起に十分対応してこなかったように思われる。意思責任を重視し、具体的予見可能性説に立つならば、なおさらこの問題を回避できないのではなかろうか。

私自身のこれまでの過失犯の判例分析を中心とした研究(8)も、根底にはこの問題意識があり、またドイツのアルトゥール・カウフマンの研究に示唆された最近の責任原理に関する論文(9)も、刑事「責任」の根拠そのものを問い返すものであった。本章も、その延長線上にある。以下、まず、「認識ある過失」と「認識なき過失」の区別の意義について、若干の理論史を踏まえ、主としてこの問題を根本的に考察したアルトゥール・カウフマンの問題提起を辿りつつ検討し、つぎに、両者の区別の論理構造を考察することとする。

（1）　団藤重光『刑法綱要総論〔第三版〕』（一九九〇・創文社）三四一頁。なお、内藤謙『刑法講義総論（下）Ⅰ』（一九九一・有斐閣）一〇八四頁をも参照。

(2) 団藤・前出注（1）三四一頁注（二）。

(3) 平野龍一『刑法総論I』（一九七一・有斐閣）二〇四―二〇五頁。

(4) 平野・前出注（3）二〇五頁。

(5) 田宮裕「過失に対する刑法の機能」日沖憲郎博士還暦祝賀『過失犯（1）――基礎理論』（一九六六・有斐閣）三二七頁以下、特に三三六頁以下。

(6) 青柳文雄「無過失の刑事責任」日沖還暦（前出注（5））二七一頁以下。

(7) 沢登佳人「すべての過失は認識ある過失である」植松博士還暦祝賀『刑法と科学――法律編』（一九七一・有斐閣）三二一頁以下。

(8) とりわけ甲斐克則「海上交通事故と過失犯論」刑雑三〇巻二号（一九九〇）四七頁以下〔同著『海上交通犯罪の研究〔海事刑法研究第一巻〕』（二〇〇一・成文堂）所収〕、同「事故型過失と構造型過失」刑雑三一巻二号（一九九〇）五九頁以下〔本書第6章所収〕、同「船舶衝突事故と過失犯論――なだしお事件判決に寄せて――」大國仁先生退官記念論集『海上犯罪の理論と実務』（一九九三・中央法規）一四七頁以下〔同・前出『海上交通犯罪の研究』所収〕、同「管理上の過失」中山研一＝泉正夫編『医療事故の刑事判例（第二版）』（一九九三・成文堂）二七九頁以下、同「火災死傷事故と信頼の原則」中山研一＝米田泰邦編『火災と刑事責任』（一九九三・成文堂）一四一頁以下、同「瀬渡し船の事故と過失犯論」海上保安問題研究会編『海上保安と海難』（一九九六・中央法規）一九一頁以下〔同・前出『海上交通犯罪の研究』所収〕、「火災死傷事故と過失犯論――管理・監督者の過失責任を中心として――（一）～（七）」広島法学一六巻四号（一九九三）一三一頁以下、一七巻四号（一九九四）一一五頁以下、一八巻三号（一九九五）一頁以下、一九巻二号六一頁以下、四号（一九九六）二一九頁以下、二〇巻三号（一九九七）四九頁以下、二一巻一号二七頁以下（未完）。

(9) 甲斐克則「責任原理の基礎づけと意義――アルトゥール・カウフマン『責任原理』を中心として――」横山晃一郎先生追悼論集『市民社会と刑事法の交錯』（一九九七・成文堂）七九頁以下〔本書第1章所収〕。

二 「認識ある過失」と「認識なき過失」の区別の意義
――若干の史的概観とアルトゥール・カウフマンの問題提起

一 一八世紀に過失が故意と並ぶ責任形式としての地位を得て後、一八世紀末から一九世紀にはその理論的展開が始まった。過失について、クラインは「消極的な悪しき意思」とみなし、グロールマンは「危殆化故意」とみなし、フォイエルバッハは心理強制説の立場から「違法な意思決定」とみなし、あるいはスチューベルは故意危殆化犯に転化されるものを除いて過失の責任性を否定しつつ先行行為の故意性の中に「危険性の認識のない危険行為」の可罰性（教育刑）を求め、さらにアルメンディンゲンは心理強制説を徹底して悟性責任論の観点から過失の責任性を否定しつつ他方で特別予防の観点から悟性の欠陥を重視して過失犯処罰を肯定した。彼らは、詳細はそれぞれ異なるにせよ、共通理解としてその根底には「意思責任」があったため（ただしアルメンディンゲンはそれと訣別している。）、過失責任の根拠を故意責任に近づけて理解する傾向にあった。[10] 確かに、責任原理の観点からすると、意思責任に固執して過失の問題を考えることは、妥当な方向を示している、といえる。とりわけ「認識ある過失」については、意思責任を基礎にして、ある程度それは説明がつく。[11] しかし、すでに指摘されているように、「過失を危殆化故意に転化させることは、結果を犯罪の非本質的部分として分離することになろう」[12]。また、フォイエルバッハが、一方で過失の本質を有害結果を発生させないようにすべき一般的注意義務に求め、しかも自己の行為が義務違反であることを具体的に意識していることを条件としてその「直接過失」（今日の「認識ある過失」に当たる。）に可罰性を認めつつ、他方で「刑罰法規を知ることを怠る過失（Culpa aus Unwissenheit des Strafgesetzes）」、「自分の行為が法規違反たることを知ることを怠る過失（Culpa durch Übereilung）」、行為と結果との関係を考えない過失（Culpa durch Unbedachtsamkeit）を「間接過失」（今日の「認識なき過失」に当たる）として処罰を拡大している点に注意を要する[13]。この点については、「心理強制説をもっては過失の説明が不可能であることを示したもの[14]」、との指摘もある。

二　いずれにせよ「認識なき過失」をどのように扱うかは、この当時からの大きな問題であったということができる。「意思責任」に固執する以上、その「意思」の内容も多様に理解されたが、結果に対する「意欲」というだけでは説明に窮し[15]、苦悩は深まるばかりであった。エンギッシュが指摘するように、少なくとも「認識なき過失の中に故意の契機を証明しようとするすべての試みは、暗礁に乗り上げる運命を辿るのである[16]」。

その間に、新カント派価値哲学の影響により、責任とは評価そのものであるとする規範的責任論が登場したが、「純粋な否定説は、過失の可罰要求の増大に抵抗しうる有効な武器を持ち得なかった[17]」のである。社会的責任論、性格責任論、人格責任論が登場する素地がここにある。あるいはエクスナーのように感情責任論に立脚して「認識なき過失」の可罰性を説く者も現れた[18]。すなわち、エクスナーは、「もし、侵害結果を発生させるという表象が強い……不快感情と結び付いていたとすれば、行為者は、行為しつつもその侵害結果の可能性を予見したことになる[19]」、と説き、過失の本質を「行為者が意外にも意思なく侵害を発生せしめた法益に対する義務違反による過小評価（die pflichtwidrigen Geringewertung）」の中に求めた[20]。このように、侵害される法益に対する関心の欠如としての感情責任論を基礎として「認識なき過失」の可罰性を説く考えは、当時、クリースマン、グラーフ・ツー・ドーナなどにより支持された[21]。しかし、エクスナーの見解は、すでに当時指摘されたように、「誰かが自分にとって価値の高い法益を過失で侵害するような場合には、挫折するであろう」（例えば、花婿が銃を軽率に扱っていて花嫁を射殺した場合、母親が眠ってしまって自分と一緒にベッドに寝かせていた子供を窒息死させた場合、息子が狩猟の際に誤って父親を射殺した場合等[22]）し、義務感情の欠如が責任原理といかに調和するのかは、明らかでない。そこでエンギッシュは、エクスナーの問題提起を受けて、エクスナーの説明の根本思想を見捨てるまでもなく、行為者の関心の欠如に対して別の結節点を与えてやれば疑念を払拭できるとして、[23] エクスナーの理論の補正の必要性を唱え、[24]「結局、より重要なことは、認識なき過失の場合について、関心という概念それ自体をさらに一層明確に規定して誤解を生まないようにさせることである」[25]、と説いたのである。

では、エンギッシュは、「関心」の内容をどのように考えたのであろうか。彼は言う。「自分の子供を愛していながら自らその子供に傷害を加えたり殺害するといった表象が不快きわまるものでないということは、ありえない。われわれが行為者に残念ながら欠けているとみなす関心とは、やはりそのような『嫌悪感』以上のものであり、それは……決して違法を犯さないという配慮（Besorgnis）であり、穏やかに言えば、善良な国民にとって欠かすことのできない一種の気づかい（Ängstlichkeit）である。この中に、権利侵害を表象するという『感受性（Gefühlsbetonung）』が存在するのである。この感受性は、権利侵害の危険に対する、あるときは認識ある緊張、あるときは認識なき緊張を意味し、この緊張は、構成要件実現が差し迫ってくるとき、つまり認識可能性が前提とされれば心を配る人がそれに対して『自ら』注意深くなるような構成要件実現が差し迫ってくるとき、ただちに個々の配慮行為（危険な行為をしないこと、注意措置をとること、法に配慮した行為をすること）へと展開するのである（『配慮（Sorgfalt）』という名前はこれに由来する。）」[26]、と。かくしてエンギッシュは、「認識なき過失」についても感情責任からその可罰性を基礎づけようとしたが、その心理学的基盤に対してはすでにフィッシャーが根本的な批判を加えているし、[27] そもそもこのような考えが責任原理と矛盾しないものか、疑問である。

三　このように議論が混迷する中で、第二次大戦後、近代刑法の基本原理である責任原理（Schuldprinzip）を基礎に据えて「認識ある過失」と「認識なき過失」の問題について本格的に考究したのが、アルトゥール・カウフマンである。[28]その根底には深い人間理解に根ざした責任原理に関する洞察があるが、それについては別稿で考察したので、[29]ここでは右の前記二つの過失についてのカウフマンの見解を取り上げて検討することにしたい。

カウフマンは、「人がある人間に対して非難を為しうるのは、彼が倫理的に責任があったということについてだけである」、という基本観念から、意思責任に立脚して議論を展開する。すなわち、悟性責任は愚鈍さを問題にするが、愚鈍さは何ら責任を根拠づけないので妥当でないし、感情責任は感情が本能と同様に Es（非我）に由来するものであって Ich（自我）に由来するものでないがゆえにそもそも責任非難の対象たりえない。また、性格責任は、性格が素質と環境によって決定的に形成され、そのかぎりで人間はあるがままの自分であることに対してどうすることもできないがゆえに刑法上の責任判断を根拠づけることはできない。さらに、心情責任は倫理的責任原理と合致するようにも思われるが、「心情（Gesinnung）」とは何か、を確定することは非常に難しい。[30]かくしてカウフマンは、実質的意味における責任を、「（最広義の）許されざる結果の確実なあるいは可能な惹起の表象において自らに告知する禁止に対する認識ある意思決定」だと定義する。[31]意思責任を基礎に据えることは、責任原理に最もよく適うものであり、妥当であるといえよう。しかし、故意責任はともかく、先人たちが苦悩した過失の問題をこれでクリアーできるであろうか。

カウフマンは、まず、「認識ある過失」の責任性を基礎づける。とりわけ「認識ある過失」は純粋な責任であり本来的には故意の一形式（危殆化の故意あるいは故意の危険犯）であるとのコールラウシュの見解に賛同しつつ、「認識ある過失は、結果によって構成された故意の危険犯」だとして、「結果の発生は、この場合、構成要件要素ではなく、ひとつの処罰条件」だ、と説く。[32]カウフマンにとって「認識ある過失は、行為者が、ある法益の不法な（社会倫理的に非難すべき）危殆化を意識して行為する場合にしか存在しない」ことになり、「具体的危険性を知らない場合には、決して認識ある過失は存在せず、つねに認識なき過失が存在するにすぎない」[33]。

「認識ある過失」を故意の危険犯と同視する点および結果の発生を処罰条件とする点は疑問であるが、行為の属性としての危険性の認識があるという点では共通点を見いだすことは可能であろうし、おそらくそれは、意思責任という観点から過失の責任性を認める限界を問うという意味で重要な観点といえるであろう。「具体的危険の認識」に固執することにより、「すべての過失は認識なき過失である」という命題は否定できる。他方、「認識ある過失」と「未必の故意」との関係はどうか。この点についてカウフマンは、次のように述べる。「行為者が抽象的な危険性の認識しか有していない――自動車運転はそれ自体危険であることを自動車運転者は知ってはいるが、私が今そのように運転しても人間的判断からして何も起こりえないと彼が言う――とき、認識ある過失にとって特徴的な危殆化の意思が欠けるのである。他方、具体的危険性を知っている場合、それだけでただちに未必の故意が存在するわけではない、つまり、行為者が結果を認容していなければ、未必の故意は存在しないのである。危険の必然性の表象から結果実現の認容を推論することは、誤りである。……基本的には、具体的危険の認識と抽象的危険の認識とを区別することは、ナンセンスである。危険というのは、必然的なものとしてのみ表象されうるものであり、可能なものとしてのみ表象されうるものではない。なぜなら、ある結果発生の可能性の可能性の表象というのは、何かそれ自体で矛盾しているからである。自己の行為を『抽象的危険』としてしか思っていない者は、まさしくそれをそもそも危険なものとは思っておらず、それゆえに認識ある過失は問題とならない」[34]、と。かくして、カウフマンにとって「認識ある過失」は、純然たる倫理的責任（意思責任）から基礎づけられるのである。

四　では、「認識なき過失」はどうか。これが問題である。カウフマンによれば、例えば、不注意から人間を轢く自動車運転者は「故意に」自動車を運転しているし、致命的作用のあるモルヒネを何も知らずに注射する看護婦は「故意に」注射をしているように、「認識なき過失」の場合にも「自然的意味における故意」は存在するが、もとより「この故意は、刑法においては当然に関心を抱かせるものではない」。ここで重要なのは、「悪しき意思」(ある法益侵害・危殆化に関係する故意)が存在するかどうかであり、「認識なき過失」の場合、認識がないまま結果が発生するので、「認識ある過失」に本質存在的な危殆化の意思すらも欠けるし、「法益の危殆化は、認識の領域にはまったく現れておらず、それゆえ、意思によっても包摂されえない」[35]。

ここで興味深いのは、カウフマンが、行為の初期の段階で危殆化の意識・意思があれば一種の「原因において自由な行為」として完全に責任刑を負う、としている点である[36]。このような考えは、前述のように、かつて存在したものである。メツガーは、「過失犯も有責であるということ、それは、認識ある義務違反の意欲という要因をそれ自体の中に含んでいなければならない」、と述べ、例えば、機関士が新たな規則を無視して鉄道事故を過失により惹起したという設例では、「彼には自分が一定の義務を履行すべきであった(新たな詳細な諸規定を読むとか、一定の場所で走行に注意する等)という認識があり、また、この義務の履行があれば彼には事故の回避可能性があったであろうという理由で、彼は過失により行為したことになる[37]」、と説いたが、カウフマンも基本的にこれを支持する。そして、ある婦人が意識的に義務違反をして腐食性の液体の入った容器を台所のテーブルの上に置いて立ち去り、後に彼女の子供がその容器の所にやって来てそれをひっくり返して傷を負うという設例も含め、「機関士とか母親に対して一般的注意義務の懈怠のみが非難されうるというのは、十分といえない。……むしろ、結果に応じて区別される個々の過失犯、過失による犯罪(crimina culposa)だけが存在するにすぎず、それゆえ、過失においても、特別な構成要件的結果に対する内面の事実関係が存在しなければならない。したがって、機関士および母親は、まさに傷害もしくは殺人と関連して意識的に義務に違反した行為をしたといわなければならない」が、「婦人が、腐食性の液体の入った容器の片付けをあっけなく忘れてしまい、したがって、いかなる時点においても何らの危険も考えなかったとすれば、その構造は、意思責任を断念するものといわなければならない[38]」と論じている。ところが、現実には、意思責任がいかなる行為の時点においても証明されない数多くの「認識なき過失」の事例が存在し、処罰されていることに対してカウフマンは憂慮しつつ、M・E・マイヤーとともに、「現存しない――より厳密には、行為者に認識されていない――表象は、そもそも動機になりえないし、したがってまた反対動機にもなりえない」ので、認識なき意思はまったく責任に帰属されないことになる[39]、と説くのである。

ここで注意を要するのは、その表象内容である。ケーラーによれば、「認識なき過失」における責任は、「責任能力ある行為者が、緊急状態に置かれておらずに、計画された態度の結果としての法益に対する危険が現実の内容であるかどうか入念に吟味しようとする契機を意思行為によって拒否する」、という点にあり、それゆえ、前述の設例では、自分の子供が後で飲んで死ぬような毒びんを放置しておく母親の責任は、彼女が警告的表象（warnende Vorstellung――この場合重要なのは毒――を怠慢からどこかへ押しやってしまった点にあるとされ、その子供がやがてそのびんに近づくことがありうるという表象は必要とされない[40]。これに対してカウフマンは反論する。「このように警告的表象をどこかへ押しやってしまう行為は断じて認識なき過失のあらゆる事案において見られるものではなく、「とりわけ忘却犯の場合、行為者は悪しき結果について少しも考えておらず、それゆえにまた警告的表象すらも決してどこかへ押しやってしまったというわけでないことがしばしば見受けられる。……過失行為の場合には義務について考える契機がつねに存在するとはいえないし、また、そのような契機が現存する場合にも、義務の認識が事実上も喚起されるという具合には決してなるはずがない[41]」、と。これは、安易に義務の認識を肯定する傾向に歯止めをかける意味で重要な指摘である。「認識なき過失」の場合に義務感を喚起したにちがいない事実上の外部的諸事情の表象はあるが（そしてそれを重視する者もいるが）、カウフマンによれば、これは重要でなく、「これらの事情の危険性の表象だけが、義務感を喚起するのに適するのである」[42]。

しかし、意思責任に立つにしても、「認識なき過失」をかつてのクラインのように「消極的な悪しき意思」として捉える見解に対しては、カウフマンはエクスナーとともに[43]「幻想」だとして批判的である。「責任は、否定の中には存在しえず、むしろ何らかの現実在的に現存するものであり、それゆえに行為の結果に対する積極的関係の中になければならず、したがって一般に、過失責任は不注意、注意不足、あるいは必要な注意の欠如の中にあるとする理解は、責任を単なる評価とみなす極端な規範主義にとって重要であるにすぎない[44]、と手厳しい。ここにカウフマンの特徴がある。また、ヴェルツェルのように「認識なき過失」を行為構造の誤り、有責に修得された性格のうえに根拠づける見解、あるいは無思慮な性格の処罰と解するフォン・バールやバウムガルテンの見解に対しても批判的である。とりわけヴェルツェルの見解[45]に対しては、「自己教育の欠如もしくは誤りの処罰、したがってヴェルサリ・イン・レ・イリキタ（versari in re illicita）の原則に帰着する」[46]、と手厳しい。何よりも、それによれば刑法上の義務すらまったく存在しない時点に責任が存在することになり妥当でないし、「認識なき過失として処罰されるあらゆる行為が、そのように有責に獲得された性格の誤りに起因するわけではない。性格的に異論のない人格でも、不注意を犯し、災難がそれを望めば悪しき結果に至る。……それゆえ、多くの事案において、もし、不注意により不幸が起きる場合にはいつも人格責任および性格責任を想定しようと欲するならば、それはまったくの擬制に帰するであろう。しかし、個々の事案においては、認識なき過失の根底に自己教育の有責な欠缺があるかどうかを区別することは、完全に不可能である」[47]。したがってカウフマンは、正当にも目的的行為論とも一線を画する。目的的行為論によれば、「認識なき過失」の場合、構成要件該当結果とは異なる結果が目的的に操縦される点に過失行為を認めるわけであるが、カウフマンによれば、この目的性は法的には重要でなく、もし、目的性の欠如の中に過失行為の目的的構造を見出そうとすれば、「消極的な悪しき意思」の理論と等しくなり、責任は「良き意思の欠如」の中に求められることになって妥当でなく、決局、「目的的行為論は目的性という主観的概念に固執するかぎり認識なき過失の問題を解決しえない」ことになる。(48)

かくしてカウフマンは、「特定の構成要件該当結果に対する責任関係が結果発生以前の時点に存在する若干の事案（原因において自由な行為のようなもの）を除いて、認識なき過失は、実質的意味における責任ではない(49)」、と断定する。その際、実務上も、「認識なき過失」の場合、責任に応じた処罰ではなく、結果に応じた処罰がなされている点を看過してはならないとし、このような運用を自覚したうえで、カウフマンは、それを無効とは言わずに、「非法（Nicht-Recht）」としている。(50) そして、「認識なき過失」に対しては刑事制裁に代わり警察的制裁による対応も考えられるが、それは軽率になされてはならない、と警告し、責任原理を実現するには諸困難も伴い、何より「任意に作ることのできない歴史的諸条件に拘束される」こと（法の歴史性の重要性）を強調する。(51)

五　しかし、「認識なき過失」の問題は、それほど単純なものか。カウフマンは、さらに考察を深め、規範的責任論そのものの批判的分析に進む。理論史的にみても、責任の実体を抽象的なものにした規範的責任論を根本的に見直すことは重要と思われる。カウフマンは、「そもそも非難可能でありかつ義務違反であるとは何であるのかが解答されうることなしに、認識なき過失の責任が抽象的に非難可能性ないし義務違反として示されるとき、肝心の点は解決されるのか」、と問い、さらに、「行為者が結果を予見しえたであろうしそれゆえに回避しえたであろうという単純な仮定的事情の中には、まさしく義務違反は（この種の確認がそもそも適切たりうるかという問題をまったく別とすれば）

存在しえず、むしろそれどころか、義務違反のための前提が存在するにすぎない」、と説く。[52] 責任原理を根拠にしてあくまで責任の実体を求める姿勢に賛同せざるをえない。カウフマンは言う。「認識なき過失の責任の特質の問題においては実質的責任が重要なのであって、非難可能性、義務違反、あるいは答責性という概念すらも、それにもかかわらずまったく形式的であり、それゆえに責任の内容に関しては何も言明していないのである」。「非難可能性こそが責任の本質存在であるという見解、それどころか責任は非難可能性に尽きるという見解が主張される場合、責任原理は、完全に意義をなくしてしまっている。それでもなお責任原理が布告される場合、それは口先だけの信仰告白にすぎない。責任原理を真摯に主張する者は、責任の下で非難可能性を理解するのみならず、責任に実質的内容を結び付けなければならない」。「それが可能なのは、責任の中に実在性が認められる場合だけである」。「責任に関して決定的なのは、したがって、非難とか非難可能性ではなく、非難すべきこと（das Vorzuwerfende）なのである」[53]、と。ここにカウフマンの真髄が出ている。

しかし、以上のことは、規範的責任論の放棄を意味しないのか。カウフマンによれば、「責任における規範的要素は、決して完全に否定されるべきではなく、また再び、価値から自由な心理的責任論が主張されるべきでもない」[54]。要するに、規範的責任論を採るにせよ、極端な規範主義に歯止めをかけるのである。この方向性は、意思責任への回帰を主張される内田文昭教授によっても打ち出されており[55]、本書が目ざすところと軌を一にする。カウフマンは、さらに言う。「認識なき過失の中には、何ら実質的責任が含まれないとするなら、それでもなお認識なき過失を非難可能なものとみなすことによっても、認識なき過失に実質的責任は付着しない。……（原文改行）結局、責任とは不法に対する認識ある自発的に意欲された決断であるとする倫理的な責任理解の立場からは、認識なき過失は何ら責任形式を表すものではない、ということが確認されなければならない」[56]。意思責任（これを純粋に貫くことが困難にせよ）

に立脚する以上、かりに過失行為があっても「認識なき過失」の責任性に疑問を抱かざるをえず、その可罰性を否定する方向に向かわざるをえないように思われる。

六　かくして、「認識ある過失」と「認識なき過失」の区別は、カウフマンの問題提起により明らかになったように、「認識なき過失」の不可罰性に帰着するなど過失の責任性を根本から問う意義を有しており、刑事過失責任の拡大傾向が続く現状に鑑みると、いままさにその明確な区別の努力が要求されている、といえよう。では、両者の区別の論理構造は過失犯論との関係でどのように考えるべきか。つぎに、この点を考察してみよう。

（10）　過失犯の歴史については、*Franz Exner*, Das Wesen der Fahrlässigkeit, 1910, S. 12ff. 不破武夫『刑事責任論』（一九六八〔初刊は一九四八〕・清水弘文堂）一四五頁以下、井上正治『過失犯の構造』（一九五八・有斐閣）二一〇頁以下、内田文昭『犯罪概念と犯罪論の展開』（一九九〇・信山社）一七三頁以下、真鍋毅『現代刑事責任論序説』（一九八三・法律文化社）一五頁以下、花井哲也『過失犯の基本構造』（一九九二・信山社）一三九頁以下参照。
（11）　甲斐・前出注（9）九二頁以下〔本書第1章一五頁以下〕参照。
（12）　真鍋・前出注（10）六八頁。
（13）　Vgl. *Paul Johan Anselm v. Feuerbach*, Revision der Grundsätze und Grundbegriffe des positiven peinlichen Rechts, Bd. 2, 1800, S. 220. ; *ders.*, Lehrbuch des gemeinen in Deutschland gültigen peinlichen Rechts, 14 Aufl. 1847, S. 102ff. フォイエルバッハの過失理論の変遷を含む過失犯の歴史の詳細については、*Exner*, a.a.O.（Anm. 10）, S. 14ff., bes. S. 18. ; *Karl Binding*, Die Normen und ihre Übertretung, Bd. 4, 1919, S. 8ff. 参照。
（14）　真鍋・前出注（10）七〇頁。
（15）　井上正治・前出注（10）二一八頁、真鍋・前出注（10）八二頁以下。
（16）　*Karl Engisch*, Untersuchgen über Vorsatz und Fahrlässigkeit im Strafrecht, 1930, S. 401. 邦訳としてカール・エンギッシュ（荘子邦雄＝小橋安吉訳）『刑法における故意・過失の研究』（一九八九・一粒社）四八三頁参照。本書でも同訳を参照したが、必ずしも同訳に従っていない部分もある。なお、ビンディングは、過失を、「回避可能な違法な行為に向けられた、自ら違法性を意識していない意思——要するに、回避可能な違法な行為の、故意によらない意欲」と定義したが（*Binding*, a.a.O.（Anm. 13）, S. 454）、やはりそれだけでは無理があり、後に批判されることになる。

（17） 真鍋・前出注（10）八九頁。
（18） *Exner*, a.a.O.（Anm. 10）, S. 134ff.
（19） *Exner*, a.a.O.（Anm. 10）, S. 173.
（20） *Exner*, a.a.O.（Anm. 10）, S. 177.
（21） *Engisch*, a.a.O.（Anm. 16）, S. 467. 荘子＝小橋訳・五六三頁。
（22） *Engisch*, a.a.O.（Anm. 16）, S. 467f. 荘子＝小橋訳・五六三頁。
（23） *Engisch*, a.a.O.（Anm. 16）, S. 469. 荘子＝小橋訳・五六五頁。
（24） *Engisch*, a.a.O.（Anm. 16）, S. 471. 荘子＝小橋訳・五六七頁。
（25） *Engisch*, a.a.O.（Anm. 16）, S. 474. 荘子＝小橋訳・五六九頁。
（26） *Engisch*, a.a.O.（Anm. 16）, S. 474f. 荘子＝小橋訳・五六九—五七〇頁。
（27） *Sigrid Fischer*, Das Vergessen als Fahrlässigkeit, 1934, S. 67f.
（28） *Arthur Kaufmann*, Das Schulprinzip. Eine strafrechtlich-rechtsphilosophische Untersuchung, 1. Aufl. 1961, 2. Aufl. 1976. 本書では2 Aufl. を使用する。邦訳としてアルトゥール・カウフマン（甲斐克則訳）『責任原理——刑法的・法哲学的研究——』（二〇〇〇・九州大学出版会）がある。
（29） 甲斐・前出注（9）〔本書第1章〕参照。
（30） *Kaufmann*, a.a.O.（Anm. 28）, S. 149f. 甲斐訳・二一四—二一五頁。
（31） *Kaufmann*, a.a.O.（Anm. 28）, S. 153. 甲斐訳・二一九頁。
（32） *Kaufmann*, a.a.O.（Anm. 28）, S. 154. 甲斐訳・二二〇頁。Vgl. auch *Eduard Kohlrausch*, Die Schuld（Vorsatz, Fahrlässigkeit, Rechtsirrtum, Erfolgshaftung）, in P. F. Aschrot u. F. v. Liszt（hrsg.）, Die Reform des Reichsstrafgesetzbuchs, Bd. I, 1910, S. 197（zit. nach *Kaufmann*, ebd.）.
（33） *Kaufmann*, Anm. 28, S. 155. 甲斐訳・二二二頁。
（34） *Kaufmann*, Anm. 28, S. 155. 甲斐訳・二二二—二二三頁。
（35） *Kaufmann*, Anm. 28, S. 156. 甲斐訳・二二二—二二三頁。

（36） *Kaufmann*, Anm. 28, S. 156. 甲斐訳・二二三頁。なお、西原春夫「過失犯と原因において自由な行為」日沖還暦（前出注（5））二二三頁以下〔同著『犯罪実行行為論』（一九九八・成文堂）一二四頁以下所収〕参照。
（37） *Edmund Mezger*, Strafrecht. Ein Lehrbuch, 3. Aufl. 1949, S. 355.
（38） *Kaufmann*, a.a.O.（Anm. 28）, S. 156f. 甲斐訳・二二三頁。
（39） *Kaufmann*, a.a.O.（Anm. 28）, S. 158f. 甲斐訳・二二六頁。
（40） *August Kohler*, Probleme der Fahrlässigkeit. 1912. S. 81ff.; *ders*., Die Schuld als Grundlage des Strafrechts. GS. 96（1928）, S. 120ff.
（41） *Kaufmann*, a.a.O.（Anm. 28）, S. 159. 甲斐訳・二二六—二二七頁。
（42） *Kaufmann*, a.a.O.（Anm. 28）, S. 160. 甲斐訳・二二七頁。
（43） Vgl. *Exner*, a.a.O.（Anm. 10）, S. 74.
（44） *Kaufmann*, a.a.O.（Anm. 28）, S. 160. 甲斐訳・二二八頁。
（45） *Hans Welzel*, Persönlichkeit und Schuld, ZStW. 60（1941）, S. 468ff.
（46） *Kaufmann*, a.a.O.（Anm. 28）, S. 161. 甲斐訳・二二九頁。
（47） *Kaufmann*, a.a.O.（Anm. 28）, S. 162. 甲斐訳・二三〇頁。
（48） *Kaufmann*, a.a.O.（Anm. 28）, S. 165ff., bes. S. 171ff. u. S. 173. 甲斐訳・二三四頁以下、二四一頁以下、二四四頁。
（49） *Kaufmann*, a.a.O.（Anm. 28）, S. 162, u. S. 187. 甲斐訳・二三〇頁、二六一頁。このように、「認識なき過失」は純粋な責任形式ではないとする見解を採る学者として、他にコールラウシュ、バウムガルテン、ガリナー、ブッシュ、ゲルマン、ラートブルフが挙げられている（S. 163：甲斐訳・二三一頁）。ちなみに、アメリカではジェローム・ホールがこれに近い。See *Jerome Hall*, General Principle of Criminal Law（2d. ed.）1960. pp. 133—141 ; Negligent behavior should be excluded from penal liability, Col. L. Rev. vol. 63（1963）, p. 632ff. アメリカにおける過失犯論については、田宮・前出注（5）をはじめ、井上祐司『行為無価値と過失犯論』（一九七三・成文堂）三〇五頁以下、真鍋・前出注（10）二九〇頁以下、大塚裕史「アメリカ刑法における過失責任論と刑事制裁の限界」鈴木義男先生古稀祝賀『アメリカ刑事法の諸相』（一九九六・成文堂）四三頁以下、鈴木茂嗣「Recklessness と故意・過失」同右・四四一頁以下参照。この問題については、もっとアメリカの議論を参考にしてよいように思われる。
（50） *Kaufmann*, a.a.O.（Anm. 28）, S. 210. 甲斐訳・二八九頁。

(51) *Kaufmann*, a.a.O.（Anm. 28), S. 164, u. S. 223ff. 甲斐訳・二三三頁および三五一頁以下。
(52) *Kaufmann*, a.a.O.（Anm. 28), S. 176. 甲斐訳・二四七頁。
(53) *Kaufmann*, a.a.O.（Anm. 28), S. 177f. 甲斐訳二四八―二五〇頁。
(54) *Kaufmann*, a.a.O.（Anm. 28), S. 179. 甲斐訳・二五頁。
(55) 内田文昭『改訂刑法Ｉ（総論)』（一九八六・青林書院）二二三頁以下、二三〇頁参照。
(56) *Kaufmann*, a.a.O.（Anm. 28), S. 186f. 甲斐訳・二六〇―二六一頁。

三　「認識ある過失」と「認識なき過失」の区別の論理構造

一　「認識ある過失」と「認識なき過失」を自覚的に理論立てて区別したうえで後者の不可罰性を説く見解は、日本では、これまであまりみられない。両者の区別に比較的深く言及された真鍋毅教授も、「認識なき過失にあっては、認識のないことが不注意の本体であるのに対して、認識ある過失では、いったん生じた認識が否定されてしまう点にも、不注意たるゆえんが存する。この点をとらえて、結果不発生を軽率にも信頼して行為に出た場合、と特徴づけることも可能である。いずれにせよ、結果が行為者の不注意に起因することは同じであり、こうして過失には、認識ある過失と認識なき過失の二種類があることとなる。ただ、いったん生じた認識が否定されるという、前者特有の意思過程に着目して、通常、前者が重い形式とされるが、常にそうであるとはいえないであろう。全く認識しないような不注意の度合が、いったん発生した認識を打ち消してしまうような不注意の度合よりも小さいとは限らないからである」[57]、と言われるにとどまる。意思責任を志向される真鍋教授が何故にこのような結論を導かれるのか、理解しがたい。もし、このような結論になるのであれば、団藤博士の見解同様、「認識ある過失」と「認識なき過失」

の区別の意義も実益もなくなりはしないだろうか。また、「認識」の対象が「結果発生」というだけでは明確でないように思われる。

二　過失犯の問題を深く研究された西原春夫博士も、両者の区別を「結果発生の予見がある場合とない場合との区別」に求めつつ、「たとえば人の往来するところでキャッチボールをする際、人に当たって怪我をさせることをいったん予見したが、注意深くやれば絶対大丈夫だとこれを打ち消し、キャッチボールを続けたところ、はたしてボールが人に当たって怪我をさせた、というような場合が認識ある過失であり、人に当たることなどまったく考えに入れなかった場合、とくに人のいることを認識しなかった場合が認識なき過失」だと説明され、「この両者の区別は、過失認定の構造には相違をもたらすものではなく、したがって、過失の内部では実践的な意味を持たない(58)」、と説かれる。しかし、人の往来の程度や場所にもよるであろうが、「人のいることを認識しなかった場合」に、いかなる意味で過失責任が肯定されるのであろうか。また西原博士は、「たとえば、人の現在する建造物に火を放ってこれを焼燬し、その際建造物内の人を焼死させた事案について考えてみると、もし行為者が当該建造物内には人は現在していないと誤信していた場合には、行為者は死の結果発生については予見が全然ないのだから、これは認識なき過失である。これに反して、もし行為者が当該建造物内に人の現在することを知っていたが、ただその人はうまく逃げられるだろうと誤信していた場合には、行為者は死の結果発生について全然予見がなかったとはいえない。ただ結果の発生を肯定的に是認することがなかった点で、やはり過失にすぎないが、前述の認識なき過失とはやや性格を異にする。このような過失を、一般に認識ある過失と称するのである(59)」、とも言われる。西原博士の立場からすれば、「両者の区別は、過失認定の構造には相違をもたらすものではな」いので、この場合「具体的な人の現在性」についての認識は、過失認定にとり決定的な意義を有しない。しかし、「具体的な人の現在性」についての認識がない場合に、「人の死」という結果について刑事過失責任をいかなる根拠で肯定できるのか。また、「結果発生については予見が全然ない」場合というのは、予見可能性を否定することとどう異なるのか。右の論理でいけば、「認識なき過失」の場合は過失責任がすべて否定されることになろう。それは、両者の過失認定の構造には相違がないとする命題と矛盾しないのか。

周知のように、最高裁は、貨物自動車の運転者が制限最高速度（時速三〇キロメートル）の二倍を超える高速度（時速約六五キロメートル）で走行中、ハンドル操作を誤り自車を信号柱に激突させて、知らない間に後部荷台に同乗していた二名を死亡させた（助手席に同乗していた者にも傷害を負わせた）事案について、「被告人において、右のような無謀ともいうべき自動車運転をすれば人の死傷を伴ういかなる事故を惹起するかもしれないことは、当然認識しえたものというべきであるから、たとえ被告人が自車の後部荷台に前記両名が乗車している事実を認識していなかったとしても、右両名に関する業務上過失致死罪の成立を妨げない」、と判示した（前出・最決平成一・三・一四）。概括的故意との対比から、あるいは錯誤論における法定的符合説を根拠に、過失の場合にも「同一構成要件の範囲内で抽象化を認めるべきである」、としてこれを支持する学説もあるが[60]、「後部荷台に人がいることの認識可能性がない以上、その死についての予見可能性もありえない[61]」、として、このような抽象化には批判も多い。具体的予見可能性説に立脚する以上、結論的には批判説の方が妥当であるといえる。しかし、さらに掘り下げて「認識ある過失」と「認識なき過失」との区別との関係から考察すると、本件は、弁護人が訴因をめぐり控訴趣意や上告趣意で固執しているように、助手席の同乗者については「認識ある過失」といえるが、後部荷台に隠れていた二名については「認識なき過失」であろう。二審判決は、「認識のある過失と認識のない過失とを区別するところのものは客観的構成要件要素の認識、特に結果の発生の予見の有無であり、業務上過失致死傷においては人の死傷の結果についての予見がある場合にはじめて認識のある過失といいうるのであって、人の死傷の結果についての予見がない場合は認識のない過失に過ぎないものである」、と述べている。しかし、この論理も西原博士の場合と同じ問題に遭遇する。

三　では、両者の区別は、論理的にどのように考えればよいのであろうか。第一に、過失の標準との関係が問題となる。カウフマンは、平均人を基準とした客観説によれば仮定的事情下での責任の可能性しかなく、責任それ自体は存在せず、刑事責任の倫理的性質の否認に帰着するので採りえない、と説き、エンギッシュとともに主観説に立つ。[62] カウフマンによれば、行為の違法性非難は行為者が社会生活上要求される注意を払わない場合に行われるので、客観的な判断基底が妥当するが、違法な行為が有責となるのは、行為者がその個人的知識および能力によれば、懈怠される注意を顧慮し、それゆえに結果回避が可能であった場合であるから、この場合には主観的な判断が妥当する。[63] これは、伝統的過失論の論理であり、基本的に支持できる。しかし、行為者がその結果を事実上予見していなかった場合、とりわけ「認識なき過失」の場合、その結果の予見可能性および回避可能性をいかにして確定するか、が問題である。行為者は、そもそもその結果を自己の作為の可能な効果として考えていなかったし、結果回避義務も認識していないので、この確定は難しい。

カウフマンによれば、それは経験知（Erfahrungswissen）からのみ解答されるが、このことは、「経験則上、他者も、根本的に同じ事情および条件の下であればその結果を事実上予見したし回避したであろう、ということを意味しうるにすぎない。個々の人間に彼の作為の一定の結果が認識可能であったであろうということは、まさしくこのできごとの現実在的認識が平均的結果に相応するということにほかならない。したがって、標準類型に対する逸脱が確定されるわけではあるが、しかしその際、行為者が比較されるその類型は、不特定の『各人（Jemand）』ではなく、完全に特定された『誰か』、つまり行為者と同じような気質および素質の人間である。客観説に対する主観説の実際的相違は、したがって、職業階層および教養階層に応じて類型化されるのみならず、それどころかその類型化が行為者の個人的属性および知識にまで及ぶという点にある。しかし、……主観説の場合にも、行為者の可能性の基準は、ある平均類型の経験に適合した可能性、したがって他者の可能性である。客観説は、最初から特定の類型の可能性だけを問題にするが、一方、主観説は、個々の行為者を眼中に入れている。しかしながら、主観説も、それを貫徹するにあたっては、行為者にとって結果の実現が認識可能でかつ回避可能であったかどうかという問題に、このような人間がこのような事情の下で経験上何を認識し、何を為すことができるのかを顧慮してのみ解答することができるにすぎないかぎりで、『客観』説なのである。したがって、違法性の確定と比較すると責任の確定の場合、それほど厳格でない客観的基準が問題となる。すなわち、それは、『人』が何を為しえたかを決定するのではなく、特定の『誰か』、つまり行為者類型人（ein Mensch vom Typus des Täters）は何を為しえたかを決定するのである。しかし、行為者『自身』は現実に何を為しえたかという問題は、解答されないであろう」。かくして、「たとえ認識なき過失の場合の責任を、行為者が構成要件の実現を認識し回避しえたであろうという仮定法過去完了の中に見いだすとしても、この責任は、結果的には依然として疑わしい。というのは、行為者の個人的可能性それ自体は、まったく解明されえないからである。行為者は、まさに自己自身と比較されうるのではなく、単に経験上与えられた標準類型とのみ比較されうるにすぎないのである。しかし、このような標準類型の可能性から個々の人間の可能性を推論することは、いずれにせよ、たとえこの類型をきわめて強力に個別化するとしても、問題がある。なぜなら、すべての属性、能力、および知識においてその尺度を形成する類型は、厳密には、比較されるべき個々の人格に相応しうるものでは決してなく、それゆえにそれは、まさにつねにその可能性が行為者に代わって当為とされるところの他者なのである。唯一責任イデーに相応する主観説は、したがって、必ずしも首尾一貫して貫徹されるものではないし、またそのことは、認識なき過失の場合には、……責任原理が必ずしも完全には貫徹されえないことを意味する」[64]。要するに、「存在の類比（analogia entis）」を考慮しつつ過失の標準において主観説を採っても、責任原理の観点から、やはり「認識なき過失」の責任性を肯定することは困難である。

四　第二に、「認識」内容ないし対象を何に求めるべきか、という難問がある。主観説に立つといわれたドイツの古い判例（カウフマンが挙げるもの）も、とりわけ「認識なき過失」の対応に苦慮していた。例えば、交通事故に関する一九二二年一月五日の大審院判決（RG St 56, 343）は、当該警察規定が、問題となっている違法な結果の防止のために公布され、それを被告人が知っていたとすれば、結果の予見可能性を引き出すことができたであろう、と述べ（同旨・一九三一年一二月一日の大審院判決（RG St 67, 12））、また、一九五三年四月二三日の連邦通常裁判所判決（BGH St 4, 182）も、交通諸規定が「経験と熟慮に基づく、可能な危険の包括的な予見の成果である」、という観点から、「交通諸規定は、すでにその現存在によって、その違反を通してある事故の危険が可能性の領域にあるということを悟らせるのである。その違反は、それゆえ、たとえ交通状態がある事故の危険にとっての一定の契機を含んでいないとしても、しばしば結果の予見可能性を推認することを認める」、と述べている。交通法規の存在の認識を死傷結果発生の危険の認識に置き換える（したがって「認識ある過失」に置き換える）のは、論理の飛躍であろう。これについて正当にもカウフマンは、「交通諸規定は経験則上与えられた一定の危険を指し示しているがゆえに、これらの規定に意識して違反する者にとっては、これらの危険が現実化しうるということが認識可能であるということ」にほかならず、「ときどき交通違反を知っていることと、その認識可能性が同視され、その認識可能性から結果の認識可能性が推論されることがある。しかし、それは、循環論法である。認識可能性の問題を、そこからまさしく結果の認識可能性が推論されるその諸事情へと戻すことはできない」[65]、と述べている。

では、典型的な「認識なき過失」の場合はどうであろうか。カウフマンは、「この場合、結果の認識可能性は、一般的な生活経験からのみ、つまり、このような結果が、一定の事情下にある類の行為者の平均人がその結果のことを考えかつその結果に向けて方向を定めるといったような典型的方法でこの種の行為に結び付けられるかどうかということからのみ探知されうるにすぎない」、と述べ、「構成要件的結果のみならず、この結果へと立ち至った因果経過もまた行為者にどの程度認識可能でなければならなかったか」、という重要な問題設定をし、エンギッシュとともに「正しい解答は、『故意の行為者に知られているのと同じだけのことが、多くにつけ少ないにつけ過失の行為者にとって認識可能でなければならないということ』でしかありえない」、と確認する。[66] ここに過失も故意とパラレルに考えようとするエンギッシュやカウフマンの基本姿勢を看取できる。カウフマンによれば、「表象された因果経過からの著しい逸脱が故意を阻却するのと同様、類型的な因果経過からの著しい逸脱は、認識可能性を阻却する。それは、とりわけ、その結果が直接的に行為者の行為によってではなく、例えば第三者の行為とでもいったような一定の『中間原因』を経て間接的にようやく惹起されるとき、重要なものとなる」[67]。

一八八二年三月二九日の大審院判決（RG St 6, 146）も、すべての有効となったリンクが行為者によって意識して意欲されたか、あるいは予見できたことは要求されえず、「原因となる行為と損害結果との関係が、本質的にその主な特徴として、因果的に条件づけられるできごとの連鎖の一貫した一体性が疑われる必要がなく、そしてこの関係がそのかぎりで責任にも帰せられうるかぎりで認識可能であるならば、十分」であり、未知の連結部分の認識可能性にとって決定的なのは、それゆえに、「注意深い人間がそれに合わせて自己の態度を決めるよう義務づけられることが、人間の経験および事物の通常の経過によれば非常にしばしば生じる一連の現象」に属するかどうかである、と説いている。一八九三年五月四日の大審院判決（RG St 24, 417）では、運転者が重い荷物を積んだ自動車で子供を轢いたが、その子供の死因はそれに起因する破傷風であったケースについて、因果経過のこのようなあり様は被告人に予見できなかったものの、それが決定的ではなく、むしろ重要なのは、「経験則上、轢くことによって子供の死が、たとえ彼にとって認識可能でない方法においてであれ、あれやこれやの方法で惹起されるであろう」、という認識可能性だけである、と判示された。また、一八九六年一一月一六日の大審院判決（RG St 29, 218）では、被告人が花火をしていた際に重大な火傷（生命に危険を及ぼす程ではない。）を負わせたが、被害者が後の皮膚移植の際に使用されたクロロフォルム麻酔により死亡したケースについて、予見可能性の判断基準を日常生活の経験に求め、過失致死を否定した。その際、「抽象的結果ではなく具体的結果だけが、すなわち、おそらくは発生しえたであろうことではなく現実に発生していることだけが、因果経過およびその予見可能性の判断の基礎に置かれなければならず、したがってその行為によって惹起された結果が全因果経過において日常的経験の範囲内で動いていかなければならない」が、本件では、具体的経過は、その予見可能性が否定されなければならない程に異常な、日常的経験の範囲の外にある経過であった、と判断している点に注目する必要がある。

五　要するに、典型的な「認識なき過失」の場合、認識対象は、経験則を参照しつつ現実に生起した因果経過に求められ、それを基にして「予見可能性」判断が行われている、と解される。もちろん、この因果経過を抽象化してしまうと、明らかに責任原理に抵触する。右の古いドイツの判例の立場は、いわば「責任原理の土俵の徳俵に残った」ぎりぎりの判断といえよう。おそらく、現在、日本で具体的予見可能性説に立脚しつつ「認識なき過失」の可罰性を肯定する論者も、「具体的危険」の「認識可能性」ということを論拠にするにせよ、この線上に位置づけることができるであろう。しかし、そのような「認識可能性」を根拠にさらに「予見可能性」を判断するわけであるから、二重の可能性が介在せざるをえない。実質的責任原理の観点からは、この点に疑問が残る。最低限、過失の実行行為開始時点で自己の行為の属性としての具体的危険性（これは当然に因果の流れ（ベクトル）の方向性を含む。）を認識しているかどうかが「認識ある過失」と「認識なき過失」の決定的区別基準であり、その認識がない以上、まさにそれは「認識なき過失」であり、その有責性および可罰性を肯定するのは意思責任にはそぐわない、といえる。もちろん、先行行為の単なる一般的・抽象的危険性の認識レベルでは、なお「認識なき過失」の範疇にとどまる。

(57)　真鍋・前出注（10）三二九頁。なお、二七三頁以下、三三三頁以下をも参照。意思責任を基調とされる前述の内田教授にせよ、井上祐司教授（前出・注（49）二九三頁以下）、あるいは町野朔教授（『刑法講義案Ⅰ［第二版］』（一九九五・信山社）二五〇頁以下）にせよ、「認識なき過失」の不可罰性まで主張されるわけではない。また、予見可能性概念を限定解釈される大塚裕史教授（前出・注（49）五二―五三頁）も、同様である。

(58)　西原春夫『刑法総論』（一九七七・成文堂）二〇四―二〇五頁。

(59)　西原・前出注（58）一六〇頁。

(60)　前田雅英『Lesson 刑法37』（一九九七・立花書房）一〇三頁、一一〇頁、同「法定的符合説と過失の予見可能性」法学セミナー四二二号（一九九〇）六〇頁。

(61)　町野・前出注（57）二八三頁。同旨、山口厚「過失における『予見の対象』」法学教室一〇七号（一九八九）九三頁、松宮孝明「過失犯における『予見の対象』」判例タイムズ七二四号（一九九〇）七五頁以下［同著『過失犯論の現代的課題』（二〇〇四・成文堂）一〇五頁以下所収］、大塚裕史「監督過失における予見可能性論（三）」早大法研論集五二号（一九九〇）三六頁以下、伊東研祐「予見可能性の対象」ジュリスト『刑法判例百選Ⅰ総論［第四版］』（一九九七）一一二頁等参照。なお、小田直樹「『具体的』予見可能性について」広島法学一四巻四号（一九九一）二〇二頁以下参照。

(62)　*Kaufmann*, a. a. O. (Anm. 28), S. 223ff. 過失（注意義務）の標準の問題については、松宮孝明『刑事過失論の研究』（一九八九・成文堂）一二一頁以下参照。

(63)　*Kaufmann*, a. a. O. (Anm. 28), S. 227f. 甲斐訳・三五七頁。

(64)　*Kaufmann*, a. a. O. (Anm. 28), S. 228f. 甲斐訳・三五八―三五九頁。

(65)　*Kaufmann*, a. a. O. (Anm. 28), S. 231. 甲斐訳・三六二頁。

(66) *Kaufmann*, a. a. o.（Anm. 28）, S. 232. 甲斐訳・三六二頁。Vgl. auch *Engisch*, a. a. o.（Anm. 16）, S. 373.
(67) *Kaufmann*, a. a. o.（Anm. 28）, S. 232. 甲斐訳・三六三頁。

四　結　語

以上、カウフマンの問題提起に触発されて、「認識ある過失」と「認識なき過失」の区別の意義とその論理構造について検討し、「認識なき過失」の可罰性について否定的考察を加えてきた。論じ足りない部分があり、もう少し両者の区別についての理論的分析・考察の必要性を感じているが、それは別の機会に補うこととしたい。(68) とりわけ、「認識なき過失」を無理やり過失犯罪の中に取り込み、そのうえで「予見可能性」判断を行おうとするがゆえに「予見可能性」概念が伸縮自在の概念であるとの批判を受けたりするのではないか、という疑問はなお残る。また、以上の刑事責任の本質論からだけではなく、刑罰論からしても、「認識なき過失」行為者に対して刑罰を加えることの意味がどれだけあるかも疑問である。二一世紀にはこの問題が解消されることを期待しつつ、本章を閉じることとする。

(68) 二〇〇一年九月に北京市で行われた二一世紀第一回（通算第八回）日中刑事法学術討論会の統一テーマは「過失犯」であったが、私の報告テーマは「過失犯の基礎理論」であった（西原春夫編『日中比較過失論』（二〇〇一・成文堂）一頁以下［本書第3章所収］。それをめぐる討論においては、「認識ある過失」と「認識なき過失」の区別にもかなり言及され、西田典之教授の的確かつ刺激溢れる評釈をはじめ、中国側の趙秉志教授（中国人民大学）や劉明祥教授（武漢大学）との有益な意見交換をすることができた。とりわけ劉明祥教授の賛同を得たことは、実に興味深いことであった。しかし、日本では、この問題に対する関心はなお低く、梅崎進哉＝宗岡嗣郎『刑法学原論』（一九九八・成文堂）二六六頁が私見に賛同するにとどまる。

第6章　事故型過失と構造型過失

一　序――問題設定

一　水俣病刑事事件控訴審判決（福岡高判昭和五七年九月六日高刑集三五巻二号八五頁）は、同事件を「構造型過失犯」として位置づけ、これを「事故型過失犯」と対比させる形で論理を展開した（以下、両者を「構造型過失」、「事故型過失」と呼ぶ。）。それは、従来の判例にはみられなかったものだけに、一方で法律家に斬新な印象を与えたと同時に、他方で新たな問題点を提起した。すなわち、「事故型過失」と「構造型過失」が一定の犯罪現象を説明する概念であれば、法社会学的にも興味深い分析視角と思われるが、それを越えて、そのような区別自体が過失犯論全体に影響を及ぼす規範的内容を含むものだとすれば、ある種の警戒感をもって根本的検討を加えざるをえないからである。少なくとも、同判決には、あたかも「構造型過失」に「固有の理論」があるかのような構成をとっている部分があることを否定できない。

二　とはいえ、同判決は、「構造型過失」について明確な定義づけをしているわけではない。ただ、公訴時効を論じる中で、次のような表現が見られる。

「いわゆる構造型過失犯論においては、過失行為が大規模な組織的企業活動の一環として組み込まれ、とくに、上部の管理主体における決定行為などに過失が存在すると、この過失行為を基礎として自動的に連係する個々の過失操作が継続的又は集約的に行われ、しかも、時間的にも不定の長期間にわたり持続されるなど、過失行為が構造的に反復されることとなり、計り知れない範囲の被害を惹起することが少なくない」。

この部分は、同判決が意図する「構造型過失」像をある程度浮き彫りにしている。敢えて集約すれば、①上部の管理主体における決定行為の過失の存在、②これに基づき自動的に連係する過失操作の継続的実施、③過失行為の構造的反復による広範な被害惹起、という三つの要因が抽出可能である。これをみるかぎり、一過性の突発的事故から区別された意味でのこの種事案の現象的特徴を表しているにすぎないように思われる。しかし、これが、公訴時効、実行行為、予見可能性等の認定に関して、同判決にどのような理論的影響を及ぼしているか、あるいは以後の判例にいかなる影響を与えうるかは、慎重な検討を要するところである。本章では、このうち、過失犯論に焦点を当てて、その問題性について考察を加えることにする。本件については、一審判決（熊本地判昭和五四年三月二二日刑裁月報一一巻三号一六八頁）から、右控訴審判決、そして最高裁決定（最決昭和六三年二月二九日刑集四二巻二号三一四頁）に至るまで、相当数の判例評釈・研究が出されているが、公訴時効や胎児性致死傷の問題に比較して、「事故型過失」と「構造型過失」に焦点を当てた論稿はあまりない。[1] そして、最高裁決定自身、過失論についてはほとんど言及していない。しかし、水俣病を刑事事件としてみた場合、分析視角としてその観点から問題を論じることも、一定の意義があるように思われる。

三　そこで、本章では、基本的に伝統的過失論に立脚しつつ、控訴審判決を中心に、問題点を次のように限定して順次考察を加えることにする。第一に、「構造型過失」における実行行為の観念と意義を検討すること。第二に、

「構造型過失」における予見可能性の問題を本件に則しつつ検討すること、である。特に本件では，工場長のみならずその監督者たる社長までもが有罪となっているので、これらの問題を考察すること自体が企業の刑事責任のあり方を問うことになるとも思われる。これにより、公害の原点ともいうべき水俣病が刑法学へ提起した課題の一端が解明されることになるであろう。

（1）この問題を扱う論稿として、土本武司「『構造型過失』と『事故型過失』―水俣病事件控訴審判決〔要旨〕に接して―」判例タイムズ四七六号（一九八二）三二頁以下がある。また、本章を考察するうえで特に関連する参考文献として、土本武司「水俣病事件控訴審判決（一）（二）」The Law School No. 51（一九八二）五一頁以下、No. 52（一九八三）三四頁以下、井上祐司「熊本水俣病刑事控訴審判決」法学教室二九号（一九八三）一三四頁以下〔同著『刑事判例の研究　その二』（二〇〇三・九州大学出版会）四六一頁以下所収〕、前田雅英「『結果』の予見可能性―水俣病事件控訴審判決を手掛かりに」ジュリスト七八四号（一九八三）四六頁以下〔同著『現代社会と実質的犯罪論』（一九九一・東京大学出版会）所収〕、板倉宏＝田宮裕＝土本武司＝福原忠男＝真鍋毅＝三井誠「〔座談会〕熊本水俣病判決をめぐって」ジュリスト六九〇号（一九七九）一五頁以下、沼野輝彦「チッソ刑事判決と企業組織体責任論」ジュリスト六九〇号四七頁以下、板倉宏『現代社会と新しい刑法理論』（一九八〇・日本評論社）の随所、が挙げられる。

二　「構造型過失」と実行行為

一　水俣病刑事事件では、何よりも企業のトップである社長および工場長が廃水排出の実行行為者として有罪の認定を受けたところに意義がある。その実行行為性の認定にあたり、控訴審判決は、次のように言う。

「企業の施設又は運営上の瑕疵に因って生じる被害、その多くは構造型過失に基づく業務上過失致死傷罪であるが、例えば企業活動そのものから生じる工場廃水を継続的に企業施設外に排出するが如き場合には、個々の排水行為の独立の介在は殆どなく、排水は人的物的設備として機械的又は自動的な排出であって、管理者の当該方法による排出決定行為又はこれと競合する指揮命令権者の排水関係行為に基づいて作動し、かかる行為は企業活動の一環としてなされるものであるが、これをひゆ的に言えば、あたかもボタンを押せば一連の機構が作動して工場排水の排出がなされる装置において、そのボタンを押す場合の如く、要するに当該行為の決定がこれに基づく個々の直接操作以上に結果発生に対し実質的因果関係を有し、後述する結果の予見可能性が存在する限り、当該過失犯の具体的実行行為としての性能を具有すると解するのが相当である。所論は自ら直接手を下して排水そのものを行う者のみを実行行為者とし、これを前提として立論するものであるところ、右所論が事故型過失犯について妥当性を有することは否定できないけれども本件のような構造型過失犯においては狭きに失し採用できない」。

ここには、過失犯論全体からみても、この種の過失犯の実行行為をどのように考えるべきかという問題提起がみられる。土本武司教授（元検事）は、すでに次のような指摘をしておられる。「それは、過失責任は事故型過失犯の場合は直接行為者のみに、構造型過失犯の場合は間接行為者のみにそれぞれ生ずるという意味なのであろうか。それとも、過失責任は、事故型過失犯の場合は下（直接行為者）から上（間接行為者）へという構造をとり、構造型過失犯の場合には、上から下へという構造をとるという意味なのであろうか。もし、前者の意味であるならば、何故、事故型過失犯の場合に間接行為者が過失責任を負わず、構造型過失犯の場合に直接行為者が過失責任を負わないといえるのかにつき合理的な説明がなければならない。また、もし後者の意味であるならば、過失犯の態様によって過失行為者の選択が、一般的に、そのような傾向にあるということはいえるが、それはどこまでも現状の説明だけであって、そうでなければならないという論理的必然性があるわけではない。ここでも、根本的には、事故型過失犯・構造型過失犯の概念内容が何であるかが問われなければならなくなるのである」[2]。

この指摘は傾聴に値する。すなわち、事故型過失と構造型過失では、行為構造に差があるのかは、一考を要する問題である。そもそも、「事故型過失」と「構造型過失」の区別は、発想としては、公害犯罪現象の分類に際して学説が用いていた「事故型公害」と「構造型公害」との区別[3]に相応しているように思われる。しかし、それは行為構造を考慮したものではない。例えば、「構造型公害」の典型例としては、ほかに石原産業四日市工場事件（津地判昭和五五年三月一七日刑裁月報一二巻三号二一四頁）があり、それは故意作為犯であった（有罪）。他方、「事故型公害」の典型例としては、大東鉄線工場塩素ガス噴出事件（最判昭和六二年九月二二日刑集四一巻六号二五五頁）、日本アエロジル工場塩素ガス噴出事件（最判昭和六三年一〇月二七日判時一二九六号二八頁）、さらには三菱石油水島製油所重油流出事故（岡山地判平成一年三月九日判時一三一二号一二頁）が挙げられ、前二者は公害罪法の過失作為犯について無罪となったケースであり（但し，業務上過失傷害罪は成立）、三石事故の方も岡山県海面漁業調整規則違反および過失往来危険罪に関する過失について無罪となった[4]。ただ、三石事故の場合、死傷者こそ出なかったケースではあったが、一次型事故（直近過失）と二次型事故（管理・監督過失）について、過失作為犯と過失不作為犯が問題とされうる余地があった[5]。水俣病刑事事件では、一審判決が量刑事情の箇所で本件がいわゆる「構造型公害による犯罪」であることを認めている。

しかし、いずれにせよ、「事故型公害」と「構造型公害」の区別は、公害事件の現象説明概念の域を出ていないので、何らかの、理論的影響を及ぼすものではなかった。ところが、控訴審判決は、それを「構造型過失犯」として位置づけて理論を展開した。それだけに、それが、そこに理論的修正を含むものであるか否かは、重要な検討課題となってくるのである。

二　ところで、水俣病刑事事件における工場長と社長の実行行為性を厳密に分析すると、井上祐司教授が指摘されるように、「工場長の経路変更の決定」（作為）と「これを阻止しなかった社長の不作為」とに分けられる。(6)判決をみるかぎり、その実行行為の観念は、あくまで「個人」行為の枠内にとどまったものであり、いわゆる企業組織体責任論が唱えるような、企業組織体の活動を全一体として捉えるという考えとも異なる。(7)なぜなら、企業組織体の活動として考えれば、排水経路変更以前の一連の排水行為もその一環として併せて考えられるべきであるが、敢えて排水経路変更決定をもって実行行為開始としたのは、個人たる工場長と社長による新たな因果系列設定がそこにあるとみて彼らに責任を帰属させるための基礎を確立する必要があった、と解されるからである。それにもかかわらず、特に控訴審判決に表れた実行行為の観念が従来の判例のそれと異なるのは、むしろ近時議論を醸成している管理・監督者の過失責任をめぐる諸見解のうち、行為構造からアプローチしようとする立場に相通じるものがあるからだ、と解することができるのではなかろうか。例えば、神山敏雄教授は、次のように主張される。

「監督過失においては、監督者は、その行為が作為によろうと不作為によろうと、被監督者の直接的事故惹起行為に間接的に故意に関与する場合は、間接正犯、共謀共同正犯、教唆犯、幇助犯といった行為形態によって責任が根拠付けられるのに対し、監督者の過失犯においては、その行為の形態さえも論ぜられずに、被監督者の不適切な行為を不注意によって惹き起こしたとか、防止しなかったとかの理由でもっていきなり過失の正犯行為として責任が追及される傾向がある。過失犯においても、正犯に相応しい行為とそうでない周辺行為とがあるはずである。それを区別せずに、単に不注意の行為さえあればそれをすべて過失の正犯行為であるとすることは、合理的理由なしに過失犯の拡大を導くことになる」(8)。

確かに、複数の人間が介在する複雑な因果経過を有する過失事犯を分析すると、不作為を基調とした監督者の過失責任の拡大傾向もみられ、(9) それだけにこの主張は正鵠を射たものを含んでいる。控訴審判決が右のような問題意識をもっていたかどうかは明らかでないが、同判決は、管理・監督者の行為構造の考察に一石を投じる契機を内包しているように思われる。一審判決は、水俣川河口への排水経路変更に関する部分の社長と工場長の権限関係および実際の決定プロセスについてそれほど詳細に論じていないので、企業組織体責任論への親近性を示すものとの評価を生む余地を残すが、控訴審判決は、それを回避すべく両名の実行行為性の認定に際してその点を入念に吟味している。

まず、工場長Nの実行行為性について。「排水経路変更及びこれによる廃水排出の決定権を有していたものであって、右の工場廃水が右海域に排出される過程を有効に支配管理していたものということができ、前記決裁後の排水経路変更工事の施工及び変更された排水管理行為に基づく因果関係の進行過程の一部分にすぎないものと認められる。したがって、被告人Nは右排水経路変更及びこれによる廃水排出を実施する意思決定を行うことによって、右廃水排出の実行行為を行ったものというべきである」。

ここには、排水経路変更に関する工場長Nの意思決定が作為として、まさに直近行為者の行為にも匹敵すべき実行行為の内実をもったものとして位置づけられている。控訴審判決は、構造上その「意思決定行為」というものが有する社会的意味に注目し、それを際立たせるため、「構造型過失」なる概念を用いた、とも解される。

つぎに、工場長Nの監督者ともいうべき社長Yの実行行為性について。「右排水経路変更工事とこれによる廃水排出はB指定稟議事項として、被告人Nに権限が委任されてはいたけれども、基本的には同会社代表取締役たる被告人Yの権限に属し、且つ同被告人は社長として、同会社水俣工場の工場長である被告人Nを指揮監督していたものであって、被告人Nの前記排出経路変更の工事及び廃水排出の決裁がなされていたことを知りまたは知りうべき立場に位置し、その適否を判断すべき責務を有すると共に、変更経路による廃水排出が不適当な場合には右の指揮命令権を発動してその排出を避止すべきであり且つ避止させることができる立場にありながら、これをなさなかったものであることが認められる。そうすると、被告人Yの右の不作為は被告人Nの決定にかかわる排水経路の変更決定による排水を阻止せず、その避止可能性の実現を怠るものであると同時に、同被告人の右排水決定をそのまま是認して、これに因る本件結果の発生を共同してもたらしたものとして、被告人Yもまた右廃水排出の実行行為を行ったものと解しても支障はない」。

社長Yの行為は不作為であるだけに、その実行行為性を認定するには工場長Nの場合以上に慎重な検討を要するが、右論旨をみるかぎり、そこには神山教授が言われる「監督不作為過失責任[10]」の萌芽を見いだすことができる。神山教授によれば、「責任能力者たる被監督者が過失行為によって当該法益を侵害する場合は、監督保障人は、被監督者が過失行為を行う前に、またはその最中に事故が発生しないように指示を与えるとか、その他の対策を講じなければならない立場にあり、そしてこのような過失事故の場合には、被監督者と同程度かあるいはより容易に当該事故を防止できる立場にあるのが通常であるので、その不防止は規範的にも事実的にも被監督者の役割と同列に位置づけることは可能と思われる。それゆえに、そこでの監督保障人の過失不作為を過失不作為正犯として位置づけることが可能であろう[11]」、とされる。そして、排水経路変更以後をもって両者の実行行為としたのも、個人責任を問う前提として、それ以前の排水行為（それ自体も犯罪性は強いが）と一応区別して明確に両者に責任を帰属させるためにその期限を限定したものと解される。

三　かくして、「構造型過失」という概念に固執せずとも、右両名の実行行為性は認定できるものと解される[12]。しかも、このような実行行為性の観念は、いわゆる社会的行為論を基礎にしてはじめて理解可能になる、といえよう。そして、このように、まずは行為構造に着目して管理・監督者の過失責任を論じる方向性は、今後の議論においても推進されるべきものと思われる。この立場からすれば、過失犯の実行行為を規範的意味において、「事故型過失」と「構造型過失」に分けて論じる必要性は、特にない。[13] もちろん、本件のような事犯を事実的・現象的意味において敢えて「構造型過失」と呼ぶのであれば、特にそれを排除する理由もないし、場合によっては有益な契機を提供することもありうるであろうが、その場合でも用法を明確に限定して用いるべきであり、少なくとも混乱を招くような用い方は差し控えるべきである。

しかし、問題は、行為構造に着目するだけで解決されるわけではない。実行行為性を前提として、過失責任の本体たる予見可能性を問わねばならない。むしろ、本件の特性は、そこに深刻に表れている、といえよう。そこで、つぎに、「構造型過失」と認定された水俣病刑事事件における予見可能性の問題を考察することにする。

(2) 土本・前出注(1)判例タイムズ四七六号三七頁。
(3) 例えば、大谷実「過失」藤木英雄編『公害犯罪と企業責任』(一九七五・弘文堂)一〇六頁、板倉ほか・前出注(1)「座談会」ジュリスト六九〇号三七―三八頁の各発言、板倉・前出注(1)『現代社会と新しい刑法理論』の各所参照。
(4) これらの事件および問題点については、甲斐克則「海洋環境の保護と刑法――三菱石油水島製油所重油流出事故判決を契機として――」刑法雑誌三〇巻二号(一九八九)一四頁以下参照。特に、三菱石油水島工場重油流出事故については、同号特集の各論稿参照。
(5) この点については、神山敏雄「三石重油流出事故における管理・監督過失責任」刑法雑誌三〇巻二号一〇四頁以下参照。
(6) 井上・前出注(1)一三四頁[同著・前出注(1)『刑事判例の研究　その二』四六三頁]。
(7) 板倉・前出注(1)『現代社会と新しい刑法理論』五七頁、七〇―七一頁、八七頁参照。ちなみに、沼野教授は、一審判決について、「判決における社長ないし工場長への帰責は、まずなによりも新日本窒素肥料株式会社を一個の組織体ととらえ、有害物質を含んだ工場廃水の排出がその組織体の行為であると認識し、それが操作の基準から逸脱した落ち度ある行為であるとするとの判断を基礎とするものである。つまり、そこでは統一ある全体としての企業を媒介とし、それを通じて社長なり工場長なりの責任を論じているというべきである」、と論評された。（沼野・前出注（1）四九頁）。しかし、一審判決にもそう断言できない部分があるように思われる。

(8)　神山・前出注（5）一〇五頁。なお、過失犯の実行行為性全般については、内藤謙「過失犯の客観的成立要件——構成要件該当性と違法性」法学教室九八号（一九八八）四五頁以下〔同著『刑法講義総論（下）I』（一九九一・有斐閣）一一二八頁以下〕、前田雅英『刑法講義総論』（一九八八・東京大学出版会）三六九頁以下〔『第3版』（一九九八）三五一頁以下〕参照。

(9)　例えば、大洋デパート火災控訴審判決（福岡高判昭和六三年六月二八日高刑集四一巻二号一四五頁）について、松宮孝明「『進言義務』と過失不作為犯——大洋デパート控訴審判決を素材に——」南山法学一三巻一号（一九八九）九三頁以下〔同著『過失犯論の現代的課題』（二〇〇四・成文堂）二〇一頁以下所収〕参照。なお、同『刑事過失論の研究』（一九八九・成文堂）三四四頁以下参照。

(10)　神山・前出注（5）一一一頁以下参照。

(11)　神山・前出注（5）一一三頁。なお、神山敏雄（大塚仁ほか編）『大コンメンタール刑法第二巻』（一九八九・青林書院）七三〇頁以下参照。

(12)　井上教授は、「そこに語られている構造型過失犯の内実は、企業組織にになわれた装置工業の一般的な特徴ではあっても、本社社長、工場長における『実行行為』性を基礎づけるものとしては余りにも無規定的でありすぎる」、と指摘される（井上・前出注（1）一三五頁〔同著・前出注（1）『刑事判例の研究　その二』四六五頁〕）。

(13)　「事故型過失」と「構造型過失」の区別に疑問を呈するものとして、前田・前出注（1）四七頁注（9）、土本・前出注（1）判例タイムズ四七六号三六頁参照。なお、一審判決に関して、真鍋・前出注（1）「座談会」ジュリスト六九〇号三七—三八頁の発言は、この点まで射程に入れた批判的発言と思われる。

三　「構造型過失」と予見可能性

一　さて、控訴審判決は、予見可能性について次のように判示している。

「先ず、所論指摘の過失犯とりわけ業務上過失致死傷罪の注意義務における結果発生の予見可能性そのものの概念内容を考察するに、先きにいわゆる構造型過失においても、右の予見の対象に関し内容的に特定しない一般的又は抽象的な危惧感ないし不安感を抱くだけでは足りないものである。このことは所論指摘のとおりであるが、しかし、行為者が特定の構成要件的結果及び当該結果の発生に至る因果関係の基本的部分に関する実質的予見を有すること、これを構造型過失犯に属すべき本件に即していえば、人が水俣工場の排水中に含有される有毒物質により汚染された魚介類を摂食することによって、水俣病に罹患し、死傷の結果を受けるおそれのあることの予見があれば、業務上過失致死傷罪の注意義務構成の予見可能性として欠くるところはなく、所論のようにその有毒物質が一定の脳症状を呈する特定の化学物質であることの予見までも要するものではない。けだし、右の程度の予見可能性がある以上、水俣病罹患に因る死傷の結果を防止する措置として、かかる工場排水を企業施設外に排出すべきでないことを十分認識することができ、いわゆる結果回避義務の前提として不足はないからである」。

ここには、いわゆる危惧感説の明確な否定こそ看取されるが、構造型過失に固有の過失犯論が展開されている、とみることはできない。しかし、土本教授が指摘されるように、本判決が、「一般論としては具体的予見可能性説に立ちながら、その実質においては、危惧感説の感覚で予見可能性の内容をとらえているといえる」かは、大きな問題である。土本教授によれば、本判決は、「塩化メチル水銀化合物がアセトアルデヒド製造過程で副生されるものであることまでは予見の必要はないにしても、原因物質が何であるが、それが工場廃水中に含まれているかを予見できなければ、本来、因果の経過を具体的に予見できたとはいいがたいのに、原因物質が有機水銀化合物であることの予見は不可能であったとしながら、なお予見可能性を認めたのは、実質的には、危惧感説的な、幅のある予見可能性認定をしたものと考えられる」[14]、という。しかし、はたしてそう解釈できるであろうか。あるいは、そのことと「構造型過失」との関係はどうであろうか。

二　ところで、一審判決によれば、「過失犯の成立要件である客観的注意義務は、構成要件的結果発生の予見が可能であることを前提とするものであるが、ここに結果発生の予見が可能であるというのは、当該行為問題の置かれた具体的状況の下において、一般人の立場からみて、当該行為と結果発生との間の基本的な因果の経過が予見可能であれば足りるのであって、その因果の経過を、逐一、詳細に予見できなければならないものでもなく、また専門的知識によって裏付けられた予見である必要もない」、という。そして、次のように論じ、被告人両名の予見可能性を肯定する。「本件において、水俣病の原因物質、その工場内での副生機序、原因物質の人体への移行経路、水俣病発症のメカニズムについて、それらが逐一、科学的に、詳細に、予見可能である必要はないのであって、水俣工場の工場排水中に含有する、工場原料・製品・設備等から排出される何らかの化学物質が水俣病の原因となっており、このような工場排水が流出する周辺海域で捕獲した魚介類を摂食することによって、水俣病が発症するものであることを予見できれば十分である。けだし、右の工場排水中に含まれる何らかの化学物質が水俣病の原因物質であって、それが右のような経路を辿って水俣病を発症させるものであることを予見できさえすれば、地域住民が魚介類を捕獲・摂食するおそれのある海域へ右のような工場排水を流出しないことによって、水俣病患者の新たな発生を防ぐことができるからである」(傍点筆者)。

一審判決は、「何らかの化学物質」を予見の対象としているようであるが、よくみると次の具体的事情を考慮している。すなわち、実行行為の着手時において、被告人両名は、①水俣病問題について、大学研究機関、厚生省当局などの専門機関による研究の結果、水俣病は水俣湾内において、ある種の化学物質によって有毒化された魚介類を多量に摂食することにより、発症する中毒性脳症であること、②その化学物質としては主としてセレン、タリウム、マンガンが疑われること、③水俣港湾は水俣市にある新日本窒素肥料株式会社水俣工場からの廃棄物により影響を受けていると考えられること、④右水俣工場の廃棄物が港湾泥土を汚染していること、⑤港湾生棲魚介類ないし回遊魚類が右廃棄物に含有されている化学物質と同種のものによって有毒化し、これを多量に摂食することによって本症が発症すると推定されること、などが判明したとの事情を認識していた、と。

しかし、これらの事実だけを基礎にして先のような予見可能性を肯定するのは、確かに粗雑であるとの感を免れない。沼野教授は、一審判決を、「危惧感説により近い見解を示したもの」と評される。「何となれば、要旨の要求する二点にわたる事実(工場排水の中の何らかの化学物質が水俣病の原因であり、かつ、工場排水の排出海域で捕獲した魚介類の摂食によって水俣病が発症すること—甲斐)の予測は、排水の中止という結果回避措置を基礎づけるものとしては十分でありえても、結果発生の具体的な予見ありとするには、いかにも不十分だからである。とくに有機水銀が原因物質であるとの予見が不可能であるにも拘わらず、予見可能性が認められるとすれば、そのような予見可能性は予見義務違反を過失の中核にすえる考え方における予見可能性として不適格といってもよいであろう。注意義務違反の前提として予見可能性をとらえ、その注意義務違反を非難の本質的要素とする以上、予見可能性は非難を基礎づけるに足りる実質のあるものでなければならず、排水中に含まれる特定の物質が被害を発生させている原因物質と一致していることの予見可能性は、その意味で重要だからである」[15]、と。

このような論評への対応策を控訴審担当裁判官は考えざるをえなかったのであろう。そこで、基本的立場を明確にするためにまず危惧感説を明確に否定したのであるが、論理構成は大枠において一審判決と同一である、といえよう。そして、一審判決も控訴審判決も、具体的予見可能性の判断について、かの北大電気メス事件控訴審判決（札幌高判昭和五一年三月一八日高刑集二九巻一号七八頁）の定式を継受している、といえる。ただ、同判決が予見の対象としている「特定の構成要件的結果及びその結果の発生に至る因果関係の基本的部分」の内容（構造）は必ずしも明確でなかった。[16]水俣病刑事事件一審判決も、同様である。これに対して、控訴審判決には、本件を「構造型過失」として把握しつつ右の図式を具体的事情の考慮により補足しようとする姿勢も看取される。控訴審判決は、次の五つの事実に着目している。

①昭和三三年六月二四日参議院社会労働委員会において厚生省公衆衛生環境衛生部長が、水俣病はある種の化学物質である金属により汚染された魚介類を摂取することによって生ずる脳症を起こす中毒であり、その原因物質の発生源は水俣工場の排水であることは確定されている旨説明していたこと、②同年七月七日付で厚生省公衆衛生局長が熊本県知事等関係行政機関に対し「熊本県水俣市に発生したいわゆる水俣病の研究成果及びその対策について」と題する文書を発信して、これまでの研究成果によりチッソ株式会社水俣工場の廃棄物が水俣湾の港湾泥土を汚染していること、および水俣病は同湾生棲魚介類ないしは廻遊魚類が右の廃棄物に含有されている化学物質と同種のものによって有毒化し、これを多量摂取することによって発症するものであることが推定される事を指摘していたこと、③水俣病患者発生地域付近の特殊な環境要因として右港湾汚染の原因となる可能性をもつものとしては、水俣工場のほかには、月の浦地区の水俣市立屠殺場の廃液、湯堂地区の海中の湧水、およびかつて茂道地区にあった

旧海軍弾薬貯蔵庫や高角砲陣地などの終戦処理などがあげられるが、右屠殺場は月の浦海岸の小丘にあり廃液は直下の海中に放出され、湯堂地区の海中の湧水は湧水状況に近年変化はなく、茂道地区にあった旧海軍弾薬貯蔵庫、高角砲陣地などの弾薬等が付近海中に投棄されたこともなかったため、それらが右港湾汚染の原因となる可能性はすべて否定されていたこと、④被告人Nは昭和三二年一月一日から昭和三五年五月三一日までの間水俣工場長（三二年五月三〇日同工場担当取締役に就任）として同工場の業務全般を掌理し、同工場の操業およびこれに伴う危害発生の防止等の業務に従事していたものであるが、前記の昭和三三年六月二四日の参議院社会労働委員会会議録をそのころ読み、また、厚生省公衆衛生局長が同年七月七日付で作成した前記文書をそのころ厚生省庶務部長より送付を受けたこと、⑤被告人Yも、昭和三三年一月八日から昭和三九年一一月三〇日までの間、同社の代表取締役社長として同社の業務全般を掌理し、水俣工場の担当取締役兼同工場長を直接指揮監督し、同工場の操業およびこれに伴う危害発生の防止等の業務に従事していたものであるが、昭和三三年六月二五日の熊本日日新聞の記事により右参議院社会労働委員会において厚生省公衆衛生局衛生部長がなした前記説明を知り、同年七月九日の右新聞および同年七月一六日の西日本新聞により厚生省公衆衛生局長が水俣病の原因は水俣工場の廃棄物であると発表したことを知ったこと。

これら五つの客観的および主観的事情は、一審判決が考慮したそれよりも、工場長および社長の「具体的予見可能性」を基礎づけるより重要な具体的事実を含むものと思われる。具体的予見可能性説の立場からも、予見可能性が肯定されている。[17] そのいずれの論者も、水俣病刑事事件と森永ヒ素ミルク事件（徳島地判昭和四八年一一月二八日判時七二一号七頁）との差を強調している。例えば、「本件は、実行行為までに存在したと思われる警告的表象の程度において、森永事件とは格段の差がある[18]」、という具合である。それにもかかわらず、前述の土本教授のように、控訴審判決が「一般論としては具体的予見可能性説に立ちながら、その実質においては、危惧感説の感覚で予見可能性の内容をとらえている」、という評価が生まれるのは、どうしてであろうか。

三　その理由は、三つあるように思われる。第一に、控訴審判決においても注意義務の構成は必ずしも明らかでないこと、第二に、そもそも具体的予見可能性説自体に幅があり、その構造判断に不明確な部分があること、第三に、やはり控訴審判決が本件を「構造型過失」と位置づけていること、および本件が成人水俣病患者のみならず、胎児性水俣病患者を含むことから、右のような評価を生む余地を残しているのではないか、ということ、である。

第一に、注意義務内容の不明確性について。一審判決は、「安全が確認される迄は水俣川河口海岸に排出しない措置を講ずべき業務上の注意義務がある」、としたが、井上教授によれば、この注意義務の中心は「排出しない措置をとること（排出停止、操業中止じたい）」にあり、これに対して、控訴審判決は、原判決の上にたち、「『排出する』ことじたいを結果回避義務違反の事実としてとらえたもの」、とされる。そして、「社長、工場長に過失責任を問いうる基礎は、むしろ公訴事実が指摘しているように、安全確認のため自社の技術陣において排水の化学分析を徹底的に行うこと、部外の研究機関に積極的に協力することが正に水俣病問題の推移の中で求められていたのにこれを怠ったこと（安全確認義務違反—甲斐）にあったのであって、排出したという単純な事実が『事実行為』『結果回避義務』『注意義務』の内容をなしている訳ではない」(19)、と主張される。確かに、判決の言う注意義務の構成は、水俣病事件の個別性ないし特性を捨象する傾向を有するもの、といえよう。本件で求められる注意義務＝安全確認義務は、単なる事前の行政法レベルの義務とは異なり、一連の事件の推移の中で刑法上の犯罪としての死傷結果を予見し回避する義務を具体的に内包するものでなければならず、その内容は、まさに井上教授が指摘されるようなものであった、といえよう。森永ヒ素ミルク事件の推移との相違を想起すべきである。本件をみるかぎりでも、いわゆる「客観的注意義務」なる概念は、再考を要するもの、といえよう。[20]

四　しかし、より理論的問題として、第二に、その前提としての予見可能性の問題を考察しておく必要がある。とりわけ、具体的予見可能性説がその具体性をどこまで要求しているのか（予見の対象の問題）は、論者により幅があり、それゆえに議論に混乱がある。

控訴審判決を契機に伝統的過失論の立場からこの問題を入念に考察したのは、前田雅英教授である。前田教授は、控訴審判決にいう因果関係の基本部分、重要部分とは、（イ）水俣工場の排水中に有毒物質が含有されていること、および（ロ）有毒物質が魚介類を経由して人体内に入ること、の二つであるとしたうえで、「予見の対象たる『因果関係の基本部分』とは、決して現に生じた具体的因果経過の節目に当たる重要な部分ではない」、と主張される。すなわち、「本件において、有機水銀の存在こそは、現に明らかとなった水俣病発症の因果経過の中で圧倒的に重要な意味を持つからである。それ故、本件のいう因果関係の基本的部分とは、決して因果経過の中から選別されたのではない。むしろ、それは、具体的結果発生の予見可能性の存在を基礎づけるための補助手段として、いかなる前提事実の予見可能性が必要か、と言う観点から規範的に設定される『中間項』なのである[21]」、と。「そして、その抽象化の度合いが強ければ、それだけその『中間項』の予見は容易となるが、逆にその中間項と次の中間項ないし最終結果との結びつきは弱まることになる」。「ただ、ここで重要なのは、その中間項の予見があれば、一般人なら次の中間項ないし最終結果の予見が十分に可能でなければならないという点である。そのことを前提として、はじめてその中間項の予見可能性の吟味が全体の予見可能性の判断になりうるからである[22]」、とも言われる。

この前田教授の見解は、具体的予見可能性説の側からの理論展開として実に示唆深いものである。しかし、これで危惧感説との実質的区別が可能であろうか。前田教授は、水俣病刑事事件控訴審判決と森永ヒ素ミルク事件差戻判決（前出）とを比較し、後者では「第二りん酸ソーダ以外の何かが納入されること」という中間項が予見可能であっても、「何らかの毒物の混入」が予見できなければ一般人は死傷の結果について予見できないとし、前者では、排水に有毒物質が含まれかつその有毒物質が体内に入ること（前記（イ）（ロ）の中間項）が予見できるので死傷の結果の予見も可能であると結論づけられる。[23]私も、結論的にはこの判断が正しいと考える。しかも、「そのような事実の予見可能性があれば一般人ならば最終結果の予見が可能となるものを『因果関係の基本的部分』として設定し、その予見可能性を吟味することにより、直接、結果の予見可能性を問うことの曖昧性をある程度解消しうる」[24]、とする考え自体には、具体的予見可能性説を深化させる契機がある、といえよう。

しかし、「抽象化の程度の高い中間項」をどこまで設定しうるか、がなお不明確であるし、また前田教授が、「このようにして設定された因果経過の基本的部分は、行為時の事情を基礎に一般人にとって具体的に予見可能か否かが厳密に判定されねばならない」[25]、と言うとき、「一般人」の設定によって、各事件の持つ個別事情ないし特殊事情が捨象されはしないか、という疑問が生じる。「一般人」定式を克服しない以上、危惧感説との限界を決定的に画することはできないように思われる。あるいは、いわゆる新過失論が説く具体的予見可能性の内容と類似してくる。そこで、具体的予見可能性を判断する際に考慮すべき個別事情ないし特殊事情（予兆）を客観的側面と主観的側面とに分けて考察する必要がある。

まず、客観的側面は、予見の対象を確定することである。これについては町野教授や内藤教授の所説を参照しつつすでに若干の考察を試みたように、[26]予見の対象とは、構成要件的結果に直接結び付く事案では、当該具体的結果そのものであるが、複数の因果連鎖を経て結果に至る場合には、当該具体的事案において、最終結果たる当該法益侵害（場合によっては法益の危殆化）と経験的に蓋然的に強く結び付いた因果力を持った事象で足りる、と解される。しかも、その事象は、必ずしも結果の直前に位置する因果の一コマではない場合もありうるだろう。そして、予見の対象に取り込むべき具体的事情の少なくとも客観的側面は、具体的危険犯を基礎づける程度のものであることを要する、といえよう。例えば、船舶衝突（死傷）事故における具体的危険犯たる業務上過失往来危険罪（刑法一二九条二項）と業務上過失致死傷罪（刑法二一一条）との関係がその参考となる。水俣病刑事事件では、先に前田教授が示したように、「有毒物質」が「魚介類を経由」して、「人体内に入る」ことが予見できなければならない。それこそが、本件における当該法益侵害（死傷結果）と経験的に蓋然的に強く結び付いた因果力を持った事象である。水俣工場の排水中に有毒物質が含有されていることの予見だけでは、不十分といえよう。このように解することにより、過失結果犯たると過失危険犯たるとを問わず、各種過失事犯の予見の対象（「可能性」判断の基礎）が確定できるものと思われる。[27] 注意を要するのは、その際、あくまでそれに付随する個別事情を考慮しなければならない点である。例えば、当該海域の人々が長い間いっさい魚介類を摂食していないし漁業もやっていないというのであれば、海洋環境の問題はともかくとして、業務上過失致死傷罪との関係では、事情が異なりうるであろう。しかし，実際上、当該海域の人々が長い間、魚介類を摂食していたのであるから、本件ではその事情を無視することはできない。

つぎに、主観的側面として、行為者の心理状態を考慮する必要がある。とはいえ、過失非難の基礎となるべき「不注意」ないし「精神の緊張の欠如」を直感的に認定することは、かなり困難である。ここに故意犯との差異がある。そこで、右にみた予見の対象事実を念頭に置いたうえで、行為者が現に認識していた事実をそれと突き合わせ、そこに相当の関連性がある場合に、「具体的予見可能性」あり、と判断できるであろう。その際に、行為者の注意能力ないし生理的事情を考慮する必要があることは言うまでもないが、[28] 本件のような場合には、特に問題にならないものと思われる。

かくして、本件における社長Yおよび工場長Nの具体的予見可能性を肯定するには、彼らが認識していた事実を考慮する必要がある。その大半は控訴審判決が示した前述の五つの事実に現れているが、控訴審判決が特に考慮はしていない次の点も看過しえない重要事実である。すなわち、一審が確定した事実によれば、アセトアルデヒド排水は、昭和三三年九月、排水経路を百間港から水俣川河口（八幡プール経由）に変更されたが、その後、昭和三四年一〇月一九日、アセトアルデヒド製造設備敷地内に設けた酢酸プールの完成に伴い、アセトアルデヒド排水および塩化ビニール排水は、酢酸プールを経て八幡プールに送られることになった。この酢酸プールは、水銀の除去を目的として計画実施されたものであり、二つに切ったコンクリート製ポリエチレン内張のプールおよびこれに至る排水機構等に鉄屑を敷き詰め鉄屑により水銀を除去するものであるが、その水銀除去率は六〇％程度に過ぎなかった、という。また、昭和三四年一二月二〇日サイクレーターの運転開始に伴い、カーバイト残渣を除く主要六排水はサイクレーターへと送られ、その浄化水は百間港へ、排泥は臨時沈澱池を経て、その上澄水は百間港へ排出された。臨時沈澱池の沈澱物は、乾燥させて八幡プールへ運んだ。右サイクレーターは、排水管理委員会（昭和三三年七月設置）によって、各種排水の総合的処理を目的として計画立案され、昭和三四年八月に着工し、同年一二月に完成したものであって、硝石灰液または硫酸により、排水のペーハー（PH）を調整した後凝集剤により排水中の固形物を除去する装置であり、当時としては、最新式の循環式凝集沈澱方式による廃水浄化設備ではあったが、直接には水俣病の防止ないし水銀の除去を目的として設置されたものではなかった。したがって、右サイクレーターによる水銀除去効果は、四〇ないし八四％程度に過ぎなかった、という。なお、昭和三四年一二月二五日ごろ、サイクレーターによる水銀除去効果が十分ではないことが判明したため、水銀を含む酢酸プール排水（アセトアルデヒド排水および塩化ビニール排水）をサイクレーターから八幡プールへと経路を戻し、カーバイト残渣と共に、工場に逆送するように変更した、という。

以上の諸事実を加味して判断すれば、工場長Nおよびその監督者たる社長Y（一般人ではない！）に具体的予見「可能性」を問う契機は十分に存在する、と考えられる。井上教授が指摘されるように、「実際に有機水銀が確認されたのは後日のことに属するが、このことが直ちに行為当時、自社技術陣による分析調査によっては有機水銀を補捉しえなかったことを意味するわけではないであろう」[29]。

かくして、具体的事情（予兆）の客観的側面と主観的側面を考慮することにより、具体的予見の「可能性」の判断が導かれるのであるから、前述の土本教授の疑問は、伝統的な具体的予見可能性説の立場からも解消できる、といえよう。

五 それにもかかわらず、第三に、控訴審判決が実質的に危惧感説に近い、との評価を生む背景には、やはり、同判決が本件を「構造型過失」として位置づけていること、そして、本件が胎児性致死傷まで射程範囲に入れていることが考えられる。

まず、控訴審判決が、「構造型過失」の定義を明確にして用いていないため、受け止め方によっては、「本件は当然に企業のトップの過失責任を問いうる」、という判断を容易に導きやすい。特に「構造型過失」と「事故型過失」の区別が規範的意味を有する場合、それは大きな問題となる。しかし、先に考察したように、控訴審判決にそこまでの本来的意図はないようである。しかし、公訴時効や実行行為の箇所と併せ読むと、「構造型過失」に固有の過失犯論があるような解釈を生む余地はある。実行行為を論じる際に述べたように、ここでも規範的意味において、「事故型過失」と「構造型過失」を分けるべきではないことを強調しておく必要がある。また、事実的、現象的意味においてそれを用いる場合でも、その趣旨を明確にしたうえで用いるのでなければ、混乱をきたすことになるので、注意を要する。

つぎに、本件が胎児性致死傷まで射程範囲に入れているため、予見可能性の問題にも影響が現れている。一審判決によれば、「胎児性水俣病は、昭和三七年九月に至って熊本大学医学部T教授の剖検により成人水俣病、小児水俣病とは別件の水俣病と確認され、翌三八年四月に日本病理学会に報告されたものであって、本件実行行為当時においては、未だ発見されていなかったのであるけれども、成人水俣病についての予見可能性が右の通り肯定されるとするならば、水俣病の激甚な症状に鑑み、地域住民の妊婦がある種の化学物質によって汚染された魚介類を摂食することによって、その胎児がかなりの障害を受けて出生し、死に至る場合もあるであろうことは、一般人の常識をもってしても当然に予測できるところであると考えられるから、胎児性水俣病患者であったUの致死の結果についても、前示の通りの水俣病の原因物質とその移行経路の予見をもって、本件行為と結果発生との間の基本的な因果の経過は十分にこれを予見できた」、という。控訴審判決もこれを受けて、「なるほど、当時において胎児性水俣病なるものが判明していたといえないことは、所論指摘のとおりであるけれども、しかし、原判決が……詳述するような水俣病の激甚な症状にかんがみ、かつ右の罹患は有毒物質の直接使用によるものではなく、汚染魚介類の摂食を介して発生するものであることを知る限り、同じような作用により、右の汚染魚介類を摂食せる妊婦を介してその胎児が障害を受けるであろうことは、誰にでも容易に推知できるところであると同時に、出生しても、水俣病のために死に至る場合もあろうことも当然に予見することができるものと認められ（る。）」、という。

ここに、一審判決および控訴審判決が実質的に危惧感説に近いとの評価を生む一因があるように思われる。それが「構造型過失」論とつながる余地はある。胎児性致死傷それ自体が医学的にも法的にも困難な問題であるため[30]、ここで軽々しく論じることはできないが、浅田和茂教授が言われるように、「旧過失論にたったうえで具体的な予見可能性を要求する場合には、胎児性致死傷について予見可能性を認めるのは困難であったように思われる。本件は、むしろ工場排水による水俣病発生が確定的となった昭和三七年七月（遅くとも、有機水銀の発生機序が明らかにされた三八年二月）時点で捜査を開始し、成人水俣病患者（小児水俣病患者も含めるべきものと思われる——甲斐）を被害者として起訴すべきであったと思われる」[31]。少なくとも、現に人である被害者と母胎を通じてやがて生まれてくる胎児との間には、予見の対象の問題としても同列に論じきれない部分があるように思われる。それは単なる因果関係の錯誤のレベルの問題（両判決はそのように捉えている、とも解される。）とはいえないであろう。そしてそこに、水俣病事件の悲惨さと特異性を改めて痛感するのである。

六　このように、控訴審判決が「事故型過失」と「構造型過失」の区別により提起した問題は、予見可能性論議にも一石を投じるものである。そしてそれは、工場長と社長が有罪であっただけに、今後、管理・監督者の刑事過失を論じる際にも、事実的意味での「事故型」であれ「構造型」であれ、議論の深化のための要因を内包するものである、と解される。

(14)　土本・前出注（1）判例タイムズ四七六号三八頁。なお、土本武司『過失犯の研究』（一九八六・成文堂）四四—四五頁参照。
(15)　沼野・前出注（1）五〇—五一頁。
(16)　この点については、甲斐克則「海上交通事故と過失犯論」刑法雑誌三〇巻三号（一九九〇）七三頁以下［同著『海上交通犯罪の研究』（二〇〇一・成文堂）三八頁以下］参照。
(17)　前田・前出注（1）五二頁、町野朔「過失犯」町野朔＝堀内捷三＝西田典之＝前田雅英＝林幹人＝林美月子＝山口厚『考える刑法』（一九八三・弘文堂）一九五頁、松宮・前出注（9）『刑事過失論の研究』二七七頁。井上・前出注（1）一三五頁［同著・前出注（1）『刑事判例の研究　その二』四六五—四六六頁］も同旨と思われる。
(18)　松宮・前出注（9）『刑事過失論の研究』二七七頁。
(19)　井上・前出注（1）一三五頁［同著・前出注（1）『刑事判例の研究　その二』四六五—四六六頁］。

(20) この点については、甲斐・前出注（16）七〇頁以下〔同著・前出注（16）『海上交通犯罪の研究』三五頁以下〕において若干考察を試みた。
(21) 前田・前出注（1）五〇頁。なお、前田・前出注（8）三七四頁以下参照。
(22) 前田・前出注（1）五一頁。
(23) 前田・前出注（1）五一―五二頁。
(24) 前田・前出注（1）五三頁。
(25) 前田・前出注（1）五三頁。
(26) 甲斐・前出注（16）七二頁以下、特に七六―七七頁参照。なお、町野・前出注（17）一九三頁以下、内藤謙「過失の要件――予見可能性」法学教室九七号（一九八八）五三頁〔同『刑法講義総論（下）Ⅰ』（一九九一・有斐閣）一一二〇頁〕参照。
(27) 複雑な因果経過を辿った公害事犯として、前述の三石重油流出事故があり、それは危険犯も含む難解なものであったが、この事件の予見可能性を詳細に分析したものとして、小田直樹「三石重油流出事故に現れた予見可能性問題」刑法雑誌三〇巻二号二一四頁以下がある。本件では、適用法条との関係からして、「重油の海上流出」が予見の対象になるもの、と解される。なお、公害犯罪との関係で過失危険犯について論じたものとして、大谷・前出注（3）九二頁以下参照。
(28) この問題自体についても、なお考察すべき点が多いが、さしあたり、松宮・前出注（9）『刑事過失論の研究』一一一頁以下、内藤・前出注（26）五四頁以下、平野龍一『刑法総論Ⅰ』（一九七二・有斐閣）二〇六頁等参照。
(29) 井上・前出注（1）一三五頁〔同著・前出注（1）『刑事判例の研究　その二』四六七頁〕。同旨、松宮・前出注（9）『刑事過失論の研究』二七七頁。
(30) 胎児性水俣病の医学上の考察として、原田正純「先天性（胎児性）水俣病――胎生期におこった有機水銀中毒――」有馬澄雄編『水俣病』（一九七九・青林社）三四五頁以下、一般向けとして、同『水俣病』（一九七二・岩波新書）七一頁以下、また胎児性致死傷に関する考察および関連文献については、立石二六「胎児性過失致死傷」刑法雑誌三一巻二号（一九九〇）参照。私見をごく簡潔に表明したものとして、甲斐克則「生命と刑法」竹内正＝伊藤寧編『刑法と現代社会』（一九八七・嵯峨野書院）七〇頁以下〔『改訂版』（一九九二）七〇頁以下〕、同「刑法における人の概念」西田典之＝山口厚編・ジュリスト増刊『刑法の争点〔第3版〕』（二〇〇〇）一二四頁以下参照。
(31) 浅田和茂「熊本水俣病最高裁決定の検討・総説――付論・傷害罪の法的性質について――」刑法雑誌二九巻四号（一九八九）一五頁。

四　結語

以上、水保病刑事事件における控訴審判決が提起した、「事故型過失」と「構造型過失」という分析視角を中心として、実行行為の問題と予見可能性の問題を考察してきた。確かに、本件は、控訴審判決をして「構造型過失」と呼ばしめるだけの特異な大型公害過失事犯であった。しかし、そのことが直接的に過失犯論全体に理論的修正をもたらすものでもないことが確認された。ただ、実行行為論にせよ、予見可能性論にせよ、企業活動に伴うこの種の過失事犯に関して、管理・監督者の刑事責任を問う契機を提供していることにまちがいはない。

とはいえ、この考察を通じて、これだけの大規模な死傷事件であったにもかかわらず、刑事法による対応の限界を感じないわけにはいかない。そして、「チッソ水俣病事件」そのものは、まだ終わっていないのである。[32] それゆえに本件を歴史的教訓と呼ぶには時期尚早かもしれないが、今後の法的対応策としては、その限界を自覚しつつも、やはり海洋環境の保護をはじめとする（刑事）法体制の整備をする必要がある、と思われる。[33] 水俣病事件に関しても、もし海洋環境の保護という視点さえ当時あれば、このような悲惨な結果は発生しなかったであろう。海洋汚染を放置すれば、人類へも必ずその影響が出ることを如実に示した象徴的事件である。いわゆる「希釈原理」は今や幻想である。これは、何も海にかぎったことではない。河川の汚染や大気汚染にもいえることである。刑法学も，今や環境問題に真摯に取り組むべき時代に来ているように思われる。

（32）　この点については、宗岡嗣郎＝梅崎進哉＝吉弘光男「チッソ水俣病事件の事実関係と刑事的法規制の一側面」刑法雑誌三一巻二号（一九九〇）一頁以下参照。

(33)　この点については、甲斐・前出注（4）、特に四〇頁以下参照。

第7章　過失犯の共同正犯

一　序

一　井上正治博士の多数の研究のうち、代表的なものは、過失犯の研究であった。(1)井上博士の一連の研究により、日本の過失犯をめぐる諸問題は本格的研究領域となり、その成果は、門下生(2)のみならず、その枠を超えて(3)理論的にも実践的にも大きな影響を及ぼした。私もまた、井上祐司教授を介して間接的ながら井上博士の影響を多分に受け、過失犯の研究を継受している。(4)

二　ところで、過失犯の問題領域は多様であるが、過失犯の共同正犯も、その成否を中心になお議論が続いている領域である。井上博士は、一九五八年一二月の中央大学での講演を翌一九五九年に『刑法の論点〔上巻〕』として公刊された。本書は、難解とされる井上博士の刑法理論を理解するのにきわめて有益な書物であるが、私は、そのモチーフが、「過失というささやかな窓から、刑法の全体を眺める」(5)、というところに置かれている点に関心を持っていた。しかも、その出発が「過失犯の共同正犯について」(6)であることは、改めて井上博士の問題関心の在り処を知るうえで、きわめて興味深いものがある。確かに、過失犯の共同正犯は、過失犯の本質をめぐる議論と共犯の本質をめぐる議論が交錯する問題領域であるがゆえに、ある意味で犯罪理論が凝縮される領域でもある。しかし、井上博士は、新過失論に立たれながらも、次の二つの理由から過失犯の共同正犯を否定された。すなわち、「第一に、共同正犯に必要な共同加巧の意思は、たんに行為を共同にしようとする意思ではなく、犯罪としての行為たることを知っていながらそれを共同にしようとする意思だと解すべきである。過失犯の共同正犯にはそういう意思はない。第二に、過失犯においても、むろん行為の定型性を考うべきではあるが、やはり故意犯の場合と比較すれば、その定型性は緩やかである。それ故、結果の惹起に相当因果関係を認めうる行為は、すべて正犯とすれば足りる。わざわざ、共同正犯の修正された構成要件を考える必要はない(7)」、と。

はたして、このような犯罪共同説や拡張的正犯概念の論拠で過失犯の共同正犯を否定するのが妥当か。逆に、肯定するとして、いかなる論拠で、いかなる要件の下でそれが可能か。これを検討したいというのが、井上博士の本追悼論集で迷うことなくこのテーマを選んだ理由のひとつである。加えて、近年議論が盛んな管理・監督過失の問題あるいは伝統的な「過失の競合」の問題もこのような観点から再検討する必要性を痛感している、という理由もある。

三　私自身は、過失犯論では基本的に伝統的過失犯論に立脚しており、共犯論では処罰根拠論において因果的共犯論（修正惹起説）、共同性においては行為共同説、正犯性については限縮的正犯概念に立脚している。また、「認識ある過失」と「認識なき過失」の区別に重要な意義を見いだしている(8)。過失犯の共同正犯の問題も、この区別を意識し、「認識ある過失」については、これを肯定できるのではあるまいか。本章では、このような立場から、まず、過失犯の共同正犯の成立の理論的根拠を検討して新たな枠組みを呈示し、つぎに、これまでの判例の分析を行いつつ自説の論証を試みることにする。

（1）　井上正治『過失犯の構造』（一九五八・有斐閣）、同『判例にあらわれた過失犯の理論』（一九五九・酒井書店）等。井上博士の研究に大きな影響を与えたのは、その師、不破武夫博士の過失犯に関する先駆的研究であった。不破武夫「刑法上の過失について」宮本教授還暦祝賀論文集『現代刑事法学の諸問題』（一九三二・有斐閣）一八一頁以下（改題のうえ同著『刑事責任論』（一九六八（初刊は一九四八）・清水弘文堂）一四五頁以下に所収）参照。
（2）　例えば、井上祐司『行為無価値と過失犯論』（一九七三・成文堂）、同『因果関係と刑事過失』（一九七九・成文堂）、真鍋毅『現代刑事責任論序説』（一九八三・法律文化社）等。
（3）　例えば、藤木英雄『過失犯の理論』（一九六九・有信堂）、西原春夫『交通事故と信頼の原則』（一九六九・成文堂）、内田文昭『刑法における過失共働の理論』（一九七三・有斐閣）等。
（4）　甲斐克則「『認識ある過失』と『認識なき過失』——アルトゥール・カウフマンの問題提起を受けて——」『西原春夫先生古稀祝賀論文集　第二巻』（一九九八・成文堂）一頁以下［本書第5章］、同『海上交通犯罪の研究』（二〇〇一・成文堂）、同「過失犯の基礎理論」西原春夫編『日中比較過失論』（二〇〇一・成文堂）一頁以下［本書第3章］等。
（5）　井上正治『刑法の論点［上巻］』（一九五九・法学書院）「はしがき」。なお、同『現代と人権』（一九七〇・法律文化社）一二頁以下の「刑法における過失論」は、井上博士の九州大学退官記念講演であるが、井上博士の過失犯理論を理解するのに分かりやすいものとなっている。
（6）　井上正治・前出注（5）『刑法の論点［上巻］』一二三頁以下参照。
（7）　井上正治・前出注（1）『判例にあらわれた過失犯の理論』三二三頁。
（8）　甲斐・前出注（4）「『認識ある過失』と『認識なき過失』」［本書第5章］参照。

二　過失犯の共同正犯をめぐる議論の分析と理論的検討

一　過失犯の共同正犯をめぐる議論は、かつて、行為共同説か犯罪共同説か、という共犯論固有の議論として展開された。すなわち、主観主義に立脚した行為共同説によれば、共同正犯成立のためには前構成要件的行為を共同にする行為と意思があれば足りるので、当然に過失犯の共同正犯が成立する、とされた。[9] 他方、犯罪共同説は、共同正犯成立のためには特定の犯罪の共同実行とそのための綿密な意思の連絡を必要とする、との前提に立ち、故意犯の共同正犯と過失犯の共同正犯の構造的差異からして、「第一に、意識的行為の共同が不必要かつ無意味である以上、たまたま、意識的行為の共同をともなうような事案だけについて第六〇条の適用をみとめることになると、意識的行為の共同をともなわない共同過失の事案とのあいだにあきらかに不均衡を生じる。第二に、より根本的に、義務違反の人格態度が意識下の領域における人格主体による統制の問題であるだけに、共同義務違反の人格態度の共同ということがはたしてありうるのか、また、あるとしても、どのようなばあいにおいてであるのかは、さしあたり不明である」[10]、として過失犯の共同正犯を否定した。井上正治博士の前記立場も、ここに位置づけることができる。また、共同意思主体説の論者も、同様に否定的であった。[11] しかし、このような論争の図式は、その後の議論が明らかにしたように、必ずしも論理必然的なものではなかった。

二　何よりインパクトがあったのは、内田文昭教授の本格的研究に裏付けられた肯定説の出現であった。[12] それ以来、犯罪共同説からも過失犯の共同正犯を認める見解が増え、全体として肯定説が多数説となりつつある。その論理を検討してみよう。

内田教授は、目的的行為論、したがって新過失論の影響を受けつつ、過失行為も意識的・目的的行為であると捉え、肯定説を展開された。内田教授によれば、「過失共同正犯の成立を認めるためには、当該過失犯の構成要件を共同で実行した行為者の存在が確定されなければならない」が、「それが可能であるためには、第一に、不注意な意識的・目的的行為の共同が可能とされる必要があ」り、[13]「第二に、不注意な目的的行為の共同が、当該構成要件の実現行為たりうるものとして具体化されえなければならない」。[14] 私は、内田教授が「過失共同正犯を認めることは、特異な議論ではない。意思責任の見地を貫き、過失行為そのものに意識的なもの、意思的なものを求めようとする態度の帰結の一つにほかならない」[15]、とされ、かつ共犯論において限縮的正犯概念を堅持される点について、意思責任を支持する立場から賛同する。しかし、この論理は、目的的行為論およびそれに依拠した新過失論と相容れないように思われる。なぜなら、目的的行為論は、過失犯について拡張的正犯概念と結び付くものであり[16]、また、新過失論の骨格は、過失の本質を客観的注意義務違反として捉え、違法性段階でもっぱら過失犯の処理を図るものだからである。

これに対して、藤木英雄博士は、危惧感説の立場から肯定説を展開された。すなわち、「危険の予想される状態において、相互利用、補充という関係に立ちつつ結果回避のための共通の注意義務を負う者の共同作業の落度が認められるときが、過失犯における共同実行である」が、それはかぎられた範囲であって、「単に抽象的一般的な危険作業の共同から生ずる共通の危険防止義務ということではなく、具体的に特定された結果回避措置を相互補充、利用関係に立って充足してゆくことを要するのであるから、具体的にいえば、危険な作業を共同に行なっている者が、たがいに、単に自己の直接担当する作業動作から結果を発生しないよう結果防止のために具体的な措置をとるばかりでなく、同時に、共同作業中の同僚の作業動作から生ずる結果の発生を防止するために、必要な助言、監視の協力をすべき義務を負うというように、事故防止具体的対策を行なうようについての相互利用、補充関係において一体となっている、という場合にその一体的活動が落度ありと判断されるかぎりにおいて、過失犯の共同正犯を認めうる、ということである。つまり、かような実体があってはじめて、具体的な被害事実の原因が、一体となって協力し作業をしているＡＢ両名のいずれの動作により生じたかを判別できなくとも、両者の共同の注意義務違反行為の所産として両者がそれぞれその結果を生ぜしめたのとおなじく処罰することができる、というものである」[17]、と。藤木博士にあっては、「過失行為の主要な要素をなすものは、一方においては、犯罪とされる有害な結果の発生以外の事実の実現に向けられた意識的行為であり、他方においては、その行為をなすにあたり、予想される有害な結果を回避するために負担するのが相当と認められる具体的な回避措置が怠られたこと、すなわち基準的態度からの逸脱という不作為的要素である」[18]が、あくまで後者、すなわち「落度のある行為を共同にする」という要素にウエイトが置かれている点に注目する必要がある。しかし、「何らかの危惧感のともなう状態」での「共同行為としての基準からの逸脱」は、必要以上の注意義務を限定する力に欠けるおそれがある。

三　さらに、大塚仁博士は、犯罪共同説の立場から新過失論に立脚しつつ、ドイツの学説（ロクシン）に倣って、「共同者による共同注意義務の共同の違反」という要素を強調して議論を展開された。すなわち、「二人以上の者がある過失犯の犯罪的結果を発生させやすい危険性のある行為を共同して行なうにあたり、各人に法律上その犯罪的結果を回避すべき共同注意義務が課せられている場合に、それに違反して犯罪的結果を発生させたときは、共同行為者の構成要件的過失および違法過失を認めることができ、さらに、共同者の各人に責任過失がある場合には、過失犯の共同正犯が成立する」[19]、と。とりわけ構成要件該当性について、「過失犯の構成要件における中核的要素は、いうまでもなく二人以上の行為者が共同注意義務に共同して違反したことである。共同注意義務とは、共同者の各人が自己の行為から犯罪的結果を発生させないように注意するだけでなく、他の共同者にも注意を促して犯罪的結果を発生させないようにすべき注意義務に外ならない。そして、刑法上、共同注意義務が認められるのは、共同行為者の全員が法的に対等、平等の地位に立ち、各人に課せられる個別的注意義務を考えるならば、それらが共通したものである場合でなければならない[20]」、と説かれる。この見解は、犯罪共同説から過失犯の共同正犯を肯定する立場を代表するものといえる。それだけに、入念な検討を要する。

山中敬一教授は、行為共同説の立場から、この「共通の注意義務」という考えに対していち早く疑問を提起された。第一に、「共同危険行為が監督義務を根拠づける理由にはならない」し、「過失共同正犯とは、自己の行為に関する過失と共同行為者に対する監督過失との結合体では決してない」。第二に、注意義務違反の共同性を共同実行の要素とする点について、「共通の注意義務」を「一個の共通の注意義務」と理解することはできず、「新過失論にいう客観的注意義務も各行為者それぞれにつき定立されるものであって、共同行為者には一個の共通の注意義務のみが存在するわけではない」。第三に、「それぞれの注意義務」の内容が同じということはありうるが、それでは一体性を強調する機能を喪失するし、また共同危険行為は存在しうるが、「そもそも共同危険行為の存在だけでは、犯罪共同説にとっては『一つの犯罪』であることを強調することにはならない」。第四に、意思の連絡について、その意思の内容は共同危険行為の認識、すなわち共同行為者の客観的注意義務違反たる行為の認識とされているが、客観的過失と（責任段階での）主観的過失を認めるとすれば、矛盾が生じる。すなわち、「いまもし共同行為者AもBも、過失致死罪の要件は充足したが、Bには主観的過失は否定され、たんに過失傷害罪しか認められなかったとしよう。本説によれば、過失致死罪の共同正犯が認められるのであろうか。それとも、過失傷害罪のそれであろうか。もちろん、意思の連絡の対象は、客観的注意義務違反行為なのであるから、それを基準として判断されなければならないであろう。とすると、過失致死の共同正犯が成立し、Bの主観的過失は考慮されないのであろうか。それとも、過失致死に関する主観的過失という『身分』に欠けるBには、六五条二項によって、『通常の刑』が科せられるのであろうか」[21]。以上の山中教授の批判は、正鵠を射ている。もっとも、大塚博士も、これに対して、「共同者が相互に注意し合うべき義務は監督義務ではな」く、「法的に対等、平等の地位に立つ共同行為者の協力義務であ」り、また、「責任過失の欠ける者には、過失犯の共同正犯は成立しない[22]」、と再反論を加えられる。

また、長井長信教授は、大塚説を形式的だと批判される。すなわち、「例えば、崖っぷちの非常に狭い道路の急カーブをバスの運転手が車掌の合図で旋回する場合とか、乗用車の運転手の身体やハンドル等に同乗者が触れたり、あるいは運転手の不注意あるいは無謀な運転を助長する言動に出た場合……、さらには執刀医に手術器具を手渡す補助看護婦が、執刀医が器具（鉗子やタンポン等）を患者の体内に置き忘れたまま縫合手術したのを漫然と見すごし、かつ回収器具の数を正確に点検するのを怠ったような場合などには、法的地位が異なるとはいえ、具体的注意義務が『共通』することがありうるのではなかろうか。法的地位の『平等』とか『対等』などといったメルクマールが必ずしも決定的なのではなく、具体的に危険な行為状況の中で、各行為者の為すべき具体的行為態様は異なるとはいえ、実質的には、全体として一個の共通した具体的注意義務が課されており、その共同行為として相互に『不注意』を助長・促進し合ったという評価が可能であれば、共同正犯の成立を認めてよいと考えられる。その際、法的地位・職分が『平等』『対等』でなくとも『共通』の注意義務を肯定しうる契機は、具体的な行為状況ないし行為自体のもつ『危険性』に存するものと考えられるのである」[23]、と。やや疑問のある肯定例もあるが、これは、重要な問題提起である。しかし、大塚博士は、これらの場合、「それぞれの職務内容が異なり、法律上の注意義務も同一ではないのであるから、原則として、過失犯の共同正犯を問題とすることはできない」[24]、と再反論される。

四　その後、山口厚教授は、「共同義務の共同違反」説のいう「共同義務」の内容（「自分の行為について注意するばかりではなく、（他人の行為についても注意し）他人に注意義務を遵守させる義務」）は「法的性質として、不真正不作為犯の要件としての作為義務に他ならない」と指摘したうえで、「問題は、各共同者に他の共同者に対する作為義務をいかなる意味で肯定しうるかにある」、との問題設定をされ[25]、次のように説かれる。

「他の共同者に作為義務を遵守させる（各共同者に固有の）作為義務が、共同者による『危険な行為』の共同によって直ちに生じるわけではない。他の共同者に対する排他的支配関係が肯定される等の、一般的な保障人的地位を肯定するための要件が当然に認められる場合でなければ、他の共同者に対する作為義務は生じない。各共同者は、それぞれ、自分自身注意を怠らず、刑法上要求される作為義務を履行することが期待されているから、共同者間についてそうした作為義務を肯定することは（特殊な場合を除き）できないと思われる。この意味で、右の裁判例［後出判例参照――筆者］において各共同者に課されている作為義務は過失単独犯の要件としての作為義務ではなく、実は、共同者全体に共同して課されている『共同作為義務』であり、これは、まさに不真正不作為共同正犯の要件としての作為義務に他ならないのである。この場合においては、先行行為の共同、共同排他的支配等により、共同正犯固有の『共同作為義務』が発生すると考えられることになる。つまり、過失共同正犯の事案においては、共同者が共同して行う行為全体に、各人に共同して結果回避のための作為義務が課されている状態にあるといえるのである。したがって、この場合において、不注意を助長しあうことにより作為義務に共に違反した場合には、まさに（右のように理解した）『共同義務の共同違反』を理由として過失共同正犯の成立が肯定されるのであり、これらの事例は決して過失同時犯に解消することはできないのである」[26]、と。

このように「共同義務」を「共同作為義務」と捉えた点は、「共同の客観的注意義務」論により「注意義務」を安易に拡大する方向に警鐘を鳴らす意味も含めて、重要な意味を持っているように思われる。しかし、それは、不作為犯として構成する場合であって、作為犯では課題が残る。山口教授もこの点を自覚して、「『共同義務の共同違反』説は、過失共同正犯の成立範囲を不真正不作為犯に『限定』し、作為犯についてはそれを否定しようとするものである」（同時犯解消説も当然にこれを否定）が、「裁判例で作為犯の過失共同正犯が肯定された事案……をみると、それは一概に不当であるとは思われない。因果性が明白な重要な因果的寄与を伴う場合に限定しながら、作為犯の領域において、過失共同正犯を肯定しない理由はない」[27]、と述べ、さらに次のような論理を展開される。

「構成要件的結果と共同者の行為との間に（不注意の助長等による）共犯構成要件要素としての（促進・強化を内容とする）因果関係が肯定され、さらに結果発生についての予見可能性（他人の行為から結果が発生することの予見可能性を当然に含む）が肯定される場合には、作為犯の場合においても、過失共同正犯が成立しうると考えられる。ただし、そこでの予見可能性は（一般に要求されるべき）具体的なある程度高度なものであることが必要であり、さらに過失犯においても、正犯形態と共犯形態を区別する『限縮的正犯概念』が妥当すべきである以上、共同『正犯』の名に値する実体、すなわち共同者の因果的寄与の重要性が要求されるべきで、それは共同者間の共働の実態から基礎づけられる必要があると思われるのである。因果的寄与の重要性（作為犯の構成）にせよ、作為義務の存在（不真正不作為犯の構成）にせよ、それを基礎づける共働関係の実態が重要である」[28]。

五　山口教授の右の指摘は、過失犯の共同正犯をめぐる議論の方向性を示唆しているように思われる。というのは、行為共同説も、「共犯が犯罪である以上、構成要件を離れて考えるわけではない。共同の行為は構成要件該当の行為でなければならない。ただ、それはあくまで各共犯者の自己の犯罪という観点から見ているのであって、その見地から他人の行為との協力関係が構成要件該当であればよいとする」[29]共通認識を持つようになったものの、その立場からは当然に過失犯の共同正犯は認められるとしており、共犯論から過失犯論へと根拠が推移するに連れて、とりわけ新過失論を採る場合、行為共同説でも両者の具体的差異があまりなくなっているからであり、理論的深化が壁に突き当たっている観があるからである。例えば、土本武司教授は、「行為共同説についても、同説の前提とされる『行為』を『前構成要件的・前法律的行為』というとき、単に前構成要件的、前法律的行為が結果の発生によって直ちに過失行為として違法な行為になるというのは不合理であるとの批判」に対処すべく、「『とにかく何らかの行為の共同があれば共同正犯になる』というのでは、一部実行全部責任という効果を十分基礎づけえない」、として、「『不注意な目的的行為の共同』が過失犯における共同行為であるとすることが必要」であり、「この『不注意な目的的行為の共同』という概念によって共同過失行為を限界づけるわけであり、その意味の目的的行為が意思連絡のもとで共同してなされれば、過失共同正犯の成立を肯定することができる」[30]、と説かれる。これは、基本的には内田説と同じ方向にあるが、土本教授は、続けて藤木博士の見解を引用しつつ、「そこから導き出される過失共同正犯の要件は『共同義務の共同違反』である」[31]、と主張される。注意義務の共通性とは、「義務の履行につき各人が利用・補充の関係にあ」ること、「要するに、各人が相互に注意し合うことが要求される場合」のことであり、共同の違反というのは、「各人がそれぞれ注意義務に反したというだけでなく、相手方の違反にも注意せず、共同者間で『全体として一個の不注意』が形成され、その不注意との因果関係において結果が惹起されたという関係が認められ」る場合である[32]。大塚説ほど画一的ではないが、かなりの類似性が看取される。それは、同時に、大塚説に向けられたのと類似の批判に遭遇することになる。

六　そこで、過失犯の共同正犯否定説ないし過失同時犯への解消説も根強いわけであるが[33]、処罰拡張の懸念や実益論（これはあまり意味がないと思われる。）の懸念を払拭し、確固たる理論的基盤のもとに肯定説を再構築する必要がある。その方向は、三つある。

第一は、山口教授が呈示された前述の枠組みであり、作為犯と不作為犯の場合に分けて共同正犯性を探求する途である。「共同義務」を認めるとすれば、それは、「共同の注意義務」ではなく、不真正不作為犯における「共同の作為義務」を認めるという意味に解すべきである。そして、作為の場合には、心理的因果性という観点から行為の共同性を探るべきである。

第二は、共犯処罰根拠論からのアプローチである。ドイツでは、周知のように、過失犯では拡張的正犯概念を基礎に据えて過失犯の共同正犯を否定する見解が多いが、[34]やはり過失犯の場合にも限縮的正犯概念を基礎に据えるべきである。すでに限縮的正犯概念の立場から、平野龍一博士は、「過失行為共働の形態は複雑で、その中には一方が他方の行為についてまで注意しなければならない場合と、他方に委せてしまってよい場合とがある。過失の共同正犯は、前者を捉え、後者を除外するための理論であるが、共同正犯という概念で捉えるのがいいかどうかにはなお問題がある。しかしこのことと、過失に拡張的正犯概念をとるために共同正犯概念は不要だとすることとは別のものであることに注意しなければならない[35]」と説かれたが、この基本的視点は重要と思われる。また、近時、町野朔教授が、共犯の処罰根拠論のうち惹起説を整備・点検される中で、「心理的因果性を与える意思の疎通は具体的な行為の遂行に関するものであり、犯罪結果に関するものではないのだから、過失犯においても心理的因果性は存在し、理論的には過失犯同士の共犯も存在することになる」、とし、さらに、「過失の共犯を認めることは心理的因果性のあるところで帰責を肯定することなのであって、これは、共犯関係にあるＸＹいずれの弾丸がＡの死を招致したかに関わりなく、両者に殺人の既遂を認めるべきである、故意犯の共同正犯と同じことである[36]」、と説いておられるのに注目する必要がある。まさに因果構造は、故意犯と過失犯で異なることはない、と言わねばならない。因果的共犯論に立脚される林幹人教授が、「因果性と正犯性が、共同正犯が成立するための必要にして十分な要件であ」り、「因果性も正犯性も、過失によって失われることはない[37]」、とされるのも、同様の趣旨であると思われる。「過失のようなお互いに不注意を助長し合うという程度のものでは、刑法上問題にし得るほどの心理的因果性を認めることはできない[38]」、との強い批判もあるが、後述の判例分析あるいは最近の製造物責任の議論においても、共同作業や共同意思決定等の危険源共有者の行為について、作為たると不作為たるとを問わず、心理的因果性をも含めて過失犯の正犯性を共同に認めざるをえない実態があることに留意しなければならない。

以上のことは、あくまで過失犯の共同正犯たる地位を取得するということにとどまるのであって、これをもって安易に処罰を拡大するという意味で理解してはならない。つまり、第三に、主観的側面については、まさに過失「責任」の問題として考えるべきである。この点については、すでに平野博士が、「過失犯に共同正犯を認めることは、過失『行為』の共同を認めることであって、過失『責任』の共同を認めることではない。責任は、過失犯にあっても個別的に判断しなければならない[39]」、と述べておられることを想起すべきである。この点について、新過失論に立脚して過失の本質を客観的注意義務違反と捉えれば、「認識なき過失」の場合も含めて違法の連帯性という観点が重視され、責任の個別性は捨象され、過失犯の共同正犯が安易に肯定される懸念がある。しかし、山口教授と共に過失の本籍を責任に求める私見によれば、やはり責任の個別性を重視し、最終的に具体的予見可能性が認められることを根拠に過失責任が肯定されてはじめて「過失犯の共同正犯」が成立するのである。しかもその際、「認識なき過失」と「認識ある過失」を区別して、実質的責任原理の観点から前者の場合は責任を問えず、後者の場合にのみ、つまり過失の実行行為開始時点で自己の行為の属性としての具体的危険性を認識している場合にのみ、結果発生の具体的予見可能性が認められれば過失責任を肯定できる、と考えるべきである[40]。「認識なき過失」の場合にまで過失犯の共同正犯を最終的に認めることは、それこそ処罰範囲の安易な拡大に通じる懸念がある、と言わねばならない。

以上の三点を考慮して、過失犯の共同正犯の問題を考えるべきである。これによって、訴訟法的にも「一事件」としての解明が図られることにもなる。

（9）　例えば、木村亀二「過失の共同正犯」平野龍一＝福田平＝大塚仁編『判例演習（刑法総論）』（一九六〇・青林書院）一七九頁。

（10）　団藤重光「過失犯と人格責任論」日沖憲郎博士還暦祝賀『過失犯（1）』（一九六六・有斐閣）八五頁。なお、西村克彦「刑法における『過失』概念の解明」同書九頁以下、井上正治・前出注（1）『判例にあらわれた過失犯の理論』三二三頁、日高義博「過失の共同正犯」植松正ほか『現代刑法論争［第二版］』（一九九七・勁草書房）三二八頁以下、松本一郎「過失の共同正犯」松尾浩也ほか編・ジュリスト『刑法判例百選Ⅰ［第四版］』（一九九七・有斐閣）一六一頁参照。

（11）　草野豹一郎「過失犯と共同正犯」同『刑事判例研究・第三巻［第四版］』（一九四〇・有斐閣）八五頁以下、九七頁、齋藤金作「過失犯の共同正犯」法曹時報六巻二号（一九五四）一二九頁参照。

（12）　内田・前出注（3）一頁以下。なお、内田文昭「過失の共同正犯」同『刑法解釈論集（総論Ⅰ）』（一九八二・立花書房）三〇九頁以下参照。

（13）　内田・前出注（3）二六〇頁。

（14）　内田・前出注（3）二六六頁。

（15）　内田・前出注（3）二七二頁。

（16）　Vgl. *Hans Welzel*, Das Deutsche Strafrecht, 11. Aufl. 1969, S. 99.

（17）　藤木英雄「過失犯の共同正犯」研修二六三号（一九七〇）一三頁。

（18）　藤木・前出注（17）一一頁。

（19）　大塚仁「過失犯の共同正犯の成立要件」法曹時報四三巻六号（一九九一）一二七一―一二七二頁。

（20）　大塚・前出注（19）一二七四頁。なお、大塚仁「共同正犯の本質」法学教室一〇九号（一九八九）三一頁参照。

（21）　山中敬一「共同正犯の諸問題」芝原邦爾ほか編『刑法理論の現代的展開・総論Ⅰ』（一九八七・日本評論社）二〇五―二〇七頁。

（22）　大塚・前出注（19）一二二七頁。

（23）　長井長信「判批」判例評論三四三号（一九八七）六三頁（判時一二三九号二二五頁）。

（24）　大塚・前出注（19）一二七九頁。

（25）　山口厚「過失犯の共同正犯についての覚書」『西原春夫先生古稀祝賀論文集　第二巻』（一九九八・成文堂）三九八―三九九頁。

（26）山口・前出注（25）三九九頁。
（27）山口・前出注（25）四〇〇頁。
（28）山口・前出注（25）四〇〇―四〇一頁。
（29）この点について、金澤文雄「犯罪共同説か行為共同説か――行為共同説の立場から――」中義勝編『論争刑法』（一九七六・世界思想社）一七二頁、一七五頁、一七八―一七九頁〔この論文は同著『刑法の基本概念の再検討』（一九九九・岡山商科大学）一七六頁以下所収〕、山中・前出注（21）二〇七頁参照。
（30）土本武司「過失犯と共犯」阿部純二ほか編『刑法基本講座＜第四巻＞――未遂、共犯、罪数論』（一九九二・法学書院）一四五―一四六頁。
（31）土本・前出注（30）一四七―一四八頁。
（32）土本・前出注（30）一四八頁。同旨、鈴木茂嗣「過失の共同正犯」ジュリスト別冊『刑法の判例〔第二版〕』（一九七三・有斐閣）一二八頁、一三〇頁、阿部純二「過失の共犯」芝原邦爾編『別冊法学教室・刑法の基本判例』（一九八八・有斐閣）七五頁、川端博「過失の共同正犯」植松ほか前出注（10）『論争刑法Ⅰ〔第二版〕』三二四―三二七頁。
（33）日本とドイツにおける過失犯の共同正犯の否定説を入念に検討した最近の研究として、内海朋子「過失の共同正犯をめぐる問題――否定説を中心に――」慶大大学院法学政治学論究四三号（一九九九）三四七頁以下があり、否定説の立場から肯定説の問題点を理論的に分析したものとして、北川佳世子「我が国における過失共同正犯の議論と今後の課題」刑法雑誌三八巻一号（一九九八）四七頁以下および内海朋子「過失共同正犯肯定説における帰責問題について」慶大大学院法学政治学論究四八号（二〇〇一）七一頁以下がある。同時犯への解消を説く代表的なものとして、前田雅英『刑法の基礎　総論』（一九九三・有斐閣）三六一頁以下がある。なお、曽根威彦『刑法の重要問題』（一九九三・成文堂）三一四頁、西田典之「過失の共犯」法学教室一三七号（一九九二）一九頁以下参照。学説・判例全般については、村上光鵄「過失犯の共同正犯」大塚仁ほか編『大コンメンタール刑法〔第二版〕』（一九九九・青林書院）一六一頁以下および塩見淳「過失犯の共同正犯」判例タイムズ八四六号（一九九四）四九頁以下参照。また、とりわけ最近の否定説および肯定説を批判的に検討したものとして、伊東研祐「『過失犯の共同正犯』論の現在」現代刑事法三巻八号（二〇〇一）六〇頁以下がある。
（34）この点については、内海・前出注（33）三五八頁以下参照。なお、内海朋子「過失犯における正犯・共犯の限界づけとその判断基準について――ドイツの学説状況を中心に――」慶大大学院法学政治学論究三六号（一九九八）二五一頁以下をも参照。
（35）平野龍一『刑法総論Ⅱ』（一九七五・有斐閣）三九五頁。同旨、川端博「過失の共同正犯」植松ほか・前出注（10）『現代刑

法論争Ⅰ［第二版］』三二七頁、中山研一ほか『レヴィジオン刑法1・共犯論』（一九九七・成文堂）六一頁（松宮孝明執筆）、大越義久「過失犯の共同正犯」西田典之＝山口厚編『刑法の争点［第3版］』（二〇〇〇・有斐閣）一〇七頁。

(36)　町野朔「惹起説の整備・点検――共犯における違法従属と因果性――」『刑事法学の現代的状況・内藤謙先生古稀祝賀論文集』（一九九四・有斐閣）一三三―一三四頁。

(37)　林幹人『刑法総論』（二〇〇〇・東京大学出版会）四一二頁。

(38)　北川・前出注（33）五三頁。

(39)　平野・前出注（35）三九五頁。

(40)　甲斐・前出注（4）「『認識ある過失』と『認識なき過失』」二四―二五頁。Vgl. *Arthur Kaufmann*, Das Schuldprinzip. Eine strafrechtlich-rechtsphilosophische Untersuchung, 2. Aufl. 1976, S. 156ff., 223ff. アルトゥール・カウフマン（甲斐克則訳）『責任原理――刑法的・法哲学的研究――』（二〇〇〇・九州大学出版会）二二二頁以下および三五一頁以下参照。なお、花井哲也『過失犯の基本構造』（一九九二・信山社）一一九頁以下は、過失犯における主観的違法要素という観点から過失犯の共同正犯にアプローチする。体系的に私見と異なるが、問題意識は私見と共通のものがあり、各判例に対する結論的評価も近いものがある。

三　過失犯の共同正犯に関する判例分析

一　では、以上の論理を具体的事例に当てはめれば、どのようになるであろうか。判例分析を素材にして検討を加えてみよう。

古く大審院の判例は、「被告等ハ共同的過失行為ニ因リテ他人ヲ死ニ致シタルモノナレトモ共犯ニ関スル総則ハ過失犯ニ適用スヘキモノニ非サル……」、と述べ（大判明治四四年三月一六日刑録一七輯三八〇頁）、あるいは「二人ノ共同過失ニ因リ他人ヲ死傷ニ致シタル犯罪ハ共犯ニ非ス」、と述べ（大判大正三年一二月二四日刑録二〇輯二六一八頁）、過失犯に共同正犯が成立することを否定していた。ところが、①精神病平癒の祈祷を依頼された甲と乙が被害者に祈祷を施し、病魔を退散させるべく両名が共同して手で被害者の身体を擦ったり揉んだりした結果、被害者に擦過傷を負わせ、さらにその傷口から化膿菌が侵入するのを防止しなかったため敗血症により死亡させた事案について、大審院は、原審が両名に業務上過失致死罪の共同正犯を肯定したのを是認した（大判昭和一〇年三月二五日刑集一四巻五号三三九頁）。本件は、行為内容からして、その危険性を両行為者が認識していたと考えられ、「認識ある過失」であり、結論的に過失犯の共同正犯を肯定できるケースであった、といえる。その意味で、改めて注目すべき判例といえる。もっとも、以上の判例は、いずれも論拠を明示していない。したがって、過失犯の共同正犯を理論的にどのように考えていたのか、不明であった。

二　周知のように、議論を醸成したのは、②戦後のメタノール販売事件判決（最判昭和二八年一月二三日刑集七巻一号三〇頁）であった。飲食店を共同で営む甲と乙がウイスキーを販売するにあたり有毒物メタノールが含有されていないことを確認すべきにもかかわらず確認しないで販売したことが有毒飲食物等取締令四条一項後段に問われた事案について、最高裁第二小法廷は、「飲食店は、被告人両名の共同経営にかかるものであり、右の液体の販売についても、被告人等は、その意思を連絡して販売をしたというのであるから、此点において被告人両名の間に共犯関係の成立を認めるのを相当とする」、と判示した。

井上正治博士は、本判決が大法廷で扱われずに小法廷で扱われたのは矛盾ではなく、戦前の判例が共謀共同正犯を採っていたことと関係がある、と指摘された。すなわち、「判例としては一見突飛そうにみえる論理を、判例特有の共謀共同正犯の理論によって裏打ちしたつもりではなかったろうか。むろん、共謀共同正犯は、一定の犯罪について『協心協力の作用』を重視するものである。しかし、ここでは、液体販売につき意思の連絡があったにとどまる。販売じたいは犯罪ではない。それでも、その理論の是非は別として、液体販売につき一心同体となった以上、そのうちの一人がメタノールの含有量を過失により検査しないで販売したことにたいしても、同じく過失犯の責任を負うべきである、と考えたのではなかろうか。本件のごとき過失犯は、ヴェルツェルの言葉をかりれば、「混合した結果惹起の構成要件」(gemischte Verursachungtatbestände) といわれるものであった。それだけに、同じ過失犯でも、共謀共同正犯の理論とも親しみやすい。過失犯の共同正犯を否定した判例も、実は、大審院によって、ひろく共謀共同正犯の理論の承認をうけた以前のものであった。そうみることができれば、判例としては必ずしも矛盾はないし、大法廷の判断をまつまでもなかったのである」[41]、と。

当時、多くの論者がその矛盾を指摘した中で、過失犯の共同正犯と共謀共同正犯との結び付きを考慮された井上博士のこの指摘は、興味深いものがある。しかし、共同意思主体説に立脚して共謀共同正犯を採る草野豹一郎博士や齋藤金作博士が過失犯の共同正犯に否定的であったことは、この指摘に無理があることを示している[42]。共謀共同正犯を否定するという論理だけでは、過失犯の共同正犯を否定する十分な論拠となりえないであろう。ただ、共謀に近似する心理状態にある過失犯に着目しておられるのは、心理的因果性という観点から示唆深いものがある。また、本件のように「認識ある過失」といえる場合には、具体的危険について共同の認識がありうるのではないだろうか。本件でメタノール含有飲料の販売は、単なる形式違反ないし挙動犯ではなく、これを飲んだ者のうち、三日間で四人が死亡し、六人が体の具合が悪くなった事実が示すとおり、人体に具体的危険をもたらすものであり、それを両名がある程度知りえたように思われる。本件が業務上過失致死傷罪ではなくて有毒飲食物取締令違反に問われたのは、おそらくこちらの方が法定刑がかなり重かったからであろう（三年以上十五年以下の懲役又は二千円以上一万円以下の罰金が規定されていた。[43]）。しかし、本判決の論理の不十分さは否めない。ただ、過失犯の共同正犯を結論的に認めた前述の大審院判例（大判昭和一〇年三月二五日）は、その先例である、と理解できるように思われる。

三　その後、かなりの下級審判例で、過失犯の共同正犯肯定例が出たが、若干の否定例もある。③名古屋高判昭和三一年一〇月二二日（裁特三巻二一号一〇〇七頁）は、被告人両名が土木出張所分室において素焼こんろ二個を床板の上に置いて使用して長時間に亘り煮炊をし、過熱発火防止措置をせずに帰宅したため、同出張所分室のほか町役場本館等を焼損せしめた事案につき、過熱発火の危険の発生を未然に防止すべき義務を両名に認め（刑法一一六条一項）、「被告人両名の内に共犯関係の成立を認めるのを相当とする」、と判示した。論理は不十分であるが、本件も、作為犯と考えられ、行為の実行行為の共同性と因果性、さらには両者に発火に結び付く危険性の認識があった事案といえる。

注意を要するのは、④広島高判昭和三二年七月二〇日（裁特四巻追録六九六頁）である。外科医の二人が、右肩の脱臼を訴える患者を共同して診察治療したが、全身麻酔を施すにあたり、被告人がオーロパンソーダを指示したにもかかわらず看護婦が誤ってクロロフォルムを静脈注射したため患者が心臓衰弱で死亡した、という事案である。弁護人は、被告人が主治医ではなく単なる補助医であった、と主張したが、判決は、「両者共同様の責任を持った共同担当医であった」、と認定し、「注射液の指示を受けた看護婦及其の補助者を監督看視し、自己に於て現実に注射を行う場合と同様の注意を以て患者の体内に注射する直接の行為は勿論のこと、その以前に於ける所論のいわゆる準備行為と云うべき自己の指示した注射薬液の正確なる確認、性状薬液中の溷濁、浮遊物の有無、或は分量等苟くも注射に関係することについては細大もらさず厳重なる検査を為し以て注射の過誤なきを期すべき業務上の注意義務を有した」、として、さらに、「或る患者に対する診療行為が二人以上の医師により共同して行われその医師間に責任の軽重のつけ難いような場合、然もその診療過程に於て、医師の過失の存した場合は、その内の或医師につきその過失につき全然関係のないことが特に明瞭な場合とか或は特定の診療につき特に責任を分担しその帰責を明かにして行われたのでない限り、右過失についての責任は共同診療に当る医師全員に存するものと解するを相当とすべき」だ、と判示した。ただ、注意すべきは、判決がここまで述べていながら、原審が共同正犯として刑法六〇条を適用したのが誤りであり、原審相被告人と看護婦の「過失行為の競合」だ、としている点である。過失の競合であれば、右のような論理展開をわざわざする必要はなかったであろう。過失犯論自体がまだ十分に議論されていなかった時代であったとはいえ、苦渋の論理といえる。実行行為性、因果関係、具体的予見可能性を検討してみれば、むしろ過失犯の共同正犯を肯定すべきであったように思われる。

⑤佐世保簡略式昭和三六年八月三日（下刑集三巻七＝八号八一六頁）は、米海軍佐世保基地米国海兵隊所属の海兵員両名が、屈曲の多い海岸線のある危険海面で、この種の船舶運航の技能も経験もないにもかかわらず観光船第二西海丸（四三・七六トン）を酔余好奇心から運航して事故を起した事案について、「不注意にも被告人Tは同船の操舵を、同Jはその機関部の操作をなし両名共同して同船を運航した過失によりその操舵を誤り、同船を右栈橋より西方約二百米の対岸に衝突坐礁させ、前記無謀操舵並びに衝突により同船に対しダリンドメピンの脱落、キール包板船首在下部金物の各破損船体のひずみ等を生ぜしめ以て一時航行を不能ならしめて同船を破壊したものである」、として過失往来妨害罪（刑法一二九条一項後段）の共同正犯の成立を認定した。略式命令ということで、論理が簡略であることは否めないが、形態としては、本件のような無謀な操船行為の場合、共に「認識ある過失」行為を行っている、と評価できるように思われる。

⑥秋田地判昭和四〇年三月三一日（下刑集七巻三号五三六頁）は、重失火罪の成立を肯定したものの共同正犯を否定した事案である。被告人は、ある工務店の工事責任者であるが、真夏の乾燥した日に木造の秋田県庁舎の屋根の上

で作業中に従業員二名が喫煙するのを禁止せずに放置し、自らも喫煙していたため、右三名いずれかの喫煙による煙草の吸殻または破片の一部が風のため中央線の屋根瓦の隙間などからその下葺の柾板に達し、これに着火せしめて、県庁舎および県議会議事堂各一棟の一部を焼損した。検察官は、被告人は従業員と意思を通じて共同して喫煙した重大な過失により本件火災を惹起したとして、被告人等三名の共同正犯の成立を主張した。しかし、判決は、「本件火災の発生が被告人自身の喫煙に起因するか、或いは前記従業員二名の喫煙に起因するかは遂いに不明であるが、本件のような気象条件、木造建物の屋上工事の際中においては、被告人自身率先して喫煙などを避けしめるように措置すべき注意義務を有していたのに拘らず、被告人が同時に右二個の注意義務を怠り、その結果、被告人自身を含む三名いずれかの喫煙により火を失して、他人の現在する建造物を焼燬したものであり、しかも当時の状況に照し右二個の注意義務違反はいずれも刑法にいう重過失と評価するのが相当である」、と判示したものの、共同正犯については成立を否定した。すなわち、「被告人と右S等との間に屋上工事についての共同目的ないし共同行為関係というものは存したが、喫煙については、たんに時と場所を同じくしたという偶然な関係があるにすぎなく、これらの者が喫煙について意思を通じ合ったとか、共同の目的で喫煙をしたというような関係があったとみることはできなく、本件について、過失の共同正犯の理論を適用するのは相当でない」、と。本判決は、一般論として過失犯の共同正犯を否定しているわけではない。本件事案は、確かに、喫煙というような個人的属性に関する行為であり、これに過失の共同正犯性を認めることは妥当でない。むしろ、同時犯あるいは被告人については監督過失というべきであろう。

これに対して、⑦京都地判昭和四〇年五月一〇日（下刑集七巻五号八五五頁）は、二人制踏切における事故であり、過失犯の共同正犯が認められる典型的なものであった。京都市の山陰線四条踏切で踏切警手の業務を担当していた

SおよびM両被告人は、Sが相番（踏切道における列車予定時刻の約五分前から踏切道に立ち出で列車の接近を確認する。）、Mが本番（踏切西寄り北側に設けてある保安係詰所内で、列車が踏切に接近すると電灯が消えブザーが鳴る仕組になっている列車接近表示器や、反射鏡等により列車の接近を確認することにつとめる。）として業務に携わっていたが、それぞれ列車の接近を確認したときは、互いに手笛等でその旨を通知し合い、かつ、本番は相番の合図により、踏切道に設置してある四条通に対する交通信号灯を青色から黄色を経て赤色に切りかえた後、踏切道の遮断機を閉鎖する措置を講ずることになっていた。ところが、予定時刻を過ぎても列車が来ないので遅れてくることが予想されるのに、同列車に対する注意警戒はもちろん、その警笛にすら注意を欠いたため、列車の発見が遅れ、交通信号灯の切りかえや遮断機の閉鎖等を講ずるいとまもなく、踏切道に侵入してきた普通四輪乗用車と同列車を衝突させるに至り、二名を死亡させた。京都地裁は、被告人両名の過失責任を肯定するにあたり、次のような注目すべき共同正犯論を展開した。

「そもそも共同正犯を定めた刑法第六十条は、必ずしも故意犯のみを前提としているものとは解せられない。のみならず、共同者がそれぞれの目的とする一つの結果に到達するために、他の者の行為を利用しようとする意思を有し、または、他の者の行為に自己の行為を補充しようとする意思を有しておれば、そこには、消極論者がいわれるような共同正犯の綜合的意思であり、その独自の特徴とせられるところの決意も、共同者相互に存在するとみられ得るのであるから、これ等の決意にもとづく行為が共同者の相互的意識のもとになされるかぎり、それが構成要件的に重要な部分でないとしても、ここに過失犯の共同正犯が成立する余地を存するものと解するのが相当である。最高裁判所昭和二十八年一月二十三日第二小法廷判決が、過失犯に共同正犯の成立を認めたのも、これを忖度すれば、右とその趣旨を同じくするものと思われる」。本件では、「被告人Sは、相番として列車接近の確認につとめ、これを確認したときは本番である被告人Mにその旨を合図し、且つ、交通信号灯の切りかえや遮断機閉鎖の時期をも合図によって知らせること等を分担し、被告人Mは、本番として列車接近表示器の作動を見守り、または相番からの合図によって列車接近の確認につとめ、これを確認したときは相番である被告人Sにその旨を合図し、且つ被告人Sからの合図によって、交通信号灯の切りかえや遮断機閉鎖の措置を講ずること等を分担し、もって、被告人両名が相互に協力して踏切道における交通の安全を確保することにつとめていたのであるから、被告人両名のそれぞれの注意義務をつくすことによって一つの結果到達に寄与すべき行為の或る部分が、相互的意識のもとに共同でなされたものであることは、優にこれを認めることができる」。

本判決については、「詳細な事実認定のもとに、被告人S、Nそれぞれの注意義務違反を個別的に認定しており、いずれも危険な状況下にあって、要求される注意深い行為にでなかったのであって、結果との間にもそれぞれ因果関係も認められ過失責任を問われうる事案、すなわち過失犯の同時犯が認められる事案でなかったか(44)」、という指摘もあるが、注意義務が個別に認定されることは当然であり、本件のように共同作業の一環としての行為に起因する場合には、やはり過失犯の共同正犯を認めることができる。

四　判例による肯定の論理に一定の変化が見られたのが、⑧名古屋高判昭和六一年九月三〇日（判時一二二四号一三七頁）である。同じ鉄工所の従業員である被告人二名が、その鉄工所が請け負った料理旅館の食堂拡張工事において鋼材の電気溶接作業を行うに当たり、その際発生する輻射熱や火花などによって溶接箇所に接着若しくは近接する可燃物が発火し建物が炎上する危険があったから、あらかじめ不燃物で溶接箇所と可燃物とを遮へいする措置を講ずべき業務上の注意義務があるのに、これを怠り、右措置を講じないまま溶接作業に取り掛かり、被告人のうちの一方が庇の上で溶接する間、他方が地上で火花の飛散状況を監視し、途中で各人の役割分担を交替するという方法で溶接作業を実施したため、発生した輻射熱または火花などによって右可燃物を発火させ、現住建造物を焼燬したという事案である。名古屋高裁は、次のように述べて過失犯の共同正犯を肯定した。

「(一) 被告人両名の行った本件溶接作業（電気溶接機を用いて行う鋼材溶接作業）は、まさに同一機会に同一場所で前記Ｈ鋼梁とＨ鋼間柱上部鉄板とを溶接固定するという一つの目的に向けられた作業をほぼ対等の立場で交互に（交替して）一方が、溶接し、他方が監視するという方法で二人が一体となって協力して行った（一方が他方の動作を利用して行った）ものであり、また、(二) 被告人両名の間には、あらかじめ前説示の遮へい措置を講じないまま本件溶接作業を始めても、作業中に一方が溶接し他方が監視し作業後に溶接箇所にばけつ一杯の水を掛ければ大丈夫である（可燃物への着火の危険性はない）からこのまま本件溶接作業にとりかかろうと考えていること（予見義務違反の心理状態）についての相互の意思連絡の下に本件溶接作業という一つの実質的危険行為を共同して（危険防止の対策上も相互に相手の動作を利用し補充しあうという共同実行意思の下に共同して）本件溶接作業を遂行したものと認められる。つまり、被告人両名は、単に職場の同僚としてあらかじめ前記措置を講ずることなくして前記危険な溶接作業（実質的危険行為）をそれぞれ独立に行ったというものではない。このような場合、被告人両名は、共同の注意義務違反行為の所産としての本件火災について、業務上失火の同時犯ではなく、その共同正犯としての責任を負うべきものと解するのが相当である」。

本判決は、前述の「対等の立場」にある者同士に「共同の注意義務違反」を論拠に据えて過失犯の共同正犯を認めた初めてのものであり、インパクトもあった。その結論は妥当としても、その射程範囲は、「共同の注意義務違反」がなければ過失犯の共同正犯が成立しない、という具合に限定されたものと読むべきではあるまい。しかも判決は、「溶接作業を行う被告人両名としては、このままの状態で本件溶接作業を行うならば右輻射熱やスパッタなどのため右可燃物が発火し、その結果建物が燃焼、焼燬するといった大事に至るということを当然予見することができ、また、予見していなければならない」、と述べ、「被告人両名には、電気溶接機を用いて本件溶接作業を行うに当たり、作業開始前にあらかじめ溶接箇所周辺の可燃物が発火しないよう輻射熱やスパッタなどを遮へいする措置を講じておかなければならない（換言すれば右措置をしないまま右作業を始めてはならない）という業務上の注意義務があった」、と認定しているのであって、これは、単に「共同の客観的注意義務違反があったから過失犯の共同正犯を認める」、と断言しているのではない。むしろ、過失「責任」のレベルで具体的予見可能性とそれに基づく注意義務違反を認定している点を看過してはならない。さらに、本判決は、「他方が監視する」という表現を用いてはいるが、それを「相互監視・監督義務」という意味で直接用いているわけではない点にも留意する必要がある。

なお、⑨越谷簡判昭和五一年一〇月二五日（判時八四六号一二八頁）は、アドバルーンの掲揚による建物住宅の宣伝を請け負った被告人が、これをアルバイト学生である従業員のＳ（アドバルーンの掲揚取扱いについてはベテラン）に委ねたところ、Ｓの過失により、学童二名が地上に繋留中の水素ガスの充満したアドバルーンに乗って遊んだため、アドバルーンが破れて落ち込み、酸素欠乏症により死亡した、という事案について、正当にも次のような論理で過失犯の共同正犯を否定して無罪としたが、これは当然の帰結といえる。

「過失の共同正犯も正犯であるから、一個の犯罪実現に数人の行為者があった場合彼等を共同正犯とするためには、当該犯罪が彼等の共同で実行されたという評価がなされなければならず、この場合共同実行という概念には次の二つの型が考えられる。それは、共同行為者のおのおのが他人の協力を待つまでもなく彼自身の行為によってそれぞれ当該犯罪構成要件に予定された実行々為を完成するいわゆる不真正の共同正犯と共同行為者が共同することによって一体となってはじめて実行々為が完成するいわゆる真正の共同正犯である。……両者とも、共同で犯罪を実行しようという相互的な意思の連絡なしには共同正犯は成立しないが、過失犯の特質から考えて、共同で犯罪を実行しようという相互的な意思の連絡なしでも、共同行為者のそれぞれが各自不注意な行為に出でてそれぞれの不注意が相互に影響しあうことにより一個の不注意が形成され、それにもとづく結果が発生したという評価が下される場合には過失共同正犯が成立すると考えられる」。「これを本件事故で検討してみると、……本件事故当時被告人は本件事故現場にはいなかったこと、被告人はＳに二七日と二九日にアドバルーンの掲揚と、繋留する場合の監視を指示したこと、Ｓはアドバルーンの繋留について富士アドバルーン株式会社の被告人の妻に電話連絡したこと、Ｓは二七日アドバルーンの繋留について水素ガスを抜くか抜かないかは独自の判断でやっていたこと［、］Ｓは事故発生日にアドバルーンの繋留場所に四回しか監視に訪れなかったことが認められるので、共同実行の相互的な意思の連絡があったとは認められないうえ、被告人とＳがそれぞれの不注意な行為に出でてそれぞれの不注意が相互に影響しあうことによって全体として一個の不注意が形成され、それに基づいて結果が発生したとも評価することはできない。また、被告人は、アドバルーンの掲揚繋留についてこれを管理する立場にあったには違いないが、現実に発生した事故との関係においてこれを見た場合、現実にアドバルーンを掲揚し繋留する業務をしていない被告人自身に当該事故の発生を予測することができこれを防止することができる立場にあったとは限らないし、これを関係者の意思の点よりみても、現実にアドバルーンを掲揚し繋留する業務を担当している者は、自己の業務執行中発生した事故についての刑事上の責任を自己が負うつもりで業務を執行するのがむしろ通常であるということができるからであり、業務の執行を管理する者がその業務の執行を従業員に委ねた後従業員の業務の執行について刑事上の過失責任を問われるためには、従業員の業務の執行が未熟であるとか、その者の業務の執行が事故発生につながることが明らかに予想され、従業員の業務の執行を中止させ自ら業務の執行にあたることが相当とするような事情のあった場合、あるいは、管理者が従業員に対し適切な指示助言により事故の発生を避けることができる性質のものであったというような特殊な事情を必要とすると解され、……管理者の不注意が従業員の不注意と同格の関係において結果発生へと一体化していることを要し、相互に同格の形において不注意を促進しあい影響しあうことが必要と解するところ、前記認定事実からみると、特殊な事情が認められず、かつ被告人の不注意とＳの不注意とが同格の関係において結果発生へと一体化しているとは評価することはできず、むしろ、Ｓの不注意の方が重いと認めるのが相当である」。

本判決の論理は、前述の内田説に依拠するものであるが、行為共同説に立脚しても、本件で過失の実行行為性を認定するのは困難であり、結論は妥当である。

五 その後、⑩東京地判平成四年一月二三日（判時一四一九号一三三頁）は、いわゆる世田谷ケーブル火災事件に関するもので、注目を集めた。被告人両名は、電話ケーブルの接続部を被覆している鉛管をトーチランプの炎により溶解開披して行う断線探索作業等の業務に従事していた者であるが、三本の電話ケーブルのうち一本について断線を探索した際、その下段の電話ケーブル上に布製防護シートを掛け、通路上に垂らして覆い、点火したトーチランプ各一個を各自が使用し、鉛管を溶解開披する作業中、断線箇所を発見した。ところが、その修理方法等を検討するため一時洞道外に退出するにあたり、右二個のトーチランプの炎が確実に消火しているか否かについて何ら相互の確認をすることなく、トーチランプを前記防護シートの近接位置に置いたまま両名共に同所を立ち去ったため、とろ火で点火されたままの状態にあった一個のトーチランプから炎を前記防護シート等に着火させ、さらに前記電話ケーブル等に延焼させ、よって電話ケーブル合計一〇四条（加入電話回線一二三万八〇〇〇回線、総延長一万四六〇〇メートル）および洞道壁面一二一五メートルを焼損させた。

東京地裁は、「本件の被告人両名においては、第二現場でトーチランプを使用して解鉛作業を行い、断線箇所を発見した後、その修理方法等につき上司の指示を仰ぐべく、第三棟局舎へ赴くために第二現場を立ち去るに当たり、被告人両名が各使用した二個のトーチランプの火が完全に消火しているか否かにつき、相互に指差し呼称して確認しあうべき業務上の注意義務があり、被告人両名がこの点を十分認識していたものであることは、両名の作業経験等に徴して明らかである」、とし、「しかるに、被告人両名は、右の断線箇所を発見した後、その修理方法等を検討するため、一時、第二現場を立ち去るに当たり、被告人Aにおいて、前回の探索の際に断線箇所を発見できなかった責任を感じ、精神的に動揺した状態にあったとはいえ、なお被告人両名においては、冷静に前記共同の注意義務を履行すべき立場に置かれていたにも拘らず、これを怠り、前記二個のトーチランプの火が完全に消火しているか否かにつき、なんら相互の確認をすることなく、トーチランプをＩＹケーブルの下段の電話ケーブルを保護するための防護シートに近接する位置に置いたまま、被告人両名が共に同所を立ち去ったものであり、この点において、被告人両名が過失行為を共同して行ったことが明らかであるといわなければならない」、と認定した。そして、「もとより、いわゆる過失犯の共同正犯の成否等に関しては議論の存するところであるが、本件のごとく、社会生活上危険かつ重大な結果の発生することが予想される場合においては、相互利用・補充による共同の注意義務を負う共同作業者が現に存在するところであり、しかもその共同作業者間において、その注意義務を怠った共同の行為があると認められる場合には、その共同作業者全員に対し過失犯の共同正犯の成立を認めた上、発生した結果全体につき共同正犯者としての刑事責任を負わしめることは、なんら刑法上の責任主義に反するものではない」、とも述べた。

本判決は、先に取り上げた⑧の判例に比べると、大塚説に相当接近した論理で過失犯の共同正犯を肯定している、といえる。とりわけ「第二現場を立ち去るに当たり、被告人両名が各使用した二個のトーチランプの完全に消火しているか否かについて、相互に指差し呼称して確認し合うべき業務上の注意義務」を「共同の注意義務」の内容として認定した点は、相互監督義務を肯定する論理を内在しているように思われ、疑問がある。不真正不作為犯であってみれば、両者が相互に保障人的地位に立ち、作為義務を有するか、が問われなければならない。この観点からすると、本件でこれを肯定するのは困難であり、心理的因果性を認めるのも困難であり、本件は、むしろ判例⑥と同様、過失同時犯というべき事案だ、と思われる。[45]

なお、⑪大阪簡略式平成一一年一月一四日（判タ一〇三五号六〇頁）は、共同で診療に当たっていた外科医Ｘおよび

Yの両名が、交通事故の外傷等により入院したZ男（当時一七歳）の腹部X線写真およびCT画像にはその肝臓下部と腎上極の間に十二指腸後腹膜穿孔等を示す気腫像が映し出され、吐血・腹痛等の症状を訴えるなどしていたのに気付かず、診断が遅れて、開腹手術等の処置を怠って死亡させた事案について、「このような場合、早期にガストログラフィンによる造影検査等を実施して、十二指腸後腹膜穿孔等の緊急開腹手術を要する症状の有無を診断し、これに該当すると認められた場合には直ちに開腹手術を行って所要の処置を講ずべき業務上の注意義務があるのに、それぞれこれを怠り、右X線写真及びCT画像に示された気腫像を腸管ガスと軽信し、同人の十二指腸後腹膜穿孔の発症に気付かず、その診断が遅れ、直ちに開腹手術など所要の処置を講じなかった過失」を認定している。この略式命令が過失犯の共同正犯を肯定している、という見解も出されているが、(46) 罰条に刑法六〇条が挙がっていない点や公訴事実（罪となるべき事実）にも明確に過失犯の共同正犯を認める表現が見当たらない点からして、肯定例として引用することには疑念がある。もっとも、結論的には、本件では過失犯の共同正犯を肯定してよいであろう。チーム医療による医療過誤では、従来、「過失の競合」による処理が多かったが、(47) 個々の因果関係の立証の難しさを考えると、今後は、過失の共同正犯による処理が増えるかもしれない。それだけに、論理的枠組みを確固たるものにしておく必要がある。

六　以上の判例分析の結果、私見から過失犯の共同正犯が認められるのは①②③④⑤⑦⑧⑪であり、過失同時犯と考えられるのは⑥⑩であり、⑨は単独過失と考えられる。その他、水戸地判平成八年二月二六日（判時一五六八号一四七頁）は、列車の運転士と車掌が、業務上過失により、乗務中の列車を制御不能状態で暴走させ、先頭車両を駅ビル内の店舗に激突させて大破させた結果、乗客一名を死亡させ、多数に傷害を負わせた等の事案について、被告人両名の過失の競合によるものだ、と判示したが、持ち場が異なっており、行為の共同性を認定するのは困難である、と考えられるので、妥当な判決といえる。

(41) 井上正治・前出注(1)『判例にあらわれた過失犯の理論』三二四頁。なお、同・前出注(5)『刑法の論点[上巻]』六七頁以下参照。
(42) 草野・前出注(11)九七頁、齋藤・前出注(11)一二九頁参照。この点は、鈴木・前出注(32)一二七頁、北川佳世子「過失犯の共同正犯をめぐる問題(一)」海保大研究報告四三巻一号(一九九七)五〇頁がすでに指摘している。
(43) 中森喜彦「過失の共同正犯」法学セミナー二六五号(一九七七)七九頁参照。
(44) 村上・前出注(33)一七二頁。
(45) 本判決については、甲斐克則「判批」判例セレクト'92(一九九三)三三頁において若干言及したが、紙数の関係で詳細を論じることができなかった。本書で本文のように補足しておきたい。なお、高橋則夫「判批」ジュリスト一〇二四号『平成四年度重要判例解説』(一九九三)一七〇頁以下、十河太朗「判批」同志社法学四七巻三号(一九九五)二三八頁以下参照。
(46) 飯田英男＝山口一誠「刑事医療過誤訴訟――その後の動向その3――」判例タイムズ一〇三五号(二〇〇〇)三六頁、同『刑事医療過誤』(二〇〇一・判例タイムズ社)三七六頁。
(47) 最近に至るまでの医療過誤刑事判例の分析については、甲斐克則「医療過誤刑事判例における注意義務の変遷」年報医事法学16(二〇〇一)一二二頁以下[および同『医事刑法への旅Ⅰ』(二〇〇四・現代法律出版)一一〇頁以下]参照。

四　結　語

以上、本章では、故井上正治博士の問題意識に触発されて、「過失犯の共同正犯」の理論的枠組みを再構築すべく模索し、判例を素材としてこれを論証しようと試みた。しかし、「過失犯の共同正犯」と「過失の競合」との明確な区別をどうするか、という課題をはじめ、監督過失ないし刑事製造物責任を問う場合に私見がどのような論理展開になるのか等[48]、論じきれない点もあった。これらは、別途論じることとする。今後も、井上博士が開拓された過失犯の研究を発展・深化させていきたい、と考える次第である。

(48) この点について興味深い論稿として、*Harro Otto*, Mittäterschaft beim Fahrlässigkeit, Jura 1990, S. 48ff. および内海朋子「過失共同正犯論と管理監督過失論」慶大大学院法学政治学論究五一号（二〇〇一）三五頁以下がある。

第8章　放火罪と公共危険発生の認識の要否
――実質的責任原理の観点からみた故意と過失の区別――

一　序――問題設定

一　放火罪の故意の成立要件として「放火の意思」のほかに「公共危険発生の認識」が必要か否か、という問題は、その認識内容、さらにはその前提としての公共危険の意義および判断基準の問題とも密接に関連する困難な問題のひとつである。戦前の大審院判例は、抽象的危険犯（刑法一〇九条一項）と具体的危険犯（刑法一一〇条一項）の双方について公共危険発生の認識を不要と解していた（前者について大判昭和一〇・六・六刑集一四巻九号六三一頁、後者について大判昭和六・七・二刑集一〇巻七号三〇三頁）。しかし、その論拠は、「解釈上明白ナリ」というだけで、具体的に何ら示されていなかった。これに対して、戦後の判例は、具体的危険犯に関して、一方で、認識不要説を堅持するものもあるが（刑法一一〇条二項について高松高判昭和三一・八・七裁特三巻一六号七九七頁、刑法一一〇条一項について東京高判昭和五三・三・二〇東高刑時報二九巻三号四六頁）、他方で、台風で屋蓋のなくなった自己所有の物置小屋を半焼させた事案に関し、刑法一〇九条二項および一一〇条二項の各罪は「現実に公共の危険を発生せしめる行為（その行為は、違法行為である）を処罰するものであって、公共の危険発生の事実をも構成要件としているとみるべく、そしてその各罪の犯意としては、構成要件たる事実全部の認識を必要とし、したがって公共の危険発生の事実の認識をも必要とする」、との判決（名古屋高判昭和三九・四・二七高刑集一七巻三号二六二頁）も登場し、これを維持した最高裁判決（最判昭和四〇・一・二二判時三九九号二〇頁）に対しては、「具体的な公共危険の認識を要するものとして、事実上従来の判例を変更したものと解される点で重大な意義をもつ[1]」、との評価もなされたことがあった。

二　しかし、事態はそれほど楽観を許すものではなかった。その後、最高裁は、道路上の車両を炎上させる行為と往来妨害罪の成否が問われた事案で、「刑法一一〇条一項の放火罪については、公共の危険を生ぜしめる点について認識していなくても、火を放って同条所定の物を焼燬する認識があれば、故意があるとするに十分である」、とする原審判断を支持し、認識不要説を採ることを暗示した（最決昭和五九・四・一二刑集三八巻六号二一〇七頁）。そして、その翌年の昭和六〇年、いわゆるオートバイ焼燬事件では、認識不要説を正面から肯定するに至った。すなわち、ある暴走族グループの中心人物である被告人が、対立グループのAと交遊関係のあるBのオートバイを燃やすべく、C・FおよびEと順次共謀し、某日深夜FとEがライターを携えてK方南側の庭に赴き、FがK方一階応接間南側のガラス窓から約三〇センチメートル離れた軒下に置かれたB所有のオートバイのガソリンタンク内からガソリンを流出させてこれに点火し、右オートバイに火を放ち、よって同車のサドルシートなどを順次炎上させて同車を焼燬し、K方家屋に延焼させて公共の危険を生ぜしめた事案で、「なお書き」ながら、さしたる理由も示さず、「刑法一一〇条一項の放火罪が成立するためには、火を放って同条所定の物を焼燬する認識のあることが必要であるが、焼燬の結果公共の危険を発生させることまでを認識する必要はないものと解すべきである」、と判示したのである（最判昭和六〇・三・二八刑集三九巻二号七五頁）。先の昭和五九年決定とこの昭和六〇年判決で谷口裁判官が責任主義を意識した意見を述べておられるのが救いとはいえ、本判決の原審も、せいぜい「その文言上からも明らかなように、結果的責任を定めたもの」だ、として公共の危険発生についての認識を不要と判断しているにすぎないことからして、いよいよもって「結果的責任」だけを根拠とした解釈論が実務に定着することは、責任主義・責任原理の観点からは由々しき事態といえる。

三　私自身、この昭和六〇年最高裁決定についてその翌年［昭和六一年］に認識必要説の立場から論評を加えたことがあるが、(2)その際、その決定に先立って認識不要説の立場から詳細に展開された香川達夫教授の問題提起と、(3)これに対する認識必要説の立場からの斉藤誠二教授の反論に深い関心を抱いていた。(4)なぜなら、斉藤教授の反論は核心を衝いたものであったが、「責任主義が決してオールマイティーでない事実を、あらためて認識しなおす必要がある」(5)、との意識に支えられた香川教授の根本的な問題提起は、厳密に考察していくと、責任主義・責任原理に対する根本的反省を迫る部分があるように思われたからである。その後、立石二六教授の論稿(6)も登場してその感を強くし、さらに私自身も過失犯の研究(7)や責任原理自体の研究(8)を深めるにつれ、ますますその感を強くした。認識必要説は妥当としても、具体的危険犯についてのみ公共危険発生の認識を必要とする通説的な認識必要説は、香川教授の問題提起に耐えきれないのではないか。現に、後述のように認識不要説も増えつつある。それは、責任主義・責任原理の内容理解に根本的原因があるのではないか。責任原理を口にする以上、抽象的危険犯についても公共危険発生の認識を必要と解すべきではないか。

以上のような問題意識から、本章では、刑罰の制約原理としての実質的内容を備えた実質的責任原理の観点から、まず、認識不要説からの問題提起と通説的理解による認識必要説について検討を加え、つぎに、実質的責任原理に基づく認識必要説の展開を試みたい。

(1) 立石二六「判批」『刑法判例百選Ⅱ・各論〔第二版〕』（一九八四）一四八頁。
(2) 甲斐克則「判批」『昭和六〇年度重要判例解説』（一九八六）一五七頁以下。
(3) 香川達夫「放・失火罪と公共の危険」学習院大学法学部研究年報一三（一九七八）一頁以下、同「公共の危険と延焼罪」警察研究四九巻一二号（一九七八）三頁以下（いずれも同『刑法解釈学の諸問題』（一九八一・第一法規）の二〇七頁以下と二二九頁以下に所収。以下、同書より引用）。なお、同「判批」判例評論三一〇号五六頁以下（判時一一二九号（一九八四）二一八頁以下）、同『〔ゼミナール〕刑法の解釈』（一九八五・日本評論社）一四三頁以下をも参照。
(4) 斉藤誠二「刑事法学の動き」法律時報五一巻五号（一九七九）一一四頁以下、同「放火罪と公共の危険――具体的危険犯と公共の危険――」The Law School 30（一九八〇）八八頁以下。
(5) 香川・前出注（3）『刑法解釈学の諸問題』二一三―二一四頁。
(6) 立石二六「放火罪における公共危険の認識」北九州大学法政論集一四巻三号（一九八六）一四九頁以下。
(7) 本章との関連では、とりわけ甲斐克則「『認識ある過失』と『認識なき過失』――アルトゥール・カウフマンの問題提起を受けて――」『西原春夫先生古稀祝賀論文集・第二巻』（一九九八・成文堂）一頁以下〔本書第5章〕、同「過失『責任』の意味および本質――責任原理を視座として――」刑法雑誌三八巻一号（一九九八）一頁以下〔本書第4章〕参照。
(8) 甲斐克則「責任原理の基礎づけと意義――アルトゥール・カウフマン『責任原理』を中心として――」横山晃一郎先生追悼論文集『市民社会と刑事法の交錯』（一九九七・成文堂）七九頁以下〔本書第1章〕参照。なお、アルトゥール・カウフマン（甲斐克則訳）『責任原理――刑法的・法哲学的研究――』（二〇〇〇・九州大学出版会）をも参照。

二　認識不要説からの問題提起と通説的認識必要説の検討

一　通説は、放火罪の中の具体的危険犯（刑法一〇九条二項、一一〇条一項・二項）については、公共危険発生は法文に明記された構成要件要素であり、したがって責任主義の観点から必然的にその認識は故意の成立要件である、とするが、抽象的危険犯（刑法一〇八条、一〇九条一項）については公共危険発生は構成要件要素でないのでその認識は不要だ、と説く（通説的認識必要説）[9]。これに対して、認識不要説は、具体的危険犯（特に刑法一一〇条一項）の解釈においても、同条を結果的加重犯と捉え、およそ公共危険発生は客観的処罰条件だ、と説く[10]。また、最近では、この立場から、「第一〇九条二項、第一一〇条は故意犯と過失犯の複合的な犯罪類型だ」、との見解も主張されている[11]。そこで、まず、とりわけ香川教授により提起された認識不要説からの問題提起と通説的認識必要説について検討してみよう。香川教授によれば、放火の意思と公共の危険発生の認識との組合せは、形式的には、(1)放火の意思もあり公共の危険発生の認識もある場合、(2)放火の意思はあるが、公共の危険発生についての認識を欠いた場合、(3)放火の意思はないが、公共の危険発生について認識はあった場合、(4)放火の意思もなければ、公共の危険発生の認識もなかった場合、に分類される[12]。(1)は典型的に故意が認められる場合であり、(4)はせいぜい失火罪が問題となるにすぎない。(3)は現実にはありえない。結局問題となるのは、(2)の場合であり、以下、この場合を中心に検討を加えることとする。

二　放火の意思はあるが、公共の危険発生についての認識を欠いた場合、第一に問題提起されているのは、過失概念との関係である。認識必要説を採れば、過失概念に変動を及ぼすか。香川教授によれば、過失概念をもって「犯罪事実の不認識」として定義するなら、この場合、認識は「完全に零なのではなく、半分だけ犯罪構成事実の認識があり、半分だけそれが欠けている事例であるにとどまって」おり、「その意味では、犯罪構成事実のすべての不認識という前提と、それはどう調整される趣旨なのかとする疑問も生じてくる」[13]、とされる。斉藤教授は、これに対して、「自分の物を焼くことは、もともと、別に他人の法益を侵害しているわけではないのだから、犯罪事実の認識というようなことは半分もないし」、「（一〇八条・一〇九条一項以外の）他人の物を焼く場合にも、たしかに器物損壊の故意はあるが、公共の危険の発生の認識がないかぎり、公共危険罪である（一一〇条一項の）放火罪の故意はないといえる」、と反論される。[14] もっともな反論であるが、さらに過失の本質論から反論しておかなければ不十分であろう。

確かに、過失を単純に「犯罪構成事実の不認識」と定義すれば、香川教授のような疑念も生じる余地がある。しかし、過失には、「認識ある過失」と「認識なき過失」があることを想起しなければならない。改正刑法草案の理由書が、失火罪（一八四条）との関連で、「火を出すという基本的な行為については認識がありながら、公共の危険の発生に関する認識を欠く場合も本条に含まれる」のが当然、としているの[15]は、まさに「認識ある過失」のことを言っているのである。私見によれば、責任原理を徹底すれば、「認識なき過失」に刑事責任性は認められず、むしろ「認識ある過失」こそが刑事責任に馴染むものであり、[16] したがって、公共危険発生の認識はなく、放火の意思だけがある場合は、行為の属性としての危険性の認識があるにとどまるので、「認識ある過失」として理解することができる。現実にも火気の不注意な取扱いに起因する火災事故は、「火を出すこと」については認識があり、したがってこの範疇のものがかなりある。とりわけ具体的公共危険罪については、不法を基礎づける事実である公共危険発生の認識がなければ、失火罪と考えるべきである。むしろ問題なのは、「火を出すこと」の認識すらない場合に、なお過失責任をどこまで問えるか、にある。その場合でも具体的予見可能性を肯定できる場合がありえようが、それが行為の属性として何らの危険性をも認識していない典型的な「認識なき過失」であれば、私見によれば、過失責任を問えないことになる。もし、この場合にまで予見可能性概念を拡張したりして過失責任を認めるのであれば、それこそ責任原理に抵触するのではないか。かくして、香川教授の問題提起は、過失概念にも反省を迫る内容を有している、といえる。

さらに問題なのは、通説が具体的危険犯については公共危険発生の認識を必要だとしながら、抽象的危険犯については これを不要としている点である。この論理を採る以上、香川教授が指摘されるとおり、「放火の意思は独立した存在として要求されている」ことになり、「単独でも独立性を取得しうる放火の意思が、なぜこと具体的危険犯となると、その独立性を喪失するといいうるのか[17]」は、大きな問題である。斉藤教授の反論[18]も、この点に関して歯切れが悪く、そこに明確な解答は見いだせない。具体的危険犯と抽象的危険犯の差異は、危険性の程度に求めるべきであり、したがって、放火の意思の独立性を解消するには、立石教授が指摘されるように[19]、具体的危険犯のみならず抽象的危険犯についても公共危険発生の認識を必要とする立場に立脚せざるをえないであろう。

三　第二に、この問題は、放火罪・失火罪の既遂時期の確定にも影響する。必要説は、放火罪と失火罪の既遂時期を統一的に「焼燬」（焼損）時とみるが、不要説ならばそれでよいとしても、必要説ではとりわけ具体的危険犯の場合に故意内容に対応する結果（公共危険発生）を待って既遂とすべきではないか[20]。香川教授のこの問題提起は、正鵠を射ている。とりわけ、通説的必要説に立って独立燃焼説を説くのであれば、抽象的危険犯については整合性があっても、具体的危険犯の場合には公共危険が発生していないのに既遂とするのは、論理矛盾といえる。斉藤教授は、この二つの危険犯の既遂時期が異なってもよいとするビンディング以来の「放火罪二元論」に立たれるようであるが[21]、それは抽象的危険犯における「危険」概念を擬制する理解に帰着し、それを前提として故意責任を認めることは、実質的な責任原理の観点からすれば、行為者に本質存在的な責任を認めることにならず、疑問がある。やはり、さらに進んで、具体的危険犯たると抽象的危険犯たるとを問わず、故意内容に対応する結果（公共危険発生）を待って既遂とする理論的努力をする必要がある。この点については、別途詳細に考察したい。

四　第三に、これと関連して、刑法一一六条の失火罪の理解が問題となる。同条一項は一〇八条および一〇九条一項に規定する物が、同条二項は一〇九条二項および一一〇条に規定する物がそれぞれ客体として予定されており、一般に前者が抽象的危険犯、後者が具体的危険犯と解されている。香川教授は、この点について、「過失犯をもって結果犯だとしておきながら、その結果犯である失火罪に抽象的公共危険犯と具体的公共危険犯の双方を予定することが果して可能なのか」、との問題提起をされる。[22] これに対する斉藤教授や立石教授の反論は、十分になされていない。斉藤教授は、次のように言われる。「香川教授は、認識不要説をとれば、失火罪を結果犯とすることを説明することができるかのようである。しかし、はたして、そうなのであろうか。たとえば、誤って自分の物を焼いてもそれだけではなにも違法なことではないし犯罪ではない。それなのに、そこから、たまたま公共の危険がでてきたとしても、公共の危険の発生は処罰条件だと理解すれば、なぜ、失火罪は結果犯であり、しかも、公共危険犯だといえるのであろうか。そればかりではない。たとえば、自分の物を庭で焼いてもそのことじしんは違法なことではないし犯罪ではない。そうだとすると、公共の危険の発生を処罰条件とする認識不要説からは、たとえば、一一〇条二項は、なにも違法でないことに処罰条件だけが規定されているということになるが、それでよいのであろうか」。[23]

確かに、香川教授が一方で過失犯を結果犯だとしつつ、他方で「失火罪もまた公共危険罪であるという事実を否定するつもりはない」、と言われ、しかもそのことから、その間の調整をするには公共の危険発生について認識を必要とする発想自体を放棄して、公共の危険発生をもって客観的処罰条件とすれば足りる、という結論を導いておられるのは、[24] 短絡的といえよう。しかし、この見解に根本から答えるためには、通説的認識必要説では限界があり、責任原理を掘り下げて、客観的処罰条件を責任原理の観点から再検討することのほかに、[25] さらに進んで、最近の危険犯の諸研究[26]が明らかにしているように、「危険」も一種の「結果」だとする見解に立脚し、過失は純粋な結果犯のみならず、危険犯についても認めることができる、と言うべきであろう。現に現行刑法においても、典型的な刑法一二九条の過失往来危険罪をはじめ、特別刑法では、「航空の危険を生じさせる行為等の処罰に関する法律」六条や「人の健康に係る公害犯罪の処罰に関する法律」三条においても、過失による危険犯処罰が存在することを指摘しておきたい。もちろん、その適用に際して危険を抽象的に捉えたのでは責任原理に抵触することも併せて自覚しておかなければならない。

五　第四に、延焼罪（刑法一一一条）との関係が問題となる。本罪は、自己所有物件に対する放火罪の結果的加重犯であり、具体的危険犯である。行為の直接的客体は、自己所有の非現住建造物等およびその他の物であり、間接的客体としては現住建造物等および他人の非現住建造物等である。本罪では、認識必要説に立っても、一般に延焼結果に対する認識・予見は不要と理解されている。もしそれがあれば、刑法一〇八条、一〇九条一項の故意犯が成立するからである。そこで香川教授は、まず、自己所有物放火に要求される公共の危険発生と延焼によって生ずる延焼結果との関係の曖昧性を指摘される。すなわち、「一〇九条二項所定の客体焼燬の意思および公共危険の発生についての認識があって放火し……目的物焼燬の結果は生じたが、公共の危険は発生しなかった。ただし、一〇八条ないし一〇九条一項所定の客体については、焼燬の結果が生じてしまったばあい……認識必要説はどう解答するつもりなのだろうか[27]」、と。この場合は、一〇八条ないし一〇九条一項所定の客体に一部燃え移っても、公共の危険が発生していない以上、未遂処罰規定もないので、自己所有の非現住建造物を焼いたにすぎず、（失火罪を含め）犯罪不成立というほかない。つぎに、例えば、孤島海浜で自己の朽船を燃やしている最中に、偶然付近を通りかかった汽船に延焼した場合、必要説では一一〇条二項が適用されず、汽船と乗客はやられ損になるが、それでよいか、と問われる。しかし、海上交通の実態からしても、この場合は、むしろ汽船の運行者側に航行安全義務があり、実際上も本問との関連性は薄いし、（過失犯も含め）何ら犯罪は成立しない、と言うべきである[28]。立石教授も指摘されるように、「このような事案において、犯罪成立の帰結を導かないことが何故認識必要説の欠陥になるのか[29]」、理解に苦しむ。

六　第五に、結果的加重犯の理解が問題となる。一般に結果的加重犯は、基本的行為自体が犯罪とされ、その基本的罪とその結果として生じた罪とが同一罪質でなければならない、と理解されている。香川教授も、基本的にこれに賛同される。ところが香川教授は、とりわけ刑法一一〇条一項の解釈について、「基本行為が一一〇条一項所定の犯罪を構成しないとするのは、それは認識必要説にたったからそういえるだけのことであって、逆に不要説にしたがえば、立派に焼燬の結果発生だけで同条の成立は肯認できる」、と言われ、前記最高裁昭和五九年決定における谷口裁判官の右のような基本的理解に対して、「必要説を基礎づけるために立論しているのではなく、必要だとする前提で一一〇条一項をみているだけのことであって、その意味ではトウトロジーの感をさけられない[30]」、と批判される。問題は、それにとどまらず、結果的加重犯の右のような一般的理解に対して、「本当にそういえるのだろうか」、と疑問を呈しておられる点である。例として往来妨害罪を挙げて、「一二四条一項と二項とが、どうして罪質同一といいうるのかは理解しがたい」し、「逆に同一でないとするのなら、危険犯とする前提と、どう結びつくことになるのであろうか[31]」、と問題提起される。しかし、これについては、一二四条一項に規定する行為（陸路、水路、橋の損壊・閉塞）は、それ自体が公共交通を支える重要部分に危害を加える行為であって、その結果、とりわけ最近の海陸交通事情の複雑化・大量化・高速化を考慮すると、安全性を信頼してそれを利用する公共交通機関等の利用者を死傷に至らしめる危険性（二項）を内包していることから、罪質は同じ、といえる[32]。これに対して、一一〇条の場合、基本行為にそのような内在的危険性は必ずしもないので、やはり結果的加重犯だとはいえないであろう。一一〇条一項の「よって」という文言も、それだけで結果的加重犯を意味するものではなく、すでに指摘されているように、「それを原因として」、と解すべきである[33]。

七　第六に、共犯過剰の問題がある。この点について谷口裁判官は、前記の昭和六〇年判決の補足意見で、大要次のように述べた。すなわち、共謀共同正犯論を肯定する判例の立場では、一一〇条一項の罪の共同正犯の成立について、不要説の結論は支持し難い。もし本件で被告人がEおよびFらの行為による公共危険の発生を認識していなかったとすれば、共謀内容は器物損壊の限度に止まるべきだが、現にEらの行為により実現したのは一一〇条一項の罪であった。多数意見に従う限り、被告人も同罪の共同正犯の罪責を免れないが、この結論は明らかに不当である。右の場合は、いわゆる共犯における錯誤の問題として処理すべきである、と（但し、本件では被告人にも『一般人をして延焼の危惧感を与えること』の認識が認められるという理由から、結論的には谷口裁判官も原審判断に賛同している。）。共犯過剰における認識不要説の問題点は、ここに言い尽くされているように思われる。「共謀概念の明確化のためにも、必要説が妥当」、との見解(34)も、これを補う意味で重要な指摘である。不要説の結論は、ここでも責任原理に抵触する。

八　以上の検討から明らかなように、認識不要説は、香川教授の示唆深い問題提起にもかかわらず、やはり支持できないものであり、同時に香川教授が標的にされた通説的認識必要説も、やはり問題を含んでいることが判明した。前者は、責任主義・責任原理そのものに懐疑的であり、後者は、責任主義・責任原理を口にはするが、それを本質存在にまで踏み込んで理解していないため、香川教授が批判されたように随所で矛盾を露呈している。この問題は、根底のところでは、責任原理をどのように理解するかに係っているように思われる。堀内捷三教授が基本的には通説的認識必要説を支持されつつも、「実際には必要説と不要説との間にはほとんど相違はない」、とか、「一一〇条一項の罪の成立にとって公共の危険発生の認識を要するか否かは実際にはあまり重要な意味をもつとはいえない、理論的、観念的問題であ」り、「刑法の解釈論に対するスタンスの相違が問題になるにすぎない」(35)、と説かれているのは、教授が「責任」の中に「予防」という観点をも取り入れ(36)、その分だけ本来の責任の比重を軽くしていることと無関係ではあるまい。しかし、アルトゥール・カウフマンが述べているように、責任原理は、「黄金律（Goldene Legel)」だとか「各人に各人のものを（suum cuique)」といった原理のような平等命題と同じ「共通原理」に属し、したがって、「倫理的世界の自然法則として、人間の本質存在（Wesen）からのみ理解され、根拠づけられうるものである」[37]。そうだとすれば、行為者に責任を帰属させるには、行為者が現実の具体的状況のなかで一定の危険性を認識していなければならない。このような実質的責任原理の立場からすると、具体的危険犯のみならず、抽象的危険犯についても、公共危険発生の認識を必要とする見解に向かわざるをえない。

（9）例えば、宮本英脩『刑法大綱［第四版］』（一九三五・有斐閣）四三二頁以下、団藤重光『刑法綱要各論［第三版］』（一九九〇・創文社）一九九頁、大塚仁『刑法概説（各論）［第三版］』（一九九六・有斐閣）三七九頁、大谷實『刑法講義各論［第四版補訂版］』（一九九五・成文堂）三五九頁［同『新版補訂版』（二〇〇四）三八八頁］、前田雅英『刑法各論講義［第二版］』（一九九五・東京大学出版会）三五三頁［但し、『第三版』（一九九九）三二〇頁では不要説に変更している。］、山口厚『刑法各論』（二〇〇三・有斐閣）三八四頁、山中敬一『刑法各論Ⅱ』（二〇〇四・成文堂）四九六頁等。

（10）藤木英雄（団藤重光編）『注釈刑法（3）』（一九六六・有斐閣）一七九頁、香川・前出注（3）『刑法解釈学の諸問題』二二一頁以下、村瀬均（大塚仁ほか編）『大コンメンタール刑法・第五巻』（一九九〇・青林書院）一三頁、大久保隆志「判批」捜査研究三五巻五号（一九八六）五一頁、只木誠「判批」法学新法九三巻三＝五号（一九八七）一九九頁。

（11）西田典之「放火罪」芝原邦爾ほか編『刑法理論の現代的課題――各論』（一九九六・日本評論社）二九四頁。なお、西田典之『刑法各論［第二版］』（二〇〇二・弘文堂）二九六―二九七頁参照。

（12）香川・前出注（3）『刑法解釈学の諸問題』二二二頁。

（13）香川・前出注（3）『刑法解釈学の諸問題』二二五頁。

（14）斉藤・前出注（4）The Law School No. 30 九四頁以下、同・法律時報五一巻五号一一五頁。

（15）法制審議会『改正刑法草案附同説明書』（一九七四）二〇〇頁。

（16）この点については、甲斐・前出注（7）「『認識ある過失』と『認識なき過失』」、特に一七頁以下［本書第5章］参照。

（17）香川・前出注（3）『刑法解釈学の諸問題』二二五頁。

（18）斉藤・前出注（4）The Law School 30 九五頁。

(19) 立石・前出注(6)一五七頁。
(20) 香川・前出注(3)『刑法解釈学の諸問題』二一六―二一七頁。
(21) 斉藤・前出注(4)The Law School No. 30 九五頁。なお、諸沢英道「放火罪」中山研一＝西原春夫＝藤木英雄＝宮澤浩一編『現代刑法講座第四巻・刑法各論の諸問題』(一九八二・成文堂)一〇五頁参照。
(22) 香川・前出注(3)『刑法解釈学の諸問題』二一九頁。
(23) 斉藤・前出注(4)The Law School No. 30 九五頁。
(24) 香川・前出注(3)『刑法解釈学の諸問題』二一九頁。
(25) この点についての最近の本格的研究として、松原芳博『犯罪概念と可罰性』(一九九七・成文堂)、特に七九頁以下参照。
(26) 山口厚『危険犯の研究』(一九八二・東京大学出版会)、岡本勝「抽象的危殆犯の問題性」法学三八巻二号(一九七四)一頁以下、同「『危険犯』をめぐる諸問題」The Law School No. 39(一九八一)三六頁以下[同著『犯罪論と刑法思想』(二〇〇〇・信山社)七七頁以下所収]、同「放火罪と『公共の危険』(一)(二)」法学四七巻二号(一九八三)四一頁以下、五二巻四号(一九八八)一頁以下、振津隆行『刑事不法論の研究』(一九九六・成文堂)一〇三頁以下、松生建「具体的危険犯における『危険』の意義(一)(二)」九大法学四八号(一九八四)一頁以下、四九号三七頁以下、同「抽象的危険犯と行為無価値論」井上祐司先生退官記念論集『現代における刑事法学の課題』(一九八九・櫂歌書房)六九頁以下、同「危険犯における危険概念」刑法雑誌三三巻二号(一九九三)一二八頁以下、金尚均「抽象的危険犯の現代的展開とその問題性――近年のドイツの議論を参考にしながら――(一)～(三)」立命館法学二三九号(一九九五)二八頁以下、二四〇号六六頁以下、二四一号八八頁以下[同著『危険社会と刑法』(二〇〇一・成文堂)所収]、武田誠「具体的公共危険犯――放火罪についての一考察――」中義勝先生古稀祝賀『刑法理論の探究』(一九九二・成文堂)四六一頁以下[同著『放火罪の研究』(二〇〇一・成文堂)所収]等参照。
(27) 香川・前出注(3)『刑法解釈学の諸問題』二三六―二三七頁。
(28) 甲斐・前出注(2)一五八頁。
(29) 立石・前出注(6)一五九頁。
(30) 香川・前出注(3)判例評論三一〇号五九頁。
(31) 香川・前出注(3)判例評論三一〇号五九頁。
(32) 甲斐・前出注(2)一五八頁。なお、大國仁「船舶往来妨害罪の罪質」海保大研究報告一六巻一号(一九七〇)一頁以下参照。

(33) 筑間正泰「放火罪」西原春夫ほか編『判例刑法研究７』（一九八三・有斐閣）二二四頁。なお、内田文昭『刑法各論〔第三版〕』（一九九六・青林書院）四六〇頁、高橋省吾「判批」法曹時報三九巻一号（一九八七）二二三頁参照。また、結果的加重犯を責任原理の観点から考察したものとして、丸山雅夫『結果的加重犯論』（一九九〇・成文堂）一七頁以下参照。

(34) 堀内捷三「判批」警察研究六一巻五号（一九九一）四九頁。その他、谷口裁判官の意見に賛同するものとして、中義勝「判批」判例評論三二〇号（一九八五）六七―六八頁（判時一一六〇号二三七―二三八頁）。

(35) 堀内・前出注（34）四六頁、四七頁。

(36) 堀内捷三「責任主義の現代的意義」警察研究六一巻一〇号（一九九〇）三頁以下。

(37) *Arthur Kaufmann*, Das Schuldprinzip. Eine strafrechtlich-rechtsphilosophische Untersuchung. 2. Aufl. 1976, S.116. なお、甲斐・前出注（８）の論文および邦訳参照。

三　実質的責任原理からの認識必要説の展開

一　さて、右のように実質的責任原理に基づいて具体的危険犯と抽象的危険犯の双方に公共危険の発生の認識を必要とするという新たな認識必要説は、すでに何人かの論者により主張されているが、[38] まだ十分な展開をみているわけではない。それゆえ、この説に立った場合、克服しなければならないいくつかの問題がある。「責任原理」という言葉だけを叫べばよいというものではない。また、「不要説が現行法の文言をその解釈上の出発点とするのに対し、必要説は責任原則に則した解釈を主張する点」に相違がある、[39] というものでもなく、当然ながら条文は両者の共通の出発点でなければならない。

まず、前提問題として、何故に抽象的危険犯についても公共危険発生の認識が必要であるか、その根拠を再確認しておこう。カウフマンがすでに指摘しているように、責任原理の観点からは、責任がヴェルサリ・イン・レ・イリキタ（versari in re illicita）と一線を画するためには、その前提たる不法は具体的不法でなければならず、例えば、重放火罪のような抽象的危険犯の場合でも、決定的な不法要素は物の破壊ではなく、人間の生命の危殆化である、[40]といえよう。通説的立場からは、「建造物内にいる人または建造物の付近にいる人の（放火罪の規定による）刑法的保護の有無を、行為者の認識の如何にかからしめてよいものであろうか[41]」、との疑問も提起されているが、抽象的危険犯における不法の「擬制」を克服するためには、一定程度の現実的危険性がなければならず、その意味では具体的危険犯と抽象的危険犯では危険性の程度が異なるにすぎない、と解すべきであって（その分だけ法文で記述されていないにすぎない。）、抽象的危険犯においても公共危険発生の認識は論理必然的に要求される、と言わなければならない。

二　つぎに、このことを論じる前提として、とりわけ具体的危険犯の場合、公共の危険発生と延焼の危険発生とは区別されなければならない。ただ、この場合、中義勝博士が説かれたように、[42]前者は心理的客観的意味での危険であり、後者は物理的客観的意味での危険という形で区別するのは、疑問である。公共危険をそのように心理的危険として理解すれば、物理科学的根拠のない場合でも容易に危険発生が認められる懸念がある。また、西田典之教授は、認識不要説の観点から両者を同視されるが、[43]井田良教授が指摘されるように、「公共の危険の発生と延焼の危険の発生とは必ずしも同じではない。延焼の危険と無関係に公共の危険が生ずることもあり得る[44]」。井田教授は、延焼の危険とは別個の危険の例として、「有毒ガスや煙の発生による危険、火力による火傷の危険、付近の人々が出火を見て退避しようとして受ける種々の危険、消火行為に出た者が火傷を負う危険」を挙げておられるが、その他、例えば、オートバイや自動車を野原で焼いているが付近を子どもが遊び回っている場合なども、一一〇条との関係では考えられる。以上のように、両者の差異を自覚しておく必要がある。

三　さらに、この議論は、公共危険の認識内容をめぐる議論に影響する。そもそも公共危険発生の認識と延焼の未必の故意との区別は可能か。この点についてはかねてより争いがある。中博士は、前述のような基本的立場からいち早くこの点について言及され、この場合の危険の故意を延焼物件に対する未必の故意と区別して、「延焼の危険はないがなおその幻影におびえるのが一般的であるということの認識を意味するものである」[45]、と説かれた。今日でも、これを支持する見解は多い。[46] しかし、放火罪の故意を法益侵害の可能性から切り離して一般人の心理的動揺（不安感）に求めるのであれば、単なる「迷惑行為」との区別もつかなくなるのではないか。前提として物理的危険がないのに「一般人の印象」という不安定な要因だけで責任を基礎づけることは、実質的責任原理の観点からは、支持しえない。[47] 前述の香川教授に代表される認識不要説も、このような区別の困難さを指摘して認識必要説のこの弱点を衝く。最近では、西田教授が前述のような観点から、「もし、そのような心理状態がありうるとしても、公共の危険に関し全く無頓着に自己所有の家屋に火をつけた者を失火罪とし、一般人が延焼の危惧感を持つであろうと思った者を第一〇九条二項で重く処罰する合理性はない」、として、「第一〇九条二項、第一一〇条についても、公共の危険＝延焼の危険の部分については予見可能性すなわち過失を要する」、と説かれ、「この意味で、第一〇九条二項、第一一〇条は故意犯と過失犯の複合的な犯罪類型だ」、と主張される。[48] しかし、前述のように、公共の危険と延焼の危険は必ずしも同一ではないし、公共危険発生の認識と延焼物件に対する未必の故意との区別が困難だという理由だけで公共危険＝延焼の危険の部分を過失犯に転化するのは、過失犯における「予見可能性」概念の拡張傾向[49]からすると、実質的責任原理の観点からは、かえって問題が増幅するように思われる。

むしろ、右のような区別を維持できないとすれば、両者の区別自体を放棄するのではなく、実質的責任原理に適した区別の方向への努力をするほかない。かつて植松正博士により唱えられた「危険の故意」と「結果の故意」との区別[50]も、中博士がすでに論破されたように、「延焼を予見しつつ放火することとは、ひっきょうこれを容認した結果によるものと解する外に途はないのであるから、結局、公共の危険発生の予見はあるがこれを容認することのない心理状態といったものは存在不可能[51]」といえよう。これに対して、延焼の危険ないし公共の危険を認識・認容していても、延焼それ自体を容認しない心理状態は存在しうるし[52]、その区別は、放火罪の法益を公共の安全だと解する以上、前述の前提理解からして、やはり物理的客観的危険性の差異に求めることができる、といえよう。生田勝義教授が「一〇八条等の罪の行為客体への個別的危険と公衆への一般的危険とは区別できるし、また区別されなければなるまい[53]」、と言われるのは、実質的責任原理に立脚した認識必要説の方向性を示すものといえる。この点について、抽象的危険犯についても公共危険発生の認識を要求される立石教授が、「物理的客観的危険を前提とする限り、公衆への一般的危険の延長線上に一〇八条等の行為客体への個別的危険があり、前者への危険の故意と後者への未必の故意とは区別不能になる[54]」、と批判されるのは、前提として公共危険と延焼の危険発生を同視しておられるだけに、実質的責任原理の観点からは理解に苦しむ。

(38) 沢登俊雄『刑法概論』（一九七六・法律文化社）二五一頁、名和鉄郎〔中山研一ほか編〕『刑法各論』（一九七七・青林書院）二一二頁、中川祐夫「『公共の危険』の意義」西原春夫編『刑法学6』（一九八〇・有斐閣）八八頁、振津隆行「放火罪と危険概念」法セ三四六号（一九八三）五一頁、生田勝義「判批」法セ三七五号（一九八六）六六頁、甲斐・前出注（2）一五八頁、立石・前出注（6）一六二頁、内田・前出注（33）四四四—四四五頁、曽根威彦『刑法の重要問題〔各論〕〔補訂版〕』（一九九六・成文堂）二八七頁、宗岡嗣郎〔野村稔編〕『刑法各論』（一九九八・青林書院）二六二頁等。なお、小野清一郎『新訂刑法講義各論〔三版〕』（一九四九・有斐閣）七二—七三頁（但し一一〇条を除く。）。

(39) 只木・前出注（10）一九六頁。

(40) *Arthur Kaufmann*, Unrecht und Schuld beim Delikt der Volltrunkenheit, in: Schuld und Strafe. Studien zur Strafrechtsdogmatik, 2. Aufl. 1983, S.243ff. この論文の初出は、JZ 1963, S.425ff. である。なお、この点については、松生・前出注

(26)「抽象的危険犯と行為無価値論」七〇頁以下をも参照。
(41) 井田良「放火罪をめぐる最近の論点」『刑法基本講座〈第六巻〉——各論の諸問題』(一九九三・法学書院) 一八四頁。
(42) 中義勝「放火罪の問題点」『刑法講座5・各論の諸問題』(一九六四・有斐閣) 一二九頁。
(43) 西田・前出注 (11) 二九三頁および二九四頁注 (6)。
(44) 井田・前出注 (41) 一八六頁。もっとも、井田教授は、通説的立場である。
(45) 中・前出注 (42) 一三〇頁。古くは宮本・前出注 (9) 四三三頁が、この場合の故意は「故意としては特殊のものであって、極めて抽象的な内容のもの」、と捉えていた。なお、中博士は、その後、危険の故意を、「すくなくとも公共の危険発生の外観を予見するという意味において、いわば『外観予見的故意』ないし『外観誘発的故意』とでも称すべきものとしてよいかもしれない」、とも説かれた (前出注 (34) 六七頁)。
(46) 例えば、前出・最判昭和六〇・三・二八における谷口裁判官の意見、立石・前出注 (6) 一七一頁、高橋・前出注 (33) 二二四頁、大谷實「判批」法セ三八一号 (一九八六) 一五二頁等。
(47) この点については、江口三角「判批」ジュリスト『刑法判例百選Ⅱ・各論〔第四版〕』(一九九七) 一五三頁をも参照。
(48) 西田・前出注 (11) 二九三—二九四頁。
(49) この点については、甲斐・前出注 (7) の文献参照。
(50) 植松正『再訂刑法概論Ⅱ各論』(一九七五・勁草書房) 一〇四—一〇五頁。
(51) 中・前出注 (42) 一二八頁。
(52) 井田・前出注 (41) 一八六頁参照。
(53) 生田・前出注 (38) 六六頁。
(54) 立石・前出注 (6) 一七二頁。

四　結　語

以上、実質的責任原理を基本的視点に据えて、故意と過失の両方にまたがる問題ともいえる放火罪と公共危険発生の認識の問題について、議論を整理し直し、新たな立場を模索してきた。責任原理・責任主義を唱える者は、今やその実質的内容を具体的場面で十分に展開しなければ、「責任主義が決してオールマイティーでない」、という香川教授のような根本的疑問に対応できなくなるであろう。また、認識不要説が実務に定着して、学説がこれを追認するようにでもなれば、刑法学全体において責任原理・責任主義の後退ないし空洞化にもなりかねない。本章は、そのような危機感から書かれたものであるが、比較法的考察を十分に取り入れることはできなかったし、論じ足りない部分もある。それらについては、他日、補足したい。

第9章　再論：「認識ある過失」と「認識なき過失」の区別

一　序

一　これまで私は、故意と過失を責任要素として位置づけ、とりわけ過失犯の研究を続けてきたが、その中で、「認識ある過失」と「認識なき過失」の区別について、意思責任を基調とするドイツのアルトゥール・カウフマン（Arthur Kaufmann）の見解[(1)]を参照しつつ、実質的責任原理の観点から、「認識ある過失」については処罰の対象にしてよいが、「認識なき過失」については、せいぜい民事制裁の対象にとどめ、刑事処罰からは解放すべきだ、と説いてきた。[(2)]詳細は割愛するが、要するに、それは、「最低限、過失の実行行為開始時点で自己の行為の属性としての具体的危険性（これは当然に因果の流れ（ベクトル）の方向性を含む。）を認識しているかどうかが『認識ある過失』と『認識なき過失』の決定的区別基準であり、その認識がない以上、まさにそれは『認識なき過失』であり、その有責性および可罰性を肯定するのは意思責任にそぐわないといえる。[(3)]」という主張である。

二　この見解に対しては、梅崎進哉教授と宗岡嗣郎教授がいち早く、「現代社会における過失犯の刑事政策的な重要性は否定しえぬとしても、刑事責任論の原則からいえば、はたして過失犯は『犯罪』なのかということが常に意識されていなければならない。とりわけ、いわゆる『認識なき過失』には非難の契機のほとんどないものが含まれており、その部分の犯罪性について、根本的に考え直す必要があろう（甲斐克則「責任原理の基礎づけと意義」横山追悼論集）。しかし、現代刑法学は好んで過失犯を採りあげ、……過失犯のさまざまな形態を類型化し、さまざまな問題点につき微にいり細を穿って検討している。もちろん、そこには重要な問題も含まれているが、ともすれば過失犯処罰の例外性という観点が忘れられがちであるという点において、疑問なしとはいえない状況であろう。[4]」と述べて賛同されたほかは、関心を持たれながらも、賛同する見解は少ない。学説は、「確定的故意」と「未必の故意」の区別、そして「未必の故意」と「認識ある過失」の区別については、その実益を意識して教科書等で入念に論じつつも、「認識ある過失」と「認識なき過失」の区別については、一応区別を示しつつも、詳論をせず、形式的叙述に終始しているものが多く、その中で、少数説として私見を取り上げる程度である。もし、「認識ある過失」と「認識なき過失」の区別が形式だけのものであれば、敢えて取り上げる必要もなかろう、と思われるが、あまり変化の兆しはない。それは、おそらく、過失の責任性についての研究の深化が希薄だからではないか、と思われるのである。

三　私見に対しては、その後、後述のように、西田典之教授から丁重な批判が寄せられている。私自身、それに答える義務があると思っていたが、残念なことに、西田教授は、二〇一三年六月に急逝されたため、この義務を果たすことができないままであった。また、その後、私自身、刑法における危険性（danger）とリスク（risk）の区別に関する論文[5]、および過失犯と危険負担の問題に関する論文を書いた際に[6]、「認識ある過失」と「認識なき過失」の区別についてさらに問題意識を深める機会があった。後者では、分析法学ないし分析刑法学の手法を批判的に検討しつつ歴史的・分析的観点からイギリス過失犯論について考察したアデケミ・オヅジリン（Adekemi Odujirin）の見解を[7]若干取り上げたが、紙数の関係で相当に割愛した。そこで、本章では、すでに公表したこの二つの論文の当該部分を敷衍すべく、まず、西田典之教授から提起された批判を取り上げてこれに解答し、つぎに、アデケミ・オヅジリンの見解を取り上げて検討を加え、「認識ある過失」と「認識なき過失」の区別の意義について、改めて自説を述べたいと思う。

（1） Arthur Kaufmann, Das Schuldprinzip. Eine strafrechtlich-rechtsphilosophische Untersuchung, 2. Aufl. 1976. 邦訳として、アルトゥール・カウフマン（甲斐克則訳）『責任原理――刑法的・法哲学的研究――』（二〇〇〇・九州大学出版会）がある。

（2） 甲斐克則「『認識ある過失』と『認識なき過失』――アルトゥール・カウフマンの問題提起を受けて――」同『責任原理と過失犯論』（二〇〇五・成文堂）〔本書初版〕一二七頁以下（初出は『西原春夫先生古稀祝賀論文集　第二巻』（一九九八・成文堂）一頁以下。以下の引用は『責任原理と過失犯論』〔本書初版〕による）参照。なお、同「責任原理の基礎づけと意義――アルトゥール・カウフマン『責任原理』を中心として――」同・前掲『責任原理と過失犯論』〔本書初版〕一六―一七頁（初出は『市民社会と刑事法の交錯――横山晃一郎先生追悼論文集――』〔本書初版〕（一九九七・成文堂）七九頁以下）参照。

（3） 甲斐・前掲注（2）『責任原理と過失犯論』〔本書初版〕一五一―一五二頁。

（4） 梅崎進哉＝宗岡嗣郎『刑法学原論』（一九九八・成文堂）二八六頁。

（5） 甲斐克則「刑法におけるリスクと危険性の区別」法政理論（新潟大学）四五巻四号（二〇一三）八六頁以下参照。

（6） 甲斐克則「過失・危険の防止と（刑事）責任の負担」法律時報八八巻七号（二〇一六）三一頁以下、特に三八―三九頁参照。

（7） Adekemi Odujirin, The Normative Basis of Fault in Criminal Law : History and Theory, 1998.

二　提起された批判とそれに対する解答

一　西田典之教授は、「認識ある過失」と「認識なき過失」の区別に関する私見に対して、最も真摯に受け止められた学者であるが、次のように三点にわたり教科書で批判をされた。

「まず、認識ある過失も結果発生の可能性はないと判断しているのであるから、結果を予見していないという点では認識なき過失と区別することはできないというべきである。つぎに、もし、区別するとしても、より不注意の度合いの高い認識なき過失の方が不可罰というのは合理性がないというべきである。最後に、この見解は、過失をいわば『間接的な故意（悪い意思）』と解し、道義的・倫理的非難のできる場合に限定する倫理的責任論に帰着することになろう。しかし、責任を法的非難可能性であるとすれば、認識なき過失の場合でも、結果の予見が可能であり、かつ、予見すべきであったという場合には、これを非難することは可能である。この場合に過失犯として処罰することは、一般予防・特別予防の効果を持ち得るのである。要するに、過失犯処罰によって、行為者の不注意な心理状態に働きかけ結果を回避するように動機づけることは可能である。それは、刑罰による人間行動の心理的コントロールというシステムの枠内にあるといえよう。[8]」

この批判は、おそらく、過失を責任要素として考えている学説の多くが想定している見解ではないか、と推測する。

二　この批判のうち、第三の点については、依って立つ基礎理論の相違からくるものであり、後でアデケミ・オヅジリンの見解を取り上げる際に論じることにする。問題は、第一および第二の批判点である。

第一の批判については、私見は、予見可能性を判断する前提として、まず「認識ある過失」と「認識なき過失」を区別しようとするものである。その際、リスク（risk）と危険性（danger）の区別という観点から補足すると、少なくともリスク情報は行為者が認識していなければ、刑事過失責任を問う前提が成立していない、と考える。リスク情報の認識すらない過失が、「認識なき過失」である。一定のリスク情報を認識している者であってはじめて、具体的な危険の予兆の有無を手がかりにして当該結果発生について予見可能性が具体的に問われるのである。

西田教授が挙げられる例、すなわち、「認識ある過失」として、「たとえば、自動車を走行中、交差点でボールが転がり出てきたため、そのボールを追いかけて子供が出てくるかもしれないと思ったが、出てこないだろうと軽信して徐行・停止をせず子供と衝突し死亡させた場合」、および「認識なき過失」として、「たとえば、ボールを認識せず漫然と走行して子供と衝突し死亡させた場合」(9)に関していえば、前者は当然に「認識ある過失」であり、交差点であってみれば、予見可能性を問えるし、後者に関しても、ボールの認識の有無が決定的ではなく、交差点が有するリスク情報を運転手が覚知しているかどうか、が決定的であり、特段の事情がないかぎり、自動車運転者が交差点でのリスク情報を認識していることが通例であり、これも「認識ある過失」であって、そのうえで、具体的事情をさらに吟味して具体的な危険性の予兆の有無を手がかりにしながら予見可能性の判断を行うことになるのである。この論理は、リスク社会における大規模災害等でも妥当する、と考える。過失事犯となりうる事故は、決して偶発的・突発的に起きるものではない。実は、近時の判例も、具体的なリスク情報の認識を重視して過失の判断をしている。

三　例えば、三菱自工トラック・タイヤ脱落事故（最決平成二四・二・八刑集六六巻四号二〇〇頁）は、まさに管理・監督過失が絡む問題となる複雑な競合形態であるにもかかわらず、監督者と被監督者、もしくは管理者同士の「過失の競合」が合理的な根拠と範囲で認められた事案といえよう。(10)最高裁は、過去の類似の事件を引き合いにして、次のような論理を展開した。すなわち、本決定は、まず、輪切り破損事故が、「山秀事故以降、中国ＪＲバス事故事案の処理の時点で、同事故も含めると七年余りの間に実に一六件（うち、Ｄハブについては八件）という少なくない件数発生していたこと、三菱自工の社内では、中国ＪＲバス事故よりも前の事故の情報を人身事故の発生につながるおそれがある重要情報と分類しつつ、当時の運輸省に知られないように秘匿情報の扱いとし続けていたことが認められ、これらの事情に照らすと、中国ＪＲバス事故事案の処理の時点において、同社製ハブの強度不足のおそれが客観的に認められる状況にあったことは明らかである」、と認定している。この部分は、本件瀬谷事故に至るまでのリスク情報の認識を確認する意味で重要である。そのうえで、被告人両名の具体的な危険性の予兆の認識についてそれぞれ認め、「被告人Ｙは、品質保証部門のグループ長として、中国ＪＲバス事故事案を直接担当し、同事故の内容等を詳しく承知し、過去にも山秀事故及び金八事故という二件のハブの輪切り破損事故を担当し、その後も同様の事故が続発していたことの報告を受けていたのであるから、中国ＪＲバス事故事案の処理の時点で、上記事情から、三菱自工製のハブに強度不足のおそれがあることを十分認識していたと認められるし、中国ＪＲバス事故を含む過去のハブ輪切り破損事故の事故態様の危険性等も踏まえれば、リコール等の改善措置を講じることなく強度不足のおそれがあるＤハブを装備した車両の運行を放置すればＤハブの輪切り破損により人身事故を発生させることがあることを容易に予測し得たといえる」、と認定し、「被告人Ｘも、品質保証部門の部長として、中国ＪＲバス事故事案の処理の時点で、被告人Ｙから報告を受けて、同事故の内容のほか、過去にも同種の輪切り破損事故が相当数発生していたことを認識していたと認められる。被告人Ｘとしては、その経歴及び立場からみて、中国ＪＲバス事故事案の処理の時点で、同事故の態様の危険性等に照らし、リコール等の改善措置を講じることなく強度不足のおそれがあるＤハブを装備した車両の運行を放置すれば、Ｄハブの輪切り破損により人身事故を発生させることがあることは十分予測し得たと認められる」、と認定した。これは、因果経過に即して、かつ過去の同社の事故情報を詳細に分析して具体的な危険の予兆を判断に組み入れている点で、かつて最高裁がホテル・デパート火災事故における管理・監督過失で採った「一旦火災が発生すると重大な結果に至ることは予見可能である」、という危惧感説的な論理（例えば、最決平成五・一一・二五日刑集四七巻九号二四二頁等）に比べると、はるかに優れた認定をしている、と評価できる。

また、ＪＲ福知山線脱線事故の第二審判決（大阪高判平成二七・三・二七判例集未登載：LEX/DB25506197）も、七両編成の快速列車の運転手が適切な制動措置を採らないまま転覆限界速度を超える時速約一一五キロメートルの速度で同列車を本件曲線に進入させたところ、自動列車停止装置（ＡＴＳ）が整備されていなかったため、減速させることができず、同列車を脱線転覆させるなどして、乗客一〇六名を死亡させ、乗客四九三名に傷害を負わせた事案について、歴代三人のＪＲ西日本の代表取締役社長に対して予見可能性を否定し、無罪を言い渡した。本件は、神戸地方検察庁で不起訴にされた後、神戸第一検察審査会による二度の「起訴相当」判決を受けて、指定弁護士により強制起訴された事案である。

第二審判決は、「特定の個人につき犯罪の成立を認めて刑罰を科すには、その基本的な前提として、行為者の認識、予見等に照らし、違法な結果発生につき当該行為者に対して刑事上の責任非難を向けることが可能であると認められることを要する。このような責任主義の考え方からは、過失犯の成立を認めるためには、その要件である注意義務違反の前提として構成要件的結果が予見可能であることを要し、その予見が可能であることとは、例えば、内容が十分に特定されない危惧又は不安といった一般的、抽象的な程度の予見では足りず、構成要件的結果及びその結果発生に至る因果の経過の基本的部分について予見が可能であることをいうものと解される。そして、その予見可能性については、基本的には、行為者のそれに相当する地位、職業、経験や専門性等を備える通常一般人を想定した上で、そのような通常一般人が、当該行為当時の状況下で前記のように結果発生を予見し得たかどうかという観点から判断されるべきものと考えられる。」という立場を鮮明に示した（傍点は筆者による。）。そして、本件で「その刑事過失責任が認められるには、各人が、本件曲線において速度超過による列車脱線転覆事故が発生することを具体的に予見することが可能であったと認められる必要がある。」として、本件では、「被告人らについて、そのような具体的予見可能性があったと認めるに足りる立証はなされていないと言わざるを得ない。」と結論づけ、無罪を言い渡したのである。この論理を見るかぎり、具体的なリスク情報の認識の有無に固執して責任主義に立脚した判決だ、と思われる。

最高裁も、ごく最近、控訴審の判断を維持し、次のように述べている（最決平成二九・六・一二刑集七一巻五号三一五頁）。「本件事故以前の法令上、ＡＴＳに速度照査機能を備えることも、曲線にＡＴＳを整備することも義務付けられておらず、大半の鉄道事者は曲線にＡＴＳを整備していなかった上、後に新省令等で示された転覆危険率を用いて脱線転覆の危険性を判別し、ＡＴＳの整備箇所を選別する方法は、本件事故以前において、ＪＲ西日本はもとより、国内の他の鉄道事業者でも採用されていなかった。また、ＪＲ西日本の職掌上、曲線のＡＴＳ整備は、線路の安全対策に関する事項を所管する鉄道本部長の判断に委ねられており、被告人ら代表取締役においてかかる判断の前提となる個別の曲線の危険性に関する情報に接する機会は乏しかった。ＪＲ西日本の組織内において、本件曲線における脱線転覆事故発生の危険性が他の曲線におけるそれよりも高いと認識されていた事情もうかがわれない。したがって、被告人らが、管内に二〇〇〇か所以上も存在する同種曲線の中から、特に本件曲線を脱線転覆事故発生の危険性が高い曲線として認識できたとは認められない。」

このようにして、最高裁は、歴代社長である被告人らに、鉄道本部長に対してＡＴＳを本件曲線に整備するよう指示すべき注意義務を適切にも否定した。現時点で最高裁が、ここまで危険性に関する情報の認識に固執して判断している姿勢に注目すべきである。

四　そうすると、西田教授による第二の批判について、「より不注意の度合いの高い認識なき過失の方が不可罰というのは合理性がない」という点も、誤解が氷解する、と思われる。決して、「ボーッとしていた方が得だ」という論理ではないのである。「認識ある過失」と「認識なき過失」の区別、および予見可能性についても、リスクと危険性の区別が理論的意義を与えうる、と考える。

要するに、当該行為に際して一般的リスク情報すら得られていなければ、「認識なき過失」となるのであり、複雑な因果経過を経て結果が発生する事故の場合、それによって行為者の特定も容易になる、と思われる。情報収集義務も、これと関係する。すなわち、当該行為ないし業務に関する一般的リスク情報を認識したうえで、当該情況下でのさらなるリスク情報を収集する義務が、過失犯処罰を基礎づける情報収集義務となるのである。そのうえで、予見可能性は、当該行為の因果力に内在するリスクが危険性（danger）に転化して結果に結び付くか否かを、経験知を参照しつつ具体的な危険の予兆を手掛かりにして判断することになるのである。[11]ここでいう「具体的な危険」はdanger のことであり、因果の流れ（ベクトル）の方向性にある「具体的な危険の予兆」が risk のことである。規範的責任論に基づいて過失行為に対して責任非難をする方向性は、誤りではないが、「規範主義的な観点」から「責任非難の実体」を擬制して「法的責任非難」を行うことは、人倫の法則に根差した責任主義の観点から問題がある、ということである。[12]

この点に関連して、古川伸彦教授は、「法の期待」の主観的限界と客観的限界に着眼して、後者について、「行為者の行為に『実質的で許されない危険』なし、という判断は、行為者にとって認識しうる危険が、その行為時に現存しない、ということから導かれる。すなわち、相当因果関係を経て結果が発生した以上、たしかに『客観的』には危険が現存したはずであるが、それが行為者にとって認識可能でなければ、もはや『実質的で許されない危険』とはいえないのである。『実質的で許されない危険』は、行為時に現存する危険の、行為者にとっての『主観的』認識可能性という観点から限界づけられる。[13]」と説き、「そして、法は『実質的で許されない危険』のない行為までを要求するのであるから、法の期待の上限は、『その行為者にとっての認識可能な、行為者に現存する危険を消滅させること』という定式により画されることとなる。[14]」と説かれる。また、「その行為者にとっての認識可能性」は、主観的・個別的な判断であり、「法の期待の事前的な限界」を規定し、「行為時に現存する危険」は、「判断の対象となるのは行為の時点であるが、その判断は事後的・客観的であ」り、「さらに、行為時における『法の期待』も構成要件ごとに規定されるのであるから、こうして法が消滅を要求するところの危険は、問題となる構成要件の保護法益に対する侵害危険でなければならない。[15]」とも説かれる。

この着想は、「その行為者にとって認識可能な、行為時に現存する危険の範囲が、法の期待を限界づける理由」を、「事前的にみて『法は不可能を強いない』という（あたりまえの）観点に求め」る点で、確かに、「認識ある過失」と「認識なき過失」の区別との関連でも傾聴に値する。「なぜなら、人間の行為は、認識された事情に基づいて判断・制御される以上、その人間にとって答えることの可能な期待の内容は、認識しうる事情の範囲に依存するはずだからである。認識しえない事態に対処することは、不可能なのである。[16]」という根拠に、共感を覚えざるをえないからである。しかし、古川准教授は、そこまで言及しながら、「認識なき過失」の不可罰性には一度も言及しない。敢えてそれを避けているのか、不明ではあるが、もどかしさが残る。

（8）　西田典之『刑法総論（第二版）』（二〇一〇・弘文堂）二五六頁。
（9）　西田・前出注（2）二五六頁。
（10）　本件の詳細については、甲斐克則「欠陥車両の製造と刑事過失――三菱自工トラック・タイヤ脱落事故最高裁決定を契機として――」北九州大学法政論集四〇巻四号（二〇一三）四五頁以下〔甲斐克則『企業犯罪と刑事コンプライアンス――企業刑法構築に向けて――』（二〇一八・成文堂）四五頁以下所収〕参照。

（11）甲斐・前掲注（5）八六頁以下参照。リスクと過失犯の問題についての最近の興味深い論文として、杉本一敏「リスク社会と過失結果犯」刑事法ジャーナル三三号（二〇一二）九頁以下がある。
（12）Kaufmann, a.a.O.（Anm. 1）, S. 177f. 甲斐訳・前出注（1）一四〇頁参照。なお、宗岡嗣郎「刑事責任の本質（一）（二）――法存在論からのスケッチとして――」久留米法学四九号（二〇〇四）三九頁以下、五〇号（二〇〇四）一頁以下参照。
（13）古川伸彦『刑事過失論研究序説』（二〇〇七・成文堂）一九七頁。同書の詳細な書評として、甲斐克則「過失犯における注意義務内容と危険の認識――古川伸彦著『刑事過失論研究序説』（成文堂、二〇〇七年）を読む――」川端博＝浅田和茂＝山口厚＝井田良編『理論刑法学の探究①』（二〇〇八・成文堂）一七一頁以下がある。
（14）古川・前出注（13）一九八頁。
（15）古川・前出注（13）一九八頁。
（16）古川・前出注（13）一九八頁。

三　アデケミ・オヅジリンのイギリス過失犯論分析とその検討

一　そもそも、ドイツ刑法にせよ、英米刑法にせよ、歴史的には、故意と比較して過失はきわめて例外的な責任形式であった。ドイツ刑法における過失の分析については、すでに別途行ったので[17]、ここでは、アデケミ・オヅジリンのイギリス過失犯論分析を中心に取り上げて検討しよう。オヅジリンは、コモンローにおける mens rea のうちの culpa (fault) の規範的基礎を歴史的・分析的に入念に探究し、「悪しき意思がなければ行為は罪とならない（actus non facit reum nisi mens sit rea）」という原則を確認した結果、過失と厳格責任は crimina law の領域から除外される、と結論づけている[18]。オヅジリンによれば、mens rea ないし guilty mind と呼ばれる一定の心理状態の下で不法な行為を行った場合でなければ刑事責任を負わない、というのがコモンロー上の原則であることから、ローマ法における用語および概念がコモンロー上の犯罪（crimes）の中で展開されてきたことは疑いない。[19] そこで、彼は、criminal law と penal law の理論的区別をし、criminal mens rea の特徴を明確化するが、すべての criminal law は penal であるが、すべての penal law が必ずしも criminal とはいえないとし、penal law のほうが criminal law よりも広い、と指摘する。[20] そして、criminal mens rea は、その他の mens rea から区別され、後者は、criminal liability ではなく、penal liability を十分に基礎づけるものである、と説き、ローマ法において、criminal mens rea と呼ばれたものが（非難されうる心理状態としての）dolus と呼ばれ、penal mens rea と呼ばれたものが（非難されうる行為の性質としての）culpa と呼ばれた、と指摘する。[21]「Austin が言うように、culpa は、過失（negligence）、無思慮（heedlessness）、ないし無謀（temerity）を意味しており、それゆえ、『間接的で不意の意図（indirect and sudden intention）』を含むものである。それにもかかわらず、……dolus と culpa は区別されていた。[22]」「ローマ法において、dolus は、『他人に対する意図的かつ計画的な侵害』を意味しており、culpa と明確に区別された。……culpa は、過失、技術不足（lack of skill）、間接的害意（malum exemplum）、recklessness を意味する。[23]」

二　さて、過失犯との関係に焦点を当てて検討しよう。オヅジリンは、イギリスのコモンローにおける mens rea の発展過程を詳細に分析した後、次のように述べる。すなわち、「もし、分析刑法学がそうしたように、criminal law を penal law と同視するならば、過失（negligence）に基づく刑事責任（criminal liability）および厳格責任（strict liability）による犯罪は、せいぜい、責任（fault）なければ刑罰なし、という原則の例外になってしまうであろう。分析刑法学者たちは、一貫してこの立場を採ってきた。彼らは、自己自身のパラダイムを、『そのパラダイムを擁護するために』使ってきたのである。[24]」と。そして、「責任の基礎としての過失（negligence）の有効性の問題、および厳格責任（strict liability）による犯罪の合法性の問題が、形式上の争点ないし概念上の争点を喚起する。[25]」として、「犯罪に対する責任

（responsibility）を過失（negligence）に置くこと、あるいは厳格責任（strict liability）を制定法の規則に置くことは、本質的に『不当な法律上の要求（ill-legal）』ではない。もちろん、このように言うことは、過失（negligence）に対する刑事責任（*criminal* liability）を擁護することでもないし、厳格な刑事責任（strict *criminal* liability）を支持することでもない。反対に、形式的な道徳性と対比された実質的な道徳性に依拠することが、分析的刑法学により確立された概念的枠組みにより作られた袋小路を回避するために絶対に必要である、ということを主張するにすぎない。[26]」と説く。

かくして、オヅジリンは、過失（negligence）が刑法における責任（liability）の基礎となりうるか、という問いを立てて検討を行い、「驚くべきことではないが、意味論的・論理的回答は、通常は否定的である。それによれば、刑事責任（criminal liability）は、本質的に、懲罰的制裁（punitive sanction）に対する責任である。懲罰的制裁に対する責任は、『特定の行為もしくは結果についての何らかの積極的な心理状態』を必要とする。過失（negligence）は、心理状態ではない（もしくは、そうだとしても消極的状態でしかない。）。それゆえ、過失（negligence）は、criminal law における責任（liability）の基礎ではありえない。[27]」と説く。しかし、論理的にはそうだとしても、実生活を考慮すると、法の世界では論理的でないこともありうる、として、一九世紀の終わりごろ、立法者が「不注意（carelessness）を処罰するためにわが criminal law の気乗り薄（reluctance）の所に侵入し」始めた点を指摘する。[28]

三　それでは、オヅジリンは、現在の過失（negligence）に対してどのように分析するのであろうか。しばらく、その説明を聞こう。

「『犯罪』が公法によって課せられ、デザインされた法的義務の故意または不注意による違反として定義されるため、また、過失（negligence）という語の意味論的もしくは言語学的分析では、過失（negligence）は、故意にも recklessness にも含まれえない別個の概念である、と示されるであろうために、過失による作為（act）または不作為

(omission) は犯罪にならない、ということが、動かしがたい論理的帰結となる。かくして、刑法における、ある者の作為または不作為の有害な結果に対する有責性 (answerability) の問題が、申し立てられた犯罪行為が故意または recklessness の存在を示しているかどうか、を確認するという単純な問題に矮小化されるのである。定義説明 (description) から規定 (prescription) へのこのような展開により、過失 (negligence) が、受容可能な独立した、犯罪に対する責任 (liability) の基礎となる、という可能性が除外されるのである。[29]」

ここで興味深いのは、オヅジリンが、「歴史的観点からは、犯罪に対する責任の基礎づけの可能性の喪失は、知的精巧化 (intellectual sophistication) の出現による出来事 (accident) である。[30]」と指摘している点である。すなわち、アングロサクソンや初期のアングロノルマンのイングランドのような、精巧化されていない社会において普及した束縛なき自然主義 (untrammeled naturalism) が叫ばれたような明白な変化ではな」く、「法的精巧化 (legal sophistication) は、自然法に基づく道徳哲学および政治哲学と関連して起きた」のであり、「後者から演繹される法哲学により、法的責任は、culpability (有責性) を追いかけることになった。[31]」と指摘するのである。「通常、culpability (有責性) は、故意、recklessness および過失 (negligence) を含んでいたが、criminal law と penal law の区別によって、criminal law における culpability (有責性) をさらに明確に記述する必要があったし、それを故意または recklessness に限定する必要があった。こうした洗練のプロセスの最終的な帰結は、『文明化された』共同体の実定法の本体 (corpus) へと組み込まれたことにより、永続化されたのである。[32]」「犯罪」は、定義する知識人の、造詣の深いという意味での「帝国の知識人の哲学」の産物であり、一般的な道徳を反映したものではなかったのであり、いわば、「刑事分野 (criminal sphere) からの過失 (negligence) の除外は、概念上必然的なものであった。[33]」

なお、オヅジリンは、criminal law は、意思の自由 (freedom of the will) を前提とする、ということを繰り返すことを重視する。「決定論的説明では、故意による行為または reckless な行為を記述するのと同様に過失行為（negligent actions）をうまく説明するには不適切である。[34]」と説くのである。

四　かくして、オヅジリンは、詳細な歴史的分析を通じて、一方で、「*mens rea* の規範的側面とは、その作為または不作為が、故意または少なくとも reckless になされたものでないかぎり、法的義務の違反に対して有責行為者（responsible actor）に厳しい通常外の制裁を課すべきではない、という考えである。」ということを認めつつ、他方で、規範的諸原則が、「criminal law として知られる公法の領域の一部から過失（negligence）もしくは厳格責任（strict liability）を排除することを正当化するものではない。[35]」と結論づける。

以上のようなオヅジリンの研究は、本稿の主題である「認識ある過失」と「認識なき過失」の区別について言及しているわけではないが、過失の責任性を再考せしめる契機を内包しているように思われる。すなわち、犯罪の本質からすれば、過失の犯罪性にはある種の疑問がずっと付随してきたのであり、せいぜい、故意犯に近い範囲での recklessness の処罰に限定すべきであるが、実生活の処罰欲求等から政策的に過失（negligence）を処罰することがある。しかし、後者の処罰は限定されるべきであり、換言すれば、「認識なき過失」の処罰は、「厳格責任（strict liability）」の処罰と同様、まさに政策に基づく処罰であり、責任原理からすれば、「認識ある過失」の処罰が本来的には限界である、と思われる。

もっとも、近時、イギリス刑法の recklessness 概念を入念に検討した北尾仁宏氏の研究によれば、「recklessness は、たしかにわが国でいう過失の領域に存在するものではあるが、英国においては、（わが国とは異なり）ある要素が重視されているがために、もはや過失（negligence）とは異質な責任要素（mens rea）として考えられているのではなかろうか。そして、この negligence からの変質を導く『ある要素』こそ、recklessness を特徴づけるものとなるはずであり、それは、当然ながらrecklessnessの内容それ自体に存在するはずである。[36]」という。そして、北尾氏は、「英国刑法において、recklessnessは、『当該行為が侵害発生のリスクを生じることを認識しながら、不合理にもそれを実行する場合』に存在するとされる。……したがって、recklessnessを、（結果の表象を一旦は抱きながらもそれを打ち消して行為に出たという意味における）いわゆる『認識ある過失』と同視することはできないといえよう。リスクの認識さえあれば、結果自体の表象を全く欠いていてもrecklessnessは肯定される以上、英法におけるrecklessnessは、いわゆる『認識なき過失』の領域をも明らかに含んだ概念であるよう思われる。[37]」と指摘される。英法におけるrecklessnessが「認識なき過失」の領域をも明らかに含んだ概念であるかは疑問の余地があるが、以上の指摘は、本章との関係で示唆深いものがある。さらに、negligenceとrecklessnessとの分水嶺について、「両者ともに、（場合によるが）リスクについての認識の面で変わりがなく、また、そのリスクを具体的に結果へと結び付けるつもりもない。しかし、そのリスクが具体的に結果へと結び付きうるような状況を生み出すこと、換言すれば、結果実現のための場面設定についての主観面が異なると解されているように思われる。[38]」という指摘も、これらを「認識ある過失」の範疇で考える際に重要になる。このようなリスクの認識がない過失が、「認識なき過失」と考えられる。この点については、さらに研究を深めたい。

(17)　甲斐・前出注（2）『責任原理と過失犯論』〔本書初版〕一二七頁以下参照。
(18)　Odujirin, supra note 7, p. 162. mens rea の知的歴史は、プラトンおよびアリストテレスの道徳哲学に由来し、ローマ法を経て、アウグスチヌスにより発展され（七三頁）、さらにブラックストーン（William Blackstone）やオースチン（John Austine）により法学的に定着させられた（九七頁以下）。なお、英米過失理論の展開については、井上祐司『行為無価値と過失犯論』（一九七三・成文堂）三一五頁以下をも参照。

(19) Odujirin, supra note 7, p. 67.
(20) Odujirin, supra note 7, p. 68.
(21) Odujirin, supra note 7, p. 68-69.
(22) Odujirin, supra note 7, p. 70.
(23) Odujirin, supra note 7, p. 70. なお、イギリスの recklessness の理論については、北尾仁宏「英国刑法における故殺罪と Recklessness の理論的概観——特に Unlawful act manslaughter に関して——」早稲田大学大学院法研論集一六一号（二〇一七）七七頁以下参照。
(24) Odujirin, supra note 7, p. 145.
(25) Odujirin, supra note 7, p. 145.
(26) Odujirin, supra note 7, p. 146.
(27) Odujirin, supra note 7, p. 147.
(28) Odujirin, supra note 7, p. 148. そこでは、陪審制度に関わる背景が記述されている。
(29) Odujirin, supra note 7, p. 153.
(30) Odujirin, supra note 7, p. 153.
(31) Odujirin, supra note 7, p. 153-154.
(32) Odujirin, supra note 7, p. 154.
(33) Odujirin, supra note 7, p. 154-155.
(34) Odujirin, supra note 7, p. 155.
(35) Odujirin, supra note 7, p. 173.
(36) 北尾・前出注（23）八七-八八頁。
(37) 北尾・前出注（23）八八頁。
(38) 北尾・前出注（23）八九頁。なお、北尾仁宏「英国刑法における Unlawful Act Manslaughter 判例に関する考察——特に Recklessness の観点から——」早稲田大学大学院法研論集一六四号（二〇一七）一〇七頁以下参照。

四　結　語

以上、「認識ある過失」と「認識なき過失」の区別について、これまで私見に対して出されて批判を検討して解答を示し、さらに、ドイツ刑法以外でも、過失の責任性の本質に迫るイギリスのオヅジリンの研究を分析しつつ、改めて、「認識なき過失」が政策的処罰であることを再認識した。「認識なき過失」が過失責任であることを否定するつもりはないが、刑事責任として非難可能で処罰可能なものとは思われない。それは、裏を返せば、政策面で工夫をすれば、「認識なき過失」に対しては、行政罰か、被害者への補償を含めた民事責任による対応で十分である。

ドイツ刑法学において過失犯の研究に多大な貢献をしたカール・エンギッシュ（Karl Engisch）[39]は、故意責任との対比を入念に行って、例外としての過失責任追及の検討を実に慎重に行ったし、アルトゥール・カウフマン[40]も責任原理を重視する立場から「認識なき過失」を処罰対象から除外した。特にカウフマンが、現行法で「認識なき過失」が処罰されている現状について、それを無効とは言わずに、非法（Nicht-Recht）だと指摘している点[41]は、イギリスのオヅジーリンの問題意識と共通する部分もあるように思われる。今後、さらに研究を継続していきたい。

（39）Karl Engisch, Untersuchugen über Vorsatz und Fahrlässigkeit im Strafrecht, 1930, S. 239ff. 邦訳として、カール・エンギッシュ（荘子邦雄＝小橋安吉訳）『刑法における故意・過失の研究』（一九八九・一粒社）がある。
（40）Kaufmann, a.a.O.（Anm. 1）, S. 140ff., S. 223f. なお、甲斐・前出注（2）『責任原理と過失犯論』〔本書初版〕一一五頁以下参照。
（41）Kaufmann, a.a.O.（Anm. 1）, S. 210. 甲斐訳・前出注（1）二八九頁。

著者略歴

甲斐克則（かい かつのり）

1954年10月　大分県朝地町に生まれる
1977年3月　九州大学法学部卒業
1982年3月　九州大学大学院法学研究科博士課程単位取得
1982年4月　九州大学法学部助手
1984年4月　海上保安大学校専任講師
1987年4月　海上保安大学校助教授
1991年4月　広島大学法学部助教授
1993年4月　広島大学法学部教授
2002年10月　法学博士（広島大学）
2004年4月　早稲田大学大学院法務研究科教授
現在に至る（広島大学名誉教授）
日本刑法学会監事，日本医事法学会前代表理事，
日本生命倫理学会前会長，早稲田大学理事

主要単著書・単訳書

アルトゥール・カウフマン『責任原理—刑法的・法哲学的研究—』（2000年・九州大学出版会・翻訳）
『海上交通犯罪の研究』（2001年・成文堂）
『安楽死と刑法［医事刑法研究第1巻］』（2003年・成文堂）
『尊厳死と刑法［医事刑法研究第2巻］』（2004年・成文堂）
『責任原理と過失犯論』（2005年・成文堂）
『被験者保護と刑法［医事刑法研究第3巻］』（2005年・成文堂）
『医事刑法への旅Ⅰ〔新版〕』（2006年・イウス出版）
ペーター・タック『オランダ医事刑法の展開—安楽死・妊娠中絶・臓器移植』（2009年・慶應義塾大学出版会，編訳）
『生殖医療と刑法［医事刑法研究第4巻］』（2010年・成文堂）
『医療事故と刑法［医事刑法研究第5巻］』（2012年・成文堂）
アルビン・エーザー『「侵害原理」と法益論における被害者の役割』（2014年・信山社，編訳）
『臓器移植と刑法［医事刑法研究第6巻］』（2016年・成文堂）
『終末期医療と刑法［医事刑法研究第7巻］』（2017年・成文堂）
『企業犯罪と刑事コンプライアンス—「企業刑法」構築に向けて—』（2018年・成文堂）
『講演録：医事法学へのまなざし—生命倫理とのコラボレーション』（2018年・信山社）

責任原理と過失犯論［増補版］
The Principle of Culpability and the Theory of Criminal Negligence

2005年3月10日　初　版第1刷発行
2019年5月20日　増補版第1刷発行

著　者　甲　斐　克　則
発行者　阿　部　成　一

〒162-0041　東京都新宿区早稲田鶴巻町514番地
発行所　株式会社　成　文　堂
電話 03(3203)9201(代)　Fax(3203)9206
http://www.seibundoh.co.jp

製版・印刷　三報社印刷　　製本　弘伸製本
☆乱丁・落丁はおとりかえいたします☆　検印省略

ISBN 978-4-7923-5277-6 C3032

定価（本体4200円＋税）